陈红　张妍　主编

中国马克思主义与当代专题教程

SPECIAL TOPIC TEACHING ON
CHINESE MARXISM AND CONTEMPORARY ERA

全国高校思政课名师工作室（海南师范大学）
海南师范大学马克思主义学院

组织编写

社会科学文献出版社
SOCIAL SCIENCES ACADEMIC PRESS (CHINA)

前　言

全国高校思政课名师工作室（海南师范大学）于 2021 年 12 月获批，申报的题目是"海南自贸港宣讲与'当代'课特色创新"。"当代"课是博士研究生思政课"中国马克思主义与当代"课的简称，课题研究旨在将海南自贸港宣讲融入"当代"课，以自贸港为例打造"当代"课生动课堂。

宣讲海南自贸港，立足于海南自贸港讲好思政课，是每一位海南思政课教师的使命。海南是世界上唯一的中国特色自由贸易港，是我国最大的经济特区，具有实施全面深化改革和试验最高水平开放政策的独特优势。支持海南逐步探索、稳步推进中国特色自由贸易港建设，分步骤、分阶段建立自由贸易港政策和制度体系，是习近平总书记亲自谋划、亲自部署、亲自推动的改革开放重大举措，是党中央着眼国内国际两个大局，深入研究、统筹考虑、科学谋划作出的战略决策。① 讲好自贸港故事就是讲好中国故事。本书就地取材，精心选取一些与专题教学密切相关的海南自贸港案例，力求做到自贸港宣讲与课程讲授有机结合。

一支理论功底深厚、实践经验丰富、职称结构和年龄梯队合理的创新团队在课题研究中形成，本书即是该团队集体智慧的结晶，是课程建设改革的重要成果体现。

本书的编写工作是由海南师范大学"中国马克思主义与当代"课程团队

---

① 《海南自由贸易港建设总体方案》，人民出版社，2020，第 1 页。

共同完成的。专题一、专题九由陈红编写，专题二由申明远编写，专题三由王巍巍、周颖编写，专题四由郑东艳编写，专题五由张妍编写，专题六由李玲编写，专题七由魏建生编写，专题八由谢丹编写。统稿工作由陈红和张妍完成。

在本书编写过程中，我们学习借鉴了学者们的相关研究成果，对此表示衷心的感谢。本书还存在很多不足，希望广大同仁提出意见和建议，我们将不断深化"中国马克思主义与当代"课的教学与研究，争取推出更好的成果。

陈 红

2024 年 2 月 16 日

目 录

专题一　掌握当代马克思主义精神实质 分析当今时代前沿问题

 专题摘要

　　中华民族伟大复兴战略全局和世界百年未有之大变局相互作用、相互激荡，成为鲜明的时代特征。必须深刻理解中国发展处于新的历史方位的丰富内涵和世界意义，必须坚持和运用习近平新时代中国特色社会主义思想观察当代中国与世界，掌握其思想精髓和思维方法，把握贯穿其中的马克思主义立场观点方法，正确认识当今中国和世界的关系，认识当代中国对世界作出的重大贡献。

 专题分析

　　海南省是目前中国最大的经济特区、最大的自由贸易试验区和唯一的中国特色自由贸易港。2018 年 4 月 13 日，在庆祝海南建省办经济特区 30 周年大会上，习近平总书记着眼于新形势、新任务、新挑战，对海南提出新的历史要求。习近平总书记指出："海南是我国最大的经济特区，地理位置独特，拥有全国最好的生态环境，同时又是相对独立的地理单元，具有成为全国改革开放试验田的独特优势。海南在我国改革开放和社会主义现代化建设大局中具有特殊地位和重要作用。三十而立，蓄势待发。党中央从决定设立海南经济特区开始，就决心把海南岛好好发展起来。如果海南岛更好发展起来，中国特色社会主义就更有说服力，更能够增强人们对中国特色社会主义的信心。"① 党中央决定支持海南全岛建设自由贸易试验区，支持海南逐步探索、稳步推进中国特色自由贸易港建设，分步骤、分阶段建立自由贸易港政策和制度体系，是党中央着眼于国内国际两个大局，深入研究、统筹考虑、科学谋划作出的重大战略决策，是彰显我国扩大对外开放、积极推动经济全球化决心的重大举措。2022 年 4 月，习近平总书记再赴海南考察时指出："要坚决贯彻党中央决策部署，坚持稳中求进工作总基调，完整、准确、全面贯彻新发展理念，全面深化改革开放，坚持创新驱动发展，统筹疫情防控和经济社会发展，统筹发展和安全，解放思想、开拓创新，团结奋斗、攻坚克难，加快建设具有世界影响力的中国特色自由贸易港，让海南成为新时代中国改革开放的示范。"② 海南自由贸易港建设就是用实际行动向世界表明，中国开放的大门不会关闭，只会越开越大，中国将一以贯之地扎实推动贸易投资自由化便利化，打造全球开放合作的典范，引领经济全球化进程，为我国深度参与全球经济治理和国际经贸规则制定提供重要平台，为构建人类命运共同体提供中国方案、贡献中国智慧。

与此形成鲜明对照的是，2008 年国际金融危机爆发后，西方国家出现了明显的逆全球化倾向。逆全球化是指与经济全球化相悖、国际合作和相互依赖逐渐消减的全球性发展趋势。2016 年 6 月，英国举行"脱欧"公投，表决结果是英国脱离欧盟。英国原来是欧盟的重要成员国，"脱欧"意味着英国开始反对欧盟的一体化模式了。欧盟的一体化模式是全球化过程中的重要成果。全球化就是推进区域一体化、全球一体化的过程，欧盟是世界上区域一体化程度最高的经济体，英国脱离欧盟既是区域一体化进程的倒退，也是全球化的倒退。还有美国力推"美国优先"战略甚至一度退出《巴黎协

① 习近平：《在庆祝海南建省办经济特区 30 周年大会上的讲话》，人民出版社，2018，第 8 页。
② 《习近平在海南考察：解放思想开拓创新团结奋斗攻坚克难 加快建设具有世界影响力的中国特色自由贸易港》，中央政府门户网站，2022 年 4 月 13 日，https://www.12371.cn/2022/04/13/ARTI1649857105331920.shtml。

定》，都是逆全球化的表现，给经济全球化的健康发展蒙上一层阴影。

顺应经济全球化历史潮流和反全球化的逆流激烈碰撞深刻表明，当今世界正处于大发展大变革大调整时期，正处在前所未有的极其复杂的大变动中。科学理解当今世界正在发生的深刻复杂变化，推动中国与世界的正向联动，把握当代中国发展新的历史方位，认清天下大势，顺应时代潮流，把握未来走向，要求我们深入学习当代中国马克思主义，掌握当代中国马克思主义的精神实质，不断提高自身的思维能力、政治素养和理论水平。

一　"两个大局"同步交织的中国和世界

（一）如何辩证把握"两个大局"之间的关系

统筹"两个大局"的重大时代课题，为准确把握中国与世界发展大势以及正确处理中国与世界的关系提供了思想和方法上的根本遵循。中华民族伟大复兴战略全局是国内大局。之所以称为"战略全局"，是因为中华民族伟大复兴是中华民族近代以来最伟大的梦想，是中国共产党肩负的历史使命，是改革发展稳定、内政外交国防、治党治国治军的奋斗目标。这个战略全局，不仅要建成高度发达的社会主义物质文明，还要着眼全面，把中国建成富强民主文明和谐美丽的社会主义现代化强国；这个战略全局，不仅要实现国家富强、民族振兴、人民幸福，还要推动构建新型国际关系，推动构建人类命运共同体，为世界和平与发展作出更大的中国贡献。

世界百年未有之大变局是世界大局。之所以是"大变局"，本质在于这是人类社会在一个相对较长的时期里发生的带有趋向性的大发展、大变革、大调整、大转折、大进步，其发展演变深刻影响着人类社会的发展方向和世界人民的共同福祉。世界大变局，以科技革命和产业革命的突飞猛进为根本动力，以世界经济和政治格局的巨大变化为主要表现，以国际体系和国际秩序的深刻调整为基本方向，以人类文明的多样性发展和不同文明的交流互鉴为重大愿景。但同时，国际秩序的深刻演变与调整必然涉及复杂的国际竞争和力量角逐，伴随许多前所未有的困难和挫折，也自然会给国际社会带来许多新的风险和挑战。中华民族伟大复兴战略全局和世界百年未有之大变局同步交织、相互激荡，其历史交汇构成了人类社会大发展大进步的最壮丽的时代景观。世界百年未有之大变局为中华民族实现伟大复兴创造了重要的外部条件，为中国全面参与经济全球化并提升在世界上的影响力和话语权提供了重要的历史契机。中华民族伟大复兴战略全局是世界百年未有之大变局的重要推动力量，为世界经济发展、国际格局演变、人类文明多元发展，乃至国际秩序的变革和完善提供了重要动能。中国自身的巨大发展，本身就是推动世界百年未有之大变局的最重要最积极因素。统筹"两个大局"是对历史发展规律、时代发展潮流、中国历史方位的准确把握，深刻体现了观察中国和世界的历史观、大局观和角色观。

（二）怎样才能准确把握中国与世界的关系

必须坚持马克思主义基本立场、观点和方法，树立正确的历史观、大局观、角色观来科学观察时代、把握时代、引领时代，只有这样才能准确把握中国与世界的关系，正确处理中国和世界的关系。

树立正确历史观，准确把握人类社会发展潮流。树立正确的历史观就是要"端起历史望远镜回顾过去、总结历史规律，展望未来、把握历史前进大势"①。回望最近 100 多年的世界历史，展现在我们眼前的是一幅跌宕起伏而又波澜壮阔的画卷。人类经历了两次世界大战以及其他战乱和冲突，还经历了长达近半个世纪的冷战，人们最迫切的愿望就是免于战争、缔造和平，扩大合作、共同发展。只有运用正确的历史观来观察世界，我们才能理解和平与发展是时代主题，理解建立公正合理的国际秩序是人类社会孜孜以求的目标，认清和平、发展、合作、共赢是这个时代的潮流。习近平总书记指出："人类社会发展的历史证明，无论会遇到什么样的曲折，历史都总是按照自

---

① 《习近平著作选读》第 2 卷，人民出版社，2023，第 177 页。

己的规律向前发展，没有任何力量能够阻挡历史前进的车轮。"① 树立正确历史观，就要尊重历史规律，自觉推动历史车轮前进，若逆潮流而动必将被时代抛弃。我们不能身体已进入 21 世纪，头脑还停留在殖民扩张的旧时代，停留在冷战思维、零和思维的老框框内，而应认清历史趋势，跟上历史前进脚步，顺应时代潮流。这就是要构建人类命运共同体，携起手来维护世界和平、促进共同发展。坚持正确历史观，从中华民族 5000 多年文明史、世界社会主义 500 多年发展史、中国人民近代以来 180 多年斗争史、中国共产党 100 余年奋斗史中汲取智慧和力量，从世界历史发展规律和当今时代进步潮流中得到启迪和教益，增强历史自觉，不断把中华民族伟大复兴的历史伟业推向前进。

树立正确大局观，准确判断国际关系变革趋向。纵观人类历史，世界发展从来都是各种矛盾相互交织、相互作用的结果。依据马克思主义基本原理，事物的性质主要是由取得支配地位的矛盾的主要方面所规定的。因此，要想看准、看清、看透当今世界的风云变幻，避免在乱象中迷失方向、舍本逐末，就要抓住主要矛盾和矛盾的主要方面，不仅要看到现象和细节，还要把握本质和全局，树立正确的大局观。中国共产党人善于运用辩证思维从纷繁复杂的现象中抓住本质，从全局中把握主要矛盾和矛盾的主要方面，分清主流和支流，看到长远趋势。尽管当今世界霸权主义和强权政治依然存在，尽管各种传统和非传统安全威胁不断涌现，尽管单边主义、贸易保护主义、逆全球化思潮不断有新的表现，尽管文明冲突、文明优越等论调不时沉渣泛起，然而，安全稳定是人心所向，合作共赢是大势所趋，不同文明交流互鉴是各国人民的共同愿望。正是基于这样的大局观，习近平总书记作出科学论断："多个发展中心在世界各地区逐渐形成，国际力量对比继续朝着有利于世界和平与发展的方向发展。"②

树立正确角色观，在中国与世界的关系中看问题。我们观察分析国际形

---

① 《习近平著作选读》第 1 卷，人民出版社，2023，第 105 页。
② 《习近平著作选读》第 1 卷，人民出版社，2023，第 104 页。

势，归根到底是要为制定对外方针政策服务，为不断开创中国特色大国外交新局面服务，为给我国改革发展创设有利外部环境服务。这就要求我们把从中国看世界与从世界看中国两种视角结合起来，不仅要冷静分析各种国际现象，还要把自己摆进去，弄清楚在世界格局演变中我国的地位和作用，科学制定对外方针政策。"只有树立正确角色观，我们才能在充满不稳定性与不确定性的世界中保持战略清醒和战略定力，不被乱花迷眼、不被浮云遮眼。"①

（三）看清历史发展趋势，把握时代脉搏

准确把握历史发展趋势和时代脉搏，关键是要准确认识大变局中的"变"与"不变"，在危机中育先机，于变局中开新局。

第一，和平与发展的时代主题虽然没有变，但世界进入了动荡变革期。中国共产党人善于运用唯物史观的基本原理全面认识历史进程，深刻洞察历史规律，积淀升华历史智慧，准确把握历史方位。用大历史观观照当今世界形势，可以发现，人类的相互联系和彼此依存程度超过了过去任何时代。无论是金融危机、新冠疫情，还是乌克兰危机，重大事件的影响很快就会波及全球，这些都印证了人类是一个休戚与共的命运共同体。当今时代，和平、发展、合作、共赢是各国人民的普遍诉求。和平与发展的时代主题没有变，各国人民对美好生活的追求没有变，国际社会同舟共济、合作共赢的历史使命也没有变。我们要在历史前进的逻辑中前进、在时代发展的潮流中发展，就必须牢牢把握和平与发展的时代主题。拿和平来说，通过和平方式而不是战争方式来化解矛盾分歧，是世界各国人民的普遍愿望。矗立在纽约联合国总部大厦前的"铸剑为犁"雕塑，正是人类呼唤和平的生动写照。再拿发展来说，百年变局和世纪疫情叠加的当下，全球经济复苏乏力，南北发展鸿沟进一步拉大，广大发展中国家正面临贫穷、饥饿、疾病的威胁。促进全球发展已成为摆在人类面前的重大紧迫课题。推动实现更加强劲、绿色、健康的全球发展，加快落实 2030 年可持续发展议程，得到了广大发展中国家和联

---

① 于洪君：《中国特色大国外交的历史观大局观角色观》，《人民日报》2018 年 10 月 8 日。

合国等国际组织的积极支持。作为世界第二大经济体、最大贸易国和主要外资流入国，中国成为世界经济增长的主要稳定器和动力源。"一带一路"成为广受欢迎的国际公共产品和规模最大的国际合作平台。

更为重要的是，中国的发展壮大是世界和平力量的发展壮大。中国坚持走和平发展道路，始终是世界和平的建设者、全球发展的贡献者和国际秩序的维护者。"历史一再证明，中国的发展给世界带来的是机遇而不是挑战，是和平而不是动荡，是进步而不是倒退。中国国防和军队的建设发展，始终着眼于维护国家主权、安全、发展利益的需要，不针对任何国家。近年来，中国军队同各国军队开展交流合作，积极参加国际维和、海上护航、人道主义救援等行动，广泛开展抗疫国际合作，携手应对共同安全威胁和挑战，成为维护世界和平稳定、服务构建人类命运共同体的坚定力量。"①

但是我们也应看到，世界进入了动荡变革期。国际环境不稳定性不确定性明显增加。在百年大变局、世纪疫情和俄乌冲突三重因素叠加冲击下，全球治理秩序面临严峻挑战。当前全球治理秩序正面临"四大赤字"的挑战，即和平赤字、发展赤字、治理赤字和信任赤字。和平赤字表现有二。一是地缘政治风险陡然增加。和平赤字发生的背景是大国博弈和权力逻辑的回归。俄乌冲突有一些大国直接参与其中，大国博弈的钟摆似乎又回归传统安全领域，地缘政治风险陡然增加。二是世界格局出现"集团化"趋势。在地缘政治博弈和权力逻辑回归的背景下，作为军事集团的北约不断扩容，这种军事集团化的趋势加深了世界的安全隐患。发展赤字是诸多全球问题的诱发性因素，因此发展也是解决问题、最终实现全球治理的金钥匙。发展赤字表现有三。一是全球化带来的收益分配不平衡使得当下民粹主义与保护主义思潮盛行，全球化逆流涌动。部分发达国家内部发展不均衡，收入差距拉大，逆全球化思潮抬头，激化了国内的民粹主义与保护主义。二是在疫情冲击下，各国的发展资源消耗殆尽。疫情发生后，各国都动用了大量的公共财政资源，

---

① 刘光明：《和平与发展的时代主题没有改变——当前国际格局演变与我国发展国际环境系列谈①》，《解放军报》2022 年 7 月 9 日。

经济社会资源在不同程度上出现了消耗殆尽乃至透支的状况。各国公共财政资源消耗逐渐传导至国际国内各领域。尤其是在欠发达国家和地区，由于国内外发展资源同步减少，其面临巨大的返贫压力，发展赤字问题更加突出。三是市场信心欠缺，未来发展动能不足，此外，大国博弈、疫情和俄乌冲突导致的"断链"现象给发展前景造成不利影响。所谓治理赤字是指全球热点问题此起彼伏、持续不断，气候变化、网络安全、难民危机等非传统安全威胁持续蔓延，保护主义、单边主义抬头，全球治理体系和多边机制受到冲击。治理赤字主要表现为治理供需不平衡。一方面，全球问题日益增多，各国对全球治理的需求日益增加；另一方面，各国尤其是部分大国，治理供给的意愿和能力日益下降，如在移民、难民问题上，一份报告显示，截至2020年，有超过2.7亿人未在本国居住，这些人的母国和目的地国都面临管理移民流动等相关问题。虽然国际上对于移民、难民问题的治理存在巨大需求，但是在治理供应端，传统霸权国参与治理的意愿和能力却在下降。所谓信任赤字是指国际竞争摩擦呈上升之势，地缘博弈色彩明显加重，国际社会信任和合作受到侵蚀。信任赤字同上述三个赤字紧密关联。一是信任赤字带来和平赤字。主要大国间存在信任赤字，使得相互之间的竞争有演化为冲突的潜在风险。二是信任赤字带来发展赤字。只有相互信任，各主要经济体才能够加强交流与合作，促进技术进步，为世界经济增长提供新动力；而如果缺乏信任，刻意"脱钩"的行为就难以避免，各主要经济体也无法实现合作、促进技术创新，世界的发展和进步也将受到影响。三是信任赤字带来治理赤字。面对全球治理需求的日益增加，世界各国本应好好利用各类全球治理平台，推动全球治理体系改革，合力应对日益复杂的全球问题和挑战，然而，大国间的信任赤字导致冲突频发，全球治理平台不断被传统霸权国"工具化"地使用。例如，二十国集团（G20）峰会本应成为主要经济体探讨疫情后世界经济复苏、开展宏观政策协调和发挥全球经济治理功能的核心机制，然而，在部分西方大国的操纵下，这一经济治理平台逐渐被"政治化"和"工具化"。

　　第二，世界多极化趋势虽然没有变，但构建更加公正合理的国际秩序任重道远。在国际关系中，"极"一般指具有关键影响力的政治经济力量。"极"的数量不同，构成了不同形态的世界格局。第二次世界大战以来，世界多极化经历了一个长期而复杂的历史进程。世界多极化萌发于20世纪五六十年代。当时，亚非拉民族解放运动蓬勃兴起，不结盟运动、七十七国集团等呼吁发展中国家加强团结，倡导建立国际政治经济新秩序。同时，美苏两大阵营内不少国家表现出强烈的独立自主倾向，两大阵营主导国家的凝聚力、影响力不断下降。到了20世纪90年代，随着冷战结束，两极格局宣告终结，世界多极化趋势逐渐形成。进入21世纪，世界多极化趋势愈加明显并日益向纵深发展，世界多极化深入发展的一个突出表现是，新兴市场国家和发展中国家群体性崛起，国际力量对比发生深刻变化。当前，金砖国家对世界经济增长的贡献率达到50%，经济总量占全球经济的比重上升至23%，新兴市场国家和发展中国家的经济总量占全球经济的比重接近40%。一大批发展中国家持续快速发展，成为近年来对世界格局影响最大的事件之一。但是，单边主义、霸权主义和强权政治依然存在，还有一些国家搞"伪多边主义"，即表面上打着多边主义的旗号，实质上是要搞"小圈子"和集团政治，甚至要以意识形态站队、阵营之间选边来割裂世界，破坏国际秩序、制造对抗和分裂。恃强凌弱，"甩锅"污蔑，颠倒黑白，以多边主义之名行单边主义之实。把国际规则当成维护自身霸权的工具，以自己的利益为标准，合则用、不合则弃，搞"有选择的多边主义"。世界要公道，不要霸道。国际上的事应该由各国共同商量着办，世界前途命运应该由各国共同掌握，既不能把一个或几个国家制定的规则强加于其他国家，也不能由个别国家的单边主义给整个世界"带节奏"。我们要秉持共商共建共享原则，坚持真正的多边主义，推动全球治理体系朝着更加公正合理的方向发展。

第三，经济全球化方向虽然没有变，但遭遇了波折和逆流。习近平总书记指出，"经济全球化大致经历了三个阶段。一是殖民扩张和世界市场形成阶段，西方国家靠巧取豪夺、强权占领、殖民扩张，到第一次世界大战前基本完成了对世界的瓜分，世界各地区各民族都被卷入资本主义世界体系之中。二是两个平行世界市场阶段，第二次世界大战结束后，一批社会主义国家诞生，殖民地半殖民地国家纷纷独立，世界形成社会主义和资本主义两大阵营，在经济上则形成了两个平行的市场。三是经济全球化阶段，随着冷战结束，两大阵营对立局面不复存在，两个平行的市场随之不复存在，各国相互依存大幅加强，经济全球化快速发展演化"①。同时也要看到，经济全球化并非万能灵药，也存在不足和问题，但我们不能因此把它一棍子打死。经济全球化曾经被人们视为阿里巴巴的山洞，现在又被不少人看作潘多拉的盒子。一些逆全球化的论调把困扰世界的问题简单归咎于经济全球化，既不符合事实也无助于问题解决。比如，国际金融危机并不是经济全球化发展的必然产物，而是金融资本过度逐利、金融监管严重缺失的结果。

经济全球化促进了商品和资本流动、科技和文明进步、各国人民交往，是社会生产力发展的客观要求和科技进步的必然结果，不是哪些人、哪些国家人为造出来的。"世界经济的大海，你要还是不要，都在那儿，是回避不了的。想人为切断各国经济的资金流、技术流、产品流、产业流、人员流，让世界经济的大海退回到一个一个孤立的小湖泊、小河流，是不可能的，也是不符合历史潮流的。"② 经济全球化的历史大势不可逆转，必将浩荡前行，道理正在于此。但是，近年来单边主义、保护主义抬头，经济全球化遭遇逆流。右翼民粹主义、新孤立主义、贸易保护主义抬头，给经济全球化的健康发展蒙上一层阴影。

第四，文明交流互鉴虽然没有变，但"西方中心主义"对人类文明进步的威胁加大。党的十八大以来，习近平总书记对人类文明发展的历史、现实和未来进行综合审视后，提出了"文明因多样而交流，因交流而互鉴，因互鉴而发展"③ 的重要观点。人类文明多样性既是世界的基本特征，也是人类进步的源泉。人类历史是一幅不同文明相互交流、借鉴、融合的宏伟画卷。世界上有200多个国家和地区、2500多个民族、多种宗教。不同历史和国情、不同民族和习俗，孕育了不同文明，使世界更加丰富多彩。2014年3月

---

① 《习近平著作选读》第1卷，人民出版社，2023，第435～436页。
② 《习近平著作选读》第1卷，人民出版社，2023，第555页。
③ 《习近平谈治国理政》第3卷，外文出版社，2020，第468页。

27 日，习近平在法国巴黎联合国教科文组织总部演讲时，形象地将文明的多样性比喻为阳光有七彩和春天有百花，"文明是多彩的，人类文明因多样才有交流互鉴的价值。阳光有七种颜色，世界也是多彩的"①。文明的发展、人类的进步，离不开求同存异、开放包容，离不开文明交流、互学互鉴。历史呼唤着人类文明大放异彩，不同文明应该和谐共生、相得益彰，共同为人类发展提供精神力量。但是，一些发达国家借助其在经济、科技、军事方面的优势极力向世界推销其意识形态、价值观和社会制度，搞唯我独尊的单一文明霸权，将西方文明构建为全球"单一的普世文明"，以文明划线"拉帮结伙"、制造对抗。

（四）推动构建人类命运共同体回答时代之问

今天，人类社会再次面临何去何从的历史当口，是敌视对立还是相互尊重？是封闭脱钩还是开放合作？是零和博弈还是互利共赢？世界面临新的选择。中国共产党和中国人民，立足和平与发展这一时代主题，秉持和平共处五项原则，提出推动构建人类命运共同体理念。习近平指出："只要坚持走和平发展道路，同各国人民一道推动构建人类命运共同体，就一定能够迎来人类和平与发展的美好未来！"②

1. 人类命运共同体理念的形成和发展

自 2012 年中国共产党第十八次全国代表大会报告中首次提出"倡导人类命运共同体意识"以来，习近平针对"人类命运共同体"发表了一系列重要讲话。2013 年 3 月 23 日，习近平在俄罗斯莫斯科国际关系学院发表演讲，首次向世界提出人类命运共同体理念。他指出："这个世界，各国相互联系、相互依存的程度空前加深，人类生活在同一个地球村里，生活在历史和现实交汇的同一个时空里，越来越成为你中有我、我中有你的命运共同体。"③ 此后至 2015 年 9 月期间，习近平在国际国内不同场合多次提到"命

---

① 《习近平著作选读》第 1 卷，人民出版社，2023，第 228 页。
② 《习近平著作选读》第 2 卷，人民出版社，2023，第 361 页。
③ 《习近平著作选读》第 1 卷，人民出版社，2023，第 104 页。

运共同体"概念，并先后创造性地提出了"中非命运共同体""中国—东盟命运共同体""亚太命运共同体""中拉命运共同体"等具体概念，深刻体现出中国欲与世界携手发展的胸怀与担当。2015年9月28日，习近平在纽约联合国总部出席第七十届联合国大会一般性辩论时初步系统阐述了构建人类命运共同体的科学内涵，即"建立平等相待、互商互谅的伙伴关系"，"营造公道正义、共建共享的安全格局"，"谋求开放创新、包容互惠的发展前景"，"促进和而不同、兼收并蓄的文明交流"，"构筑尊崇自然、绿色发展的生态体系"。① 这是中国最高领导人首次在重大国际组织场合提出"人类命运共同体"概念并详细阐释其核心思想。自此到2016年12月习近平先后提出"构建网络空间命运共同体""核安全命运共同体"等具体理念，"人类命运共同体"的内容日臻丰富和完善。2017年1月18日，习近平在瑞士日内瓦万国宫出席"共商共筑人类命运共同体"高级别会议并发表主旨演讲，详细阐释了人类命运共同体理念的提出动因、愿景与实施路径。需要特别强调的是，2017年2月，联合国社会发展委员会第五十五届会议协商一致通过"非洲发展新伙伴关系的社会层面"决议，首次将"人类命运共同体"这一重要国际理念写入联合国决议，表明中国倡导的"人类命运共同体"理念得到了国际社会的广泛认同，标志着"人类命运共同体"理念进入了一个新的发展阶段。

2020年11月10日，习近平首次在上海合作组织框架内提出构建"卫生健康共同体""安全共同体""发展共同体""人文共同体"的重大倡议。2021年10月，习近平发表了题为《维护地球家园，促进人类可持续发展》的讲话，指出："人不负青山，青山定不负人。生态文明是人类文明发展的历史趋势。让我们携起手来，秉持生态文明理念，站在为子孙后代负责的高度，共同构建地球生命共同体，共同建设清洁美丽的世界!"② 这一讲话站在"地球生命共同体"的高度，直面全球生物多样性保护工作中的各种挑战，

① 习近平:《习近平在联合国成立70周年系列峰会上的讲话》，人民出版社，2015，第15、16、17、18页。
② 《习近平谈治国理政》第4卷，外文出版社，2022，第437~438页。

为全球环境治理提供了一个具有高度开放性、包容性和实践性的理念和价值观，开启了全球生态文明建设的新篇章。2022 年 1 月，习近平在世界经济论坛视频会议上再次站在了构建人类命运共同体的高度，深刻洞察了历史前进逻辑和时代发展潮流，准确揭示了当今世界发展形势和矛盾问题，真诚表达了中国对解决世界经济、全球治理等难题的坚定立场，为回答"如何战胜疫情？""如何建设疫后世界？"等全球紧迫性重大问题给出了中国方案，即"我们要顺应历史大势，致力于稳定国际秩序，弘扬全人类共同价值，推动构建人类命运共同体。要坚持对话而不对抗、包容而不排他，反对一切形式的单边主义、保护主义，反对一切形式的霸权主义和强权政治"①。应该说，自提出"人类命运共同体"理念以来，习近平提及"人类命运共同体"的次数足有百次之多，并且其内涵也随着中国外交实践的丰富而不断深化和凝练。这一中国方案已由倡议上升为共识，由理念转化为行动，在不确定的世界展示了强大的领导力、感召力、影响力，"人类命运共同体"理念已经越来越被国际社会所认可，成为当下维护世界和平和促进世界发展的重要指导。

2. 构建人类命运共同体是不可阻挡的时代趋势

人类命运共同体，顾名思义，就是每个民族、每个国家的前途命运都紧紧联系在一起，应该风雨同舟，荣辱与共，努力把我们生于斯、长于斯的这个星球建成一个和睦的大家庭，把世界各国人民对美好生活的向往变成现实。构建人类命运共同体，就是要建设持久和平、普遍安全、共同繁荣、开放包容、清洁美丽的世界。构建人类命运共同体是顺应世界历史发展趋势的必然要求。历史总是按照自己的规律向前发展，没有任何力量能够阻挡历史前进的车轮。马克思恩格斯早在《德意志意识形态》中就指出："各个相互影响的活动范围在这个发展进程中越是扩大，各民族的原始封闭状态由于日益完善的生产方式、交往以及因交往而自然形成的不同民族之间的分工消灭得越是彻底，历史也就越是成为世界历史。"② 历史和现实日益证明这个预言

---

① 习近平：《坚定信心 勇毅前行 共创后疫情时代美好世界——在 2022 年世界经济论坛视频会议的演讲（2022 年 1 月 17 日）》，人民出版社，2022，第 8 页。

② 《马克思恩格斯选集》第 1 卷，人民出版社，2012，第 168 页。

的科学价值。当今时代，经济全球化大潮滚滚向前，新一轮科技革命和产业变革深入发展，全球治理体系深刻重塑，国际格局加速演变，和平发展大势不可逆转。人类交往的世界性比过去任何时候都更深入、更广泛，各国相互联系和彼此依存比过去任何时候都更频繁、更紧密，和平、发展、合作、共赢已成为时代潮流。世界退不回彼此封闭孤立的状态，更不可能被人为割裂。一体化的世界就在那儿，谁拒绝这个世界，这个世界也会拒绝他。世界各国只有顺应历史大势，推动构建人类命运共同体，才能实现共同发展、共享繁荣。

构建人类命运共同体是应对全球性问题的必由之路。当今世界正处于百年未有之大变局，国际环境日趋复杂，不稳定性不确定性明显增加，世界经济低迷，发展鸿沟日益拉大，地区冲突频繁发生，单边主义、保护主义抬头，霸凌行径明显增加，恐怖主义、难民危机、生物安全、气候变化、重大传染病等全球性挑战此起彼伏，特别是新冠疫情加速了国际格局调整，传统安全和非传统安全威胁层出不穷，人类面临严峻挑战。习近平指出："任何国家都不能从别国的困难中谋取利益，从他国的动荡中收获稳定。如果以邻为壑、隔岸观火，别国的威胁迟早会变成自己的挑战。"① 世界各国只有通力合作，携手构建人类命运共同体，才能有效应对各种风险挑战，维护人类共同家园，建设更加美好的世界。

构建人类命运共同体是经过实践证明的正确选择。习近平指出："事要去做才能成就事业，路要去走才能开辟通途。"② 为了推动构建人类命运共同体，我们锲而不舍、驰而不息地努力。比如，实施共建"一带一路"倡议，发起创立亚洲基础设施投资银行，设立丝路基金，举办"一带一路"国际合作高峰论坛、中国共产党与世界政党高层对话会、二十国集团领导人杭州峰会、中国国际进口博览会、亚洲文明对话大会等。特别是在应对新冠疫情过程中，中国同世界各国携手合作、共克时艰，以实际行动帮助挽救了全球成千上万人的生命，彰显了中国推动构建人类命运共同体的真诚愿望和大国担

---

① 习近平：《习近平在联合国成立 75 周年系列高级别会议上的讲话》，人民出版社，2020，第 9 页。
② 《习近平谈治国理政》第 3 卷，外文出版社，2020，第 436 页。

当。构建人类命运共同体已被多次写入联合国文件，国际社会高度评价中国推动构建人类命运共同体的实践，普遍认为构建人类命运共同体完全符合联合国宪章的基本原则，是对全球治理的重大贡献。正如第七十一届联合国大会主席彼得·汤姆森所说，构建人类命运共同体"是人类在这个星球上的唯一未来"。

世界好，中国才能好；中国好，世界才更好。中国共产党既是为中国人民谋幸福的党，也是为人类进步事业而奋斗的党。中国共产党将一如既往为世界和平安宁作贡献，一如既往为世界共同发展作贡献，一如既往为世界文明交流互鉴作贡献。世界命运握在各国人民手中，人类前途系于各国人民的抉择。中国人民愿同世界各国人民一起，在构建人类命运共同体这条人间正道上携手前行，共同创造更加繁荣美好的世界！

3. 构建人类命运共同体展现当代中国的大国担当

构建人类命运共同体理念，深刻回答了"建设一个什么样的世界，如何建设这个世界"等关乎人类前途命运的重大课题，彰显了以习近平同志为核心的党中央博大的天下情怀和强烈的责任担当，展现了中国负责任大国的形象。构建人类命运共同体，是中国为人类世代接续发展履行本代人责任的自觉行为。当今世界，只有走和平发展、合作共赢之路才能走得通。明者因时而变，知者随事而制。形势在发展，时代在进步。要跟上时代前进步伐，就不能身体已进入 21 世纪，而头脑还停留在冷战思维、零和博弈的旧时代。历史接力棒已经传到今天这一代人手中，我们必须作出无愧于人民、无愧于历史的抉择，履行好本代人的责任。

构建人类命运共同体是中国维护世界和平安宁、推动世界共同发展的自觉行动。"构建人类命运共同体是世界各国人民前途所在。万物并育而不相害，道并行而不相悖。只有各国行天下之大道，和睦相处、合作共赢，繁荣才能持久，安全才有保障。中国提出了全球发展倡议、全球安全倡议，愿同国际社会一道努力落实。"①

---

① 习近平：《高举中国特色社会主义伟大旗帜 为全面建设社会主义现代化国家而团结奋斗——在中国共产党第二十次全国代表大会上的报告》，人民出版社，2022，第 62 页。

二 开启第二个百年新征程

一个国家、一个民族要振兴，就必须在历史的逻辑中前进，在时代的潮流中发展。明确现实所处的历史方位，是我们捕捉历史发展轨迹、把握新的历史特点、掌握历史主动的立足点。

（一）中国特色社会主义进入新时代

"时代"这个词在《辞海》中的解释为"历史上依据经济、政治、文化等状况来划分的社会各个发展阶段"，这是人们认识人类社会规律的世界历史性范畴，它表示一定时空范围内世界历史的性质和趋势。马克思主义揭示了从资本主义向共产主义转变的大时代，在这个伟大转变的大时代中，资本主义和社会主义的力量对比总是在不断变化，在总质变前必然会出现若干由量变到部分的质变，历史的发展因此呈现出阶段性特征。用"时代"来把握这些历史发展新阶段很有必要。标识当代中国历史方位的"新时代"就是马克思主义大时代中的小时代。什么是新时代？中国特色社会主义进入新时代的意义是什么？为什么说进入了新时代？关于新时代的内涵党的十九大报告讲了五点：第一点，从历史、现在、未来的联系上看，这是"承前启后、继往开来、在新的历史条件下继续夺取中国特色社会主义伟大胜利的时代"；第二点，从我们承担的历史使命看，这"是决胜全面建成小康社会、进而全面建设社会主义现代化强国的时代"；第三点，放到中国人民对美好生活的追求上看，这"是全国各族人民团结奋斗、不断创造美好生活、逐步实现全体人民共同富裕的时代"；第四点，放到民族复兴的角度看，这"是全体中华儿女勠力同心、奋力实现中华民族伟大复兴中国梦的时代"；第五点，放在世界大局中看，这"是我国日益走近世界舞台中央、不断为人类作出更大贡献的时代"。①

---

① 《十九大以来重要文献选编》（上），中央文献出版社，2019，第8页。

中国特色社会主义进入新时代的意义有三个方面：一是从民族复兴的角度来看，意味着近代以来久经磨难的中华民族迎来了从站起来、富起来到强起来的伟大飞跃，迎来了实现中华民族伟大复兴的光明前景；二是从社会主义角度来看，意味着科学社会主义在 21 世纪的中国焕发出强大生机活力，在世界上高高举起了中国特色社会主义伟大旗帜；三是从中国特色社会主义对世界发展中国家的贡献来看，意味着中国特色社会主义道路、理论、制度、文化不断发展，拓展了发展中国家走向现代化的途径，给世界上那些既希望加快发展又希望保持自身独立性的国家和民族提供了全新选择，为解决人类问题贡献了中国智慧和中国方案。

"中国特色社会主义进入了新时代"提出的依据有四个方面。一是根据中国特色社会主义进入新的历史阶段提出的。党的十八大以来，中国进行了深层次的、根本性的变革，取得了全方位、开创性的成就。在经济实力、科技实力、国防实力、综合国力进入世界前列的同时，党的面貌、国家的面貌、人民的面貌、军队的面貌、中华民族的面貌都发生了前所未有的变化，中国正以高度的道路自信、理论自信、制度自信和文化自信屹立于世界东方。二是依据中国社会主要矛盾发生新变化提出的。"中国特色社会主义进入新时代，我国社会主要矛盾已经转化为人民日益增长的美好生活需要和不平衡不充分的发展之间的矛盾。"[①] 这反映了中国发展的实际状况，揭示了制约中国发展的症结所在，指明了推动当代中国发展的主要着力点。三是根据历史交汇期的奋斗目标提出的。从党的十九大到党的二十大，是"两个一百年"奋斗目标的历史交汇期。这也是新时代的两大任务：其一，决胜全面建成小康社会，其二，开启全面建设社会主义现代化国家的新征程。决胜全面建成小康社会，就是我们常说的第一个百年奋斗目标。第一个百年奋斗目标已经实现了，开启了全面建设社会主义现代化国家的新征程。党的二十大报告指出，全面建成社会主义现代化强国，总的战略安排是分两步走："从二〇二〇年到二

---

① 习近平：《决胜全面建成小康社会 夺取新时代中国特色社会主义伟大胜利——在中国共产党第十九次全国代表大会上的报告》，人民出版社，2017，第 11 页。

〇三五年基本实现社会主义现代化；从二〇三五年到本世纪中叶把我国建成富强民主文明和谐美丽的社会主义现代化强国。"① 四是根据中国国际环境发生新变化提出的。世界正处于大发展大变革大调整时期，中国发展仍处于重要战略机遇期和历史机遇期。当代中国已经不再是国际秩序的被动接受者，而是积极的参与者、建设者和引领者。世界对中国的关注从未像今天这样广泛、深刻、聚焦，中国对世界的影响也从未像今天这样全面、深刻、长远。但是我们应该看到，挑战十分严峻，外部环境更加复杂，一些势力对我国的阻遏、忧惧、施压不断增加。把握新的历史方位、新的时代坐标，必须科学认识和全面把握国际局势和周边环境的变化。

"新时代十年的伟大变革，在党史、新中国史、改革开放史、社会主义发展史、中华民族发展史上具有里程碑意义。"② "中国人民的前进动力更加强大、奋斗精神更加昂扬、必胜信念更加坚定，焕发出更为强烈的历史自觉和主动精神，中国共产党和中国人民正信心百倍推进中华民族从站起来、富起来到强起来的伟大飞跃。改革开放和社会主义现代化建设深入推进，书写了经济快速发展和社会长期稳定两大奇迹新篇章，我国发展具备了更为坚实的物质基础、更为完善的制度保证，实现中华民族伟大复兴进入了不可逆转的历史进程。"③ 总之，我们必须深刻把握中国特色社会主义进入新时代的历史方位，只有认清历史潮流和发展趋势，才能站在历史的开阔视野上，对人类社会未来发展走向作出清晰的判断。

（二）开启全面建设社会主义现代化国家新征程

新征程就是建设社会主义现代化国家，实现中华民族伟大复兴。在中国共产党迎来百年华诞之际，中华民族伟大复兴又向前迈出了新的一大步。

---

① 习近平：《高举中国特色社会主义伟大旗帜 为全面建设社会主义现代化国家而团结奋斗——在中国共产党第二十次全国代表大会上的报告》，人民出版社，2022，第24页。

② 习近平：《高举中国特色社会主义伟大旗帜 为全面建设社会主义现代化国家而团结奋斗——在中国共产党第二十次全国代表大会上的报告》，人民出版社，2022，第15页。

③ 习近平：《高举中国特色社会主义伟大旗帜 为全面建设社会主义现代化国家而团结奋斗——在中国共产党第二十次全国代表大会上的报告》，人民出版社，2022，第15~16页。

习近平总书记在庆祝中国共产党成立100周年大会上的讲话中代表党和人民庄严宣告："经过全党全国各族人民持续奋斗，我们实现了第一个百年奋斗目标，在中华大地上全面建成了小康社会，历史性地解决了绝对贫困问题，正在意气风发向着全面建成社会主义现代化强国的第二个百年奋斗目标迈进。这是中华民族的伟大光荣！这是中国人民的伟大光荣！这是中国共产党的伟大光荣！"①全面建成小康社会伟大胜利来之不易，是中国共产党团结带领全国各族人民长期奋斗的结果，对于中华民族从站起来、富起来到强起来的伟大飞跃具有决定性意义。取得了这一决定性胜利，不仅意味着更加接近实现中华民族伟大复兴中国梦，而且意味着我们开始进入实现中华民族伟大复兴中国梦的新起点、新阶段、新征程。党的二十大报告指出："从现在起，中国共产党的中心任务就是团结带领全国各族人民全面建成社会主义现代化强国、实现第二个百年奋斗目标，以中国式现代化全面推进中华民族伟大复兴。"②对中国和中华民族来说，开启全面建设社会主义现代化国家新征程，标志着近代以来久经磨难的中华民族迎来了实现伟大复兴的光明前景。国家现代化和民族复兴，是近代以来中华民族团结奋斗的最大公约数。鸦片战争后，中国陷入内忧外患的黑暗境地，中国人民经历了战乱频仍、山河破碎、民不聊生的深重苦难。为了民族复兴，无数仁人志士不屈不挠、前赴后继，进行了可歌可泣的斗争，进行了各式各样的尝试，但终究未能改变旧中国的社会性质和中国人民的悲惨命运。中国共产党一经成立，就把实现共产主义作为党的最高理想和最终目标，义无反顾肩负起实现中华民族伟大复兴的历史使命，团结带领人民进行了艰苦卓绝的斗争，谱写了气吞山河的壮丽史诗。经过28年浴血奋战，建立了新中国，使占人类总数1/4的中国人民从此站起来了。新中国成立以来特别是改革开放以来，中国共产党团结带领人民成功走出一条中国特色社会主义道路，解决了十几亿人的温饱问题，中国人民逐渐富裕起来。历经苦难与辉煌、曲折与胜利、付出与收获，中国特色

---

① 习近平：《在庆祝中国共产党成立100周年大会上的讲话》，人民出版社，2021，第2页。

② 习近平：《高举中国特色社会主义伟大旗帜 为全面建设社会主义现代化国家而团结奋斗——在中国共产党第二十次全国代表大会上的报告》，人民出版社，2022，第21页。

社会主义进入新时代，中华民族正在实现从富起来到强起来的伟大飞跃，"中国号"巨轮在世界风浪中劈波斩浪、一往无前。到21世纪中叶，中国将全面建成富强民主文明和谐美丽的社会主义现代化强国，物质文明、政治文明、精神文明、社会文明、生态文明将全面跃升，成为综合国力和国际影响力领先的国家，中华民族将以更加昂扬的姿态屹立于世界民族之林。

（三）中国开启全面建设社会主义现代化国家新征程的世界意义

中国特色社会主义进入新时代，开启全面建设社会主义现代化国家的新征程，在世界社会主义发展史和人类社会发展史上具有重大意义。

世界社会主义发展历经500多年，从空想到科学、从理想到现实、从一国到多国，反映了人类对美好社会制度的执着追求，深刻改变了世界历史进程。20世纪80年代末90年代初，东欧剧变、苏联解体，世界社会主义遭受严重挫折。有人宣称，"历史已经终结"于资本主义制度，"20世纪将以社会主义的失败和资本主义的胜利而告终"。今天，完全可以说，中国在世界上把社会主义的旗帜举住了、举稳了，而且把科学社会主义推向了崭新的阶段。中国特色社会主义道路越走越宽广，使世界上正视和相信马克思主义与社会主义的人多了起来，使世界范围内两种意识形态、两种社会制度的历史演进及较量发生了有利于马克思主义、社会主义的深刻转变。这对社会主义在中国的发展，以及世界社会主义的发展，都具有深远的历史意义。

开启全面建设社会主义现代化国家新征程，把对社会主义现代化道路的探索推向了一个新的阶段。中国坚持和发展中国特色社会主义，推动物质文明、政治文明、精神文明、社会文明、生态文明协调发展，创造了中国式现代化新道路，创造了人类文明新形态。中国式现代化既有各国现代化的共同特征，也有基于国情的中国特色。中国要实现的现代化，是人口规模巨大的现代化，是全体人民共同富裕的现代化，是物质文明和精神文明相协调的现代化，是人与自然和谐共生的现代化，是走和平发展道路的现代化。"中国式现代化的本质要求是：坚持中国共产党领导，坚持中国特色社会主义，实现高质量发展，发展全过程人民民主，丰富人民精神世界，实现全体人民共同富裕，促进人与自然和谐共生，推动构建人类命运共同体，创造人类文明新形态。"① 中国式现代化进一步拓宽了发展中国家走向现代化的途径，给世界上那些既希望加快发展又希望保持自身独立性的国家和民族提供了全新的选择，为解决人类问题贡献了中国智慧和中国方案。习近平总书记指出："我国现代化同西方发达国家有很大不同。西方发达国家是一个'串联式'的发展过程，工业化、城镇化、农业现代化、信息化顺序发展，发展到目前水平用了二百多年时间。我们要后来居上，把'失去的二百年'找回来，决定了我国发展必然是一个'并联式'的过程，工业化、信息化、城镇化、农业现代化是叠加发展的。"② 并联式叠加发展的现代化思想和实践促进了我国生产力的大发展。1952 年，我国 GDP 仅为 679.1 亿元，人均 GDP 仅为 119 元；2021 年，我国 GDP 突破 110 万亿元，人均 GDP 突破 1.2 万美元。改革开放以来，在 1978 年至 2020 年的 42 年里，我国 GDP 年均增速达到 9.2%。③ 一个在一穷二白、人口众多的基础上起步的发展中国家，在如此短的时间里实现如此持续稳定的快速发展，无疑是世界现代化史上的一个奇迹。中国式现代化道路，摒弃了西方以资本为中心的现代化、两极分化的现代化、物质主义膨胀的现代化、对外扩张掠夺的现代化老路，拓展了发展中国家走向现代化的途径，为人类对更好社会制度的探索提供了中国方案。中国式现代化道路证明：现代化道路并没有固定模式，适合自己的才是最好的，不能削足适履。发展中国家要坚定自己的现代化目标，结合本国国情积极探索自己的现代化道路。落后的发展状况与发展愿景之间的巨大差距，只应作为推进国家现代化的强烈意愿和动力源泉，绝不应成为放弃独立自主的理由。中国的现代化实践向世界说明了一个道理：世界上没有一种普遍适用的发展模式，西方模式不是实现现代化的唯一模式，各国完全可以走出适合自己的发展道路。

---

① 习近平：《高举中国特色社会主义伟大旗帜 为全面建设社会主义现代化国家而团结奋斗——在中国共产党第二十次全国代表大会上的报告》，人民出版社，2022，第 23~24 页。
② 《习近平关于社会主义经济建设论述摘编》，中央文献出版社，2017，第 159 页。
③ 黄群慧、杨虎涛：《中国式现代化道路的特质与世界意义（深入学习贯彻习近平新时代中国特色社会主义思想）》，《人民日报》2022 年 3 月 25 日。

三 立足新发展阶段、贯彻新发展理念、构建新发展格局

社会主义初级阶段不是一个静态、停滞不前、一成不变的阶段，而是一个阶梯式递进、不断发展进步的过程。第一个百年奋斗目标实现后，向着第二个百年奋斗目标进军，标志着我国进入了一个新发展阶段。

（一）新发展阶段的丰富内涵

新发展阶段是我国社会主义初级阶段向更高阶段迈进的一个新阶段，其内涵主要包括以下三个方面。

新发展阶段之所以新，首先表现为我国发展立足于新的历史起点。"经过新中国成立以来特别是改革开放 40 多年的不懈奋斗，到'十三五'规划收官之时，我国经济实力、科技实力、综合国力和人民生活水平跃上了新的大台阶，成为世界第二大经济体、第一大工业国、第一大货物贸易国、第一大外汇储备国，国内生产总值超过 100 万亿元，人均国内生产总值超过 1 万美元，城镇化率超过 60%，中等收入群体超过 4 亿人。"① 特别是全面建成了小康社会，解决了困扰中华民族几千年的贫困问题，中华民族伟大复兴向前迈出了一大步，社会主义中国实现了从"赶上时代"到"引领时代"的伟大跨越，这必将为开启全面建设社会主义现代化国家新征程奠定坚实的物质基础。

新发展阶段之所以新，又表现为我国发展面临新机遇和新挑战。当今世界正处于百年未有之大变局，新一轮科技革命和产业革命深入发展，国际力量对比深刻调整，和平与发展仍然是时代主题，人类命运共同体理念深入人心。同时国际环境日趋复杂，不稳定性不确定性明显增加，新冠疫情影响广泛深远，经济全球化遭遇逆流，世界进入动荡变革期，单边主义、保护主

---

① 《习近平谈治国理政》第 4 卷，外文出版社，2022，第 163 页。

义、霸权主义对世界和平发展构成威胁，我国面临着更加更多逆风逆水的外部环境。然而时与势都在我们这一边，我国经济长期向好的基本面没有改变，大国优势和制度优势正在进一步彰显。新机遇和新挑战将激励我们加快改革创新的步伐，我们有能力把握新机遇、迎接新挑战，实现经济行稳致远、社会安定和谐，在有效应对世界之变、时代之变、历史之变中推进中华民族伟大复兴。

新发展阶段之所以新，还表现为中国发展锚定的现代化建设目标。新发展阶段，就是在全面建成小康社会的基础上，继续向着全面建成富强民主文明和谐美丽的社会主义现代化强国的"升级转段"，是中华民族伟大复兴历史进程中的大跨越，中华民族将进一步接近伟大复兴的目标。按照党的十九届五中全会的要求，"十四五"时期，我国经济社会发展要努力实现"六新"目标，而到了 2035 年时更要攀上新的高峰，概括起来就是："一个进入"，即进入创新型国家行列；"一个基本建成"，即基本建成法治国家、法治政府、法治社会；"一个实质性进展"，即人民生活更加美好，人的全面发展、全体人民共同富裕取得更为明显的实质性进展；"两个建成"，即建成现代化经济体系，建成文化强国、教育强国、人才强国、体育强国、健康中国；"两个形成"，即形成对外开放新格局、广泛形成绿色生产生活方式；"两个中等"，即人均国内生产总值达到中等发达国家水平、中等收入群体显著扩大；"两个增强"，即参与国际经济合作和竞争新优势明显增强，国家文化软实力显著增强；"两个达到"，即平安中国建设达到更高水平，国民素质和社会文明程度达到新高度；"四个基本实现"，即基本实现新型工业化、信息化、城镇化、农业现代化，基本实现国家治理体系和治理能力现代化，基本实现国防和军队现代化，美丽中国建设目标基本实现。新发展阶段展现了我国社会主义现代化的灿烂前景。

（二）新发展阶段需要贯彻新发展理念

坚持新发展理念是习近平经济思想的核心内容。新发展理念是党的十八届五中全会首次正式提出来的，是以习近平同志为核心的党中央推动我国经济发展实践的理论结晶，进一步深化了中国共产党对实现什么样的发展、怎样实现发展的认识，新发展理念的提出是关系我国发展全局的一场深刻变革。党中央先是提出"三期叠加"重大判断，认为中国经济发展增长速度换挡期、结构调整阵痛期、前期刺激政策消化期三个阶段同时出现并且交错叠加在一起。这从根本上决定了中国经济的应对不能再采用铺摊子、上项目等刺激政策，而应该把工作重点放在调整经济结构、转变发展方式上，从过去长期主要依靠投资、出口拉动转向更多依靠消费拉动、创新驱动，以推动中国经济新的更高质量的发展。在提出"三期叠加"重大判断的基础上，以习近平同志为核心的党中央进一步提出中国经济发展进入新常态的重大判断。概括地说，中国经济发展进入新常态，确实给中国经济带来了许多前所未有的深刻变化。这些深刻变化突出表现在四个方面：一是增长速度从高速转向中高速；二是发展方式从规模速度型转向质量效率型；三是经济结构调整从增量扩能为主转向调整存量、做优增量并举；四是发展动力从主要依靠资源和低成本劳动力等要素投入转向创新驱动。新发展理念正是根据适应新常态、引领新常态的需要提出来的。具体地说，新发展理念不是凭空得来的，而是在深刻总结国内外发展经验教训的基础上形成的，是在深刻分析国内外发展大势的基础上形成的，也是针对中国发展中的突出矛盾和问题提出来的。理论是行动的先导，发展实践都是由发展理念来引领的。在新发展阶段必须坚定不移贯彻创新、协调、绿色、开放、共享的新发展理念。总的来说，就是强调高质量发展，就是能够很好满足人民日益增长的美好生活需要的发展。创新成为第一动力、协调成为内生特点、绿色成为普遍形态、开放成为必由之路、共享成为根本目的，它回答了关于发展的目的、动力、方式、路径等一系列理论和实践问题，阐明了中国共产党关于发展的政治立场、价值导向、发展模式、发展道路等重大政治问题。

海南自贸港在新发展格局中要发挥重要作用，为新发展格局提供重要桥梁纽带、集聚高端要素资源、构筑现代产业体系、先行国际经贸规则、示范良好营商环境。海南自贸港建设与"双循环"具有天然的内在一致性，都是党中央在新发展阶段作出的重大战略部署，都内含党中央对推动更高水平对外开放的总体要求。特别是在世界经济在脆弱中艰难复苏、逆全球化和贸易保护主义抬头、全球产业链供应链面临巨大调整等复杂背景下，更需要把海南自贸港建设与"双循环"紧密结合起来，充分发挥海南自贸港在推动构建新发展格局中的重要作用。在促进国内大循环上，海南自贸港积极扩大商品和服务进口，有效促进了国内消费升级和产业升级；在推动国内国际双循环相互促进上，海南自贸港在稳外贸、稳外资等方面作用突出，在建设更高水平开放型经济上成效显著。海南自贸港通过持续扩大开放和不断改革创新，将在集聚高端要素资源方面发挥重要作用。改革开放初期，我国将土地、人力等低成本要素作为开放型经济发展的主要手段，形成了我国参与国际竞争的传统优势。随着传统优势的逐步减弱，我们亟须集聚高端人才、数据信息等高端要素资源，重塑新的竞争优势。海南自贸港在集聚高端人才、数据信息等高端要素资源、提升全球高端资源要素配置能力方面发挥了重要作用。海南自贸港在持续改革创新、高水平开放、集聚高端要素资源的同时，有效集聚和发展了高端高新产业，产业结构持续优化，对构建现代化产业体系、推动经济实现高质量发展发挥了重要作用。[①]

（三）构建适应时代需要的新发展格局

党的二十大报告指出："高质量发展是全面建设社会主义现代化国家的首要任务。发展是党执政兴国的第一要务。没有坚实的物质技术基础，就不可能全面建成社会主义现代化强国。必须完整、准确、全面贯彻新发展理念，坚持社会主义市场经济改革方向，坚持高水平对外开放，加快构建以国内大循环为主体、国内国际双循环相互促进的新发展格局。"[②] 构建新发展格局是全面贯彻新发展理念的必然结果。我们所构建的新发展格局，无论是国内大循环还是相互促进的国内国际双循环，都应更加重视科技创新，更加重

---

①　崔卫杰：《充分发挥海南自贸港在新发展格局中的重要作用》，《中国经济时报》2021 年 12 月 6 日。

②　习近平：《高举中国特色社会主义伟大旗帜 为全面建设社会主义现代化国家而团结奋斗——在中国共产党第二十次全国代表大会上的报告》，人民出版社，2022，第 28 页。

视协调可持续发展，更加重视国内绿色生产和生活，更加重视开放在经济循环中的作用，更加重视民生和共享发展，而不是再回到简单以国内生产总值增长率高低论英雄的老路上去，不是再回到以牺牲环境为代价的传统发展路子上去，更不是再回到粗放式发展的模式上去。只有把新发展理念全面落实到位，才能破解发展难题、增强发展动力、厚植发展优势，使新发展格局的构建朝着正确方向进行。

新发展格局中的"双循环"是"以国内大循环为主体"的"双循环"。这就启发我们，"双循环"不是平均的，也不是像过去那样以国际循环为主体；国内循环是主循环、是双循环的基础，国际循环是次循环、是国内循环的辅助和延伸。这是新发展格局的显著标志。历史表明，大国经济只有立足国内循环实现规模经济，刺激市场主体创新，才能夯实参与国际经济分工的产业基础，深度参与国际循环，实现更大发展。正如习近平所指出的："国内循环越顺畅，越能形成对全球资源要素的引力场，越有利于构建以国内大循环为主体、国内国际双循环相互促进的新发展格局，越有利于形成参与国际竞争和合作新优势。"① 明确"以国内大循环为主体"，就意味着要坚持扩大内需这个战略基点，依托强大国内市场，着力贯通生产、分配、流通、消费各个环节，推动金融、房地产同实体经济均衡发展，实现上下游、产供销有效衔接，促进农业、制造业、服务业、能源资源等产业门类协调发展；就意味着要打破行业垄断和地方保护，破除妨碍生产要素市场化配置和商品服务流通的体制机制障碍；就意味着要坚持以供给侧结构性改革为主线，优化供给结构，提高供给质量，提升供给体系对国内需求的适配性，形成供给创造需求、需求牵引供给的更高水平动态平衡。

新发展格局中的国内循环和国际循环是个相互促进的整体，这是认识和把握新发展格局的要害所在。在新发展格局中，国内循环不能离开国际循环的支持，否则，就容易退回到自我封闭的老路上去。习近平反复强调："以

---

① 习近平：《论把握新发展阶段、贯彻新发展理念、构建新发展格局》，中央文献出版社，2021，第 343 页。

国内大循环为主体，绝不是关起门来封闭运行，而是通过发挥内需潜力，使国内市场和国际市场更好联通，更好利用国际国内两个市场、两种资源，实现更加强劲可持续的发展。"① 2020 年 8 月 24 日，习近平在经济社会领域专家座谈会上的讲话中再次强调："新发展格局决不是封闭的国内循环，而是开放的国内国际双循环。"② 强调新发展格局中的"双循环"是一个整体，就是要求我们完善内外贸一体化调控体系，促进内外贸法律法规、监管体制、经营资质、质量标准、检验检疫、认证认可等相衔接，推进同线同标同质；要优化国内国际市场布局、商品结构、贸易方式，提升出口质量，增加优质产品进口，加速补齐要素、资源、营商环境等方面的短板和不足，在更宽广的视野下引导国内产业提质增效和消费升级，让国内大循环更加畅通。总之，中国共产党适应新时代、新发展理念和新发展阶段提出的新发展格局内涵十分丰富，反映了当代世界和中国的发展变化对我国经济社会发展的新要求，是习近平经济思想的新发展。把握新发展格局，灵魂在于新发展理念、基础在于国内循环、要害在于国内国际双循环相互促进、关键在于科技创新、基本前提和保障是防范和化解重大风险，全部目的在于在危机中育先机、于变局中开新局，推动我国高质量发展，更好地为人民谋福祉、为民族谋复兴、为世界谋大同。

四　用当代中国马克思主义观察中国和世界

马克思主义是认识世界和改造世界的强大思想武器。"要立足时代特点，推进马克思主义时代化，更好运用马克思主义观察时代、解读时代、引领时代，真正搞懂面临的时代课题，深刻把握世界历史的脉络和走向。"③ 习近平新时代中国特色社会主义思想立足于不断发展的实践，对时代课题作了最系

---

① 习近平：《论把握新发展阶段、贯彻新发展理念、构建新发展格局》，中央文献出版社，2021，第 362～363 页。

② 《习近平著作选读》第 2 卷，人民出版社，2023，第 329 页。

③ 《习近平谈治国理政》第 2 卷，外文出版社，2017，第 66 页。

统、最透彻和最深刻的解答，是马克思主义中国化最新理论成果，是当代中国最鲜活的马克思主义，必须坚持和运用习近平新时代中国特色社会主义思想观察当代中国和世界，领会其丰富内涵和精神实质，掌握其思想精髓和思维方法，把握贯穿其中的马克思主义立场、观点和方法，正确认识当代中国和世界的关系，认识当代中国对世界作出的重大贡献。

（一）学习运用马克思主义基本原理

马克思给我们留下的最有价值、最具影响力的精神财富，就是以他名字命名的科学理论——马克思主义。这一理论犹如壮丽的日出，照亮了人类探索历史规律和寻求自身解放的道路。马克思有一句名言："批判的武器当然不能代替武器的批判，物质力量只能用物质力量来摧毁；但是理论一经掌握群众，也会变成物质力量。"① 马克思主义主要由哲学、政治经济学、科学社会主义三部分构成。马克思说："共产党人的理论原理，决不是以这个或那个世界改革家所发明或发现的思想、原则为根据的。"② "这些原理不过是现存的阶级斗争、我们眼前的历史运动的真实关系的一般表述。"③

只有将眼光放在整个人类发展的历史长河中，才能透视出历史运动的本质和时代发展的方向。马克思的科学研究，就像列宁所说的那样，"凡是人类社会所创造的一切，他都有批判地重新加以探讨，任何一点也没有忽略过去。凡是人类思想所建树的一切，他都放在工人运动中检验过，重新加以探讨，加以批判，从而得出了那些被资产阶级狭隘性所限制或被资产阶级偏见束缚住的人所不能得出的结论"④。马克思的思想理论源于那个时代又超越了那个时代，既是那个时代精神的精华又是整个人类精神的精华。

——马克思主义是科学的理论，创造性地揭示了人类社会发展规律。在马克思提出科学社会主义之前，空想社会主义者早已存在，他们对理想社会

---

① 《马克思恩格斯选集》第 1 卷，人民出版社，2012，第 9 页。
② 《马克思恩格斯选集》第 1 卷，人民出版社，2012，第 413 页。
③ 《马克思恩格斯选集》第 1 卷，人民出版社，2012，第 414 页。
④ 《列宁选集》第 4 卷，人民出版社，2012，第 284～285 页。

有很多美好的设想，但由于没有揭示社会发展规律，没有找到实现理想的有效途径，因而也就难以真正对社会发展产生影响。马克思创建了唯物史观和剩余价值学说，揭示了人类社会发展的一般规律，揭示了资本主义运行的特殊规律，为人类指明了从必然王国向自由王国飞跃的途径，为人民指明了实现自由和解放的道路。

——马克思主义是人民的理论，第一次创立了人民实现自身解放的思想体系。马克思主义博大精深，归根到底就是一句话，为人类求解放。在马克思之前，社会上占统治地位的理论都是为统治阶级服务的。马克思主义第一次站在人民的立场探求人类自由解放的道路，以科学的理论为最终建立一个没有压迫、没有剥削、人人平等、人人自由的理想社会指明了方向。马克思主义之所以具有跨越国度、跨越时代的影响力，就是因为它植根人民之中，指明了依靠人民推动历史前进的人间正道。

——马克思主义是实践的理论，指引着人民改造世界的行动。马克思说，"全部社会生活在本质上是实践的"，"哲学家们只是用不同的方式解释世界，问题在于改变世界"。实践的观点、生活的观点是马克思主义认识论的基本观点，实践性是马克思主义理论区别于其他理论的显著特征。马克思主义不是书斋里的学问，而是为了改变人民历史命运而创立的，是在人民求解放的实践中形成的，也是在人民求解放的实践中丰富和发展的，为人民认识世界、改造世界提供了强大精神力量。

——马克思主义是不断发展的开放的理论，始终站在时代前沿。马克思一再告诫人们，马克思主义理论不是教条，而是行动指南，必须随着实践的变化而发展。一部马克思主义发展史就是马克思、恩格斯以及他们的后继者们不断根据时代、实践、认识发展而发展的历史，是不断吸收人类历史上一切优秀思想文化成果丰富自己的历史。因此，马克思主义能够永葆其美妙之青春，不断探索时代发展提出的新课题、回应人类社会面临的新挑战。①

---

①　习近平：《在纪念马克思诞辰200周年大会上的讲话》，人民出版社，2018，第7～10页。

（二）掌握马克思主义中国化最新理论成果

党的二十大报告指出："马克思主义是我们立党立国、兴党兴国的根本指导思想。实践告诉我们，中国共产党为什么能，中国特色社会主义为什么好，归根到底是马克思主义行，是中国化时代化的马克思主义行。拥有马克思主义科学理论指导是我们党坚定信仰信念、把握历史主动的根本所在。"[①]以习近平同志为核心的党中央统筹把握中华民族伟大复兴战略全局和世界百年未有之大变局，强调中国特色社会主义新时代是承前启后、继往开来，在新的历史条件下继续夺取中国特色社会主义伟大胜利的时代，是决胜全面建成小康社会，进而全面建设社会主义现代化国家的时代，是全国各族人民团结奋斗、不断创造美好生活、逐步实现全体人民共同富裕的时代，是全体中华儿女勠力同心、奋力实现中华民族伟大复兴中国梦的时代，是我国不断为人类作出更大贡献的时代。中国特色社会主义新时代是我国发展新的历史方位。以习近平同志为主要代表的中国共产党人，坚持把马克思主义基本原理同中国具体实际相结合、同中华优秀传统文化相结合，坚持毛泽东思想、邓小平理论、"三个代表"重要思想、科学发展观，深刻总结并充分运用中国共产党成立以来的历史经验，从新的实际出发，创立了习近平新时代中国特色社会主义思想，明确了中国特色社会主义最本质的特征是中国共产党领导，中国特色社会主义制度的最大优势是中国共产党领导，中国共产党是最高政治领导力量，全党必须增强"四个意识"、坚定"四个自信"、做到"两个维护"；明确坚持和发展中国特色社会主义，总任务是实现社会主义现代化和中华民族伟大复兴，在全面建成小康社会的基础上，分两步走在本世纪中叶建成富强民主文明和谐美丽的社会主义现代化强国，以中国式现代化推进中华民族伟大复兴；明确新时代我国社会主要矛盾是人民日益增长的美好生活需要和不平衡不充分的发展之间的矛盾，必须坚持以人民为中心的发

[①] 习近平：《高举中国特色社会主义伟大旗帜 为全面建设社会主义现代化国家而团结奋斗——在中国共产党第二十次全国代表大会上的报告》，人民出版社，2022，第16页。

展思想，发展全过程人民民主，推动人的全面发展、全体人民共同富裕取得更为明显的实质性进展；明确中国特色社会主义事业总体布局是经济建设、政治建设、文化建设、社会建设、生态文明建设"五位一体"，战略布局是全面建设社会主义现代化国家、全面深化改革、全面依法治国、全面从严治党"四个全面"；明确全面深化改革总目标是完善和发展中国特色社会主义制度、推进国家治理体系和治理能力现代化；明确全面推进依法治国总目标是建设中国特色社会主义法治体系、建设社会主义法治国家；明确必须坚持和完善社会主义基本经济制度，使市场在资源配置中起决定性作用，更好发挥政府作用，把握新发展阶段，贯彻创新、协调、绿色、开放、共享的新发展理念，加快构建以国内大循环为主体、国内国际双循环相互促进的新发展格局，推动高质量发展，统筹发展和安全；明确党在新时代的强军目标是建设一支听党指挥、能打胜仗、作风优良的人民军队，把人民军队建设成为世界一流军队；明确中国特色大国外交要服务民族复兴、促进人类进步，推动建设新型国际关系，推动构建人类命运共同体；明确全面从严治党的战略方针，提出新时代党的建设总要求，全面推进党的政治建设、思想建设、组织建设、作风建设、纪律建设，把制度建设贯穿其中，深入推进反腐败斗争，落实管党治党政治责任，以伟大自我革命引领伟大社会革命。这些战略思想和创新理念，是中国共产党对中国特色社会主义建设规律认识深化和理论创新的重大成果。

习近平总书记对关系新时代党和国家事业发展的一系列重大理论和实践问题进行了深邃思考和科学判断，就新时代坚持和发展什么样的中国特色社会主义、怎样坚持和发展中国特色社会主义，建设什么样的社会主义现代化强国、怎样建设社会主义现代化强国，建设什么样的长期执政的马克思主义政党、怎样建设长期执政的马克思主义政党等重大时代课题，提出一系列原创性的治国理政新理念新思想新战略，是习近平新时代中国特色社会主义思想的主要创立者。习近平新时代中国特色社会主义思想是当代中国马克思主义、二十一世纪马克思主义，是中华文化和中国精神的时代精华，实现了马克思主义中国化新的飞跃。中国共产党确立习近平同志党中央的核心、全党的核心地位，确立习近平新时代中国特色社会主义思想的指导地位，反映了全党全军全国各族人民共同心愿，对新时代党和国家事业发展、对推进中华民族伟大复兴历史进程具有决定性意义。改革开放以后，党和国家事业取得重大成就，为新时代发展中国特色社会主义事业奠定了坚实基础、创造了有利条件。同时，中国共产党清醒认识到，外部环境变化带来许多新的风险挑战，国内改革发展稳定面临不少长期没有解决的深层次矛盾和问题以及新出现的一些矛盾和问题，管党治党一度宽松软带来党内消极腐败现象蔓延，政治生态出现严重问题，党群干群关系受到损害，党的创造力、凝聚力、战斗力受到削弱，党治国理政面临重大考验。

"以习近平同志为核心的党中央，以伟大的历史主动精神、巨大的政治勇气、强烈的责任担当，统筹国内国际两个大局，贯彻党的基本理论、基本路线、基本方略，统揽伟大斗争、伟大工程、伟大事业、伟大梦想，坚持稳中求进工作总基调，出台一系列重大方针政策，推出一系列重大举措，推进一系列重大工作，战胜一系列重大风险挑战，解决了许多长期想解决而没有解决的难题，办成了许多过去想办而没有办成的大事，推动党和国家事业取得历史性成就、发生历史性变革。"① "实践没有止境，理论创新也没有止境。不断谱写马克思主义中国化时代化新篇章，是当代中国共产党人的庄严历史责任。继续推进实践基础上的理论创新，首先要把握好新时代中国特色社会主义思想的世界观和方法论，坚持好、运用好贯穿其中的立场观点方法。"② 在党的二十大报告中，习近平总书记对党的十八大以来马克思主义中国化时代化"新的飞跃"中的世界观和方法论及其贯穿其中的立场观点方法作出科学阐释，其中提出的"六个必须坚持"，是对这一"新的飞跃"中体现出的"道理""学理"特别是"哲理"的第一次深刻阐释。

一是"必须坚持人民至上"。人民性是马克思主义的本质属性，党的理论是来自人民、为了人民、造福人民的理论，人民的创造性实践是理论创新

---

① 《中共中央关于党的百年奋斗重大成就和历史经验的决议》，人民出版社，2021，第27页。
② 习近平：《高举中国特色社会主义伟大旗帜 为全面建设社会主义现代化国家而团结奋斗——在中国共产党第二十次全国代表大会上的报告》，人民出版社，2022，第18~19页。

的不竭源泉。"党的根基在人民、血脉在人民、力量在人民，人民是党执政兴国的最大底气。"① 要站稳人民立场、把握人民愿望、尊重人民创造、集中人民智慧，形成为人民所喜爱、所认同、所拥有的理论，使之成为指导人民认识世界和改造世界的强大思想武器。

二是"必须坚持自信自立"。党的百年奋斗成功道路是党领导人民独立自主探索开辟出来的，"走自己的路，是党百年奋斗得出的历史结论"②。马克思主义的中国篇章是中国共产党人依靠自身力量实践出来的，贯穿其中的一个基本点就是中国的问题必须从中国基本国情出发，由中国人自己来解答。要坚持对马克思主义的坚定信仰、对中国特色社会主义的坚定信念，坚定道路自信、理论自信、制度自信、文化自信，以更加积极的历史担当和创造精神为发展马克思主义作出新的贡献。

三是"必须坚持守正创新"。要以科学的态度对待科学、以真理的精神追求真理，坚持马克思主义基本原理不动摇，坚持党的全面领导不动摇，坚持中国特色社会主义不动摇，"坚持实践是检验真理的唯一标准，坚持一切从实际出发，及时回答时代之问、人民之问，不断推进马克思主义中国化时代化"③。要紧跟时代步伐，顺应实践发展，以满腔热忱对待一切新生事物，不断拓展认识的广度和深度，敢于说前人没有说过的话，敢于干前人没有干过的事情，以新的理论指导新的实践。

四是"必须坚持问题导向"。问题是时代的声音，回答并指导解决问题是理论的根本任务。"要有强烈的问题意识，以重大问题为导向，抓住关键问题进一步研究思考，着力推动解决我国发展面临的一系列突出矛盾和问题。我们中国共产党人干革命、搞建设、抓改革，从来都是为了解决中国的现实问题。"④ 要增强问题意识，聚焦实践遇到的新问题、改革发展稳定存在的深层次问题、人民群众急难愁盼的问题、国际变局中的重大问题、党的建

---

① 《中共中央关于党的百年奋斗重大成就和历史经验的决议》，人民出版社，2021，第66页。
② 《中共中央关于党的百年奋斗重大成就和历史经验的决议》，人民出版社，2021，第67页。
③ 《中共中央关于党的百年奋斗重大成就和历史经验的决议》，人民出版社，2021，第67页。
④ 《十八大以来重要文献选编》（上），中央文献出版社，2014，第497页。

设面临的突出问题，不断提出真正解决问题的新理念新思路新办法。

五是"必须坚持系统观念"。万事万物是相互联系、相互依存的，"系统观念是具有基础性的思想和工作方法"①。只有用普遍联系的、全面系统的、发展变化的观点观察事物，才能把握事物发展规律。我们要善于通过历史看现实、透过现象看本质，把握好全局和局部、当前和长远、宏观和微观、主要矛盾和次要矛盾、特殊和一般的关系，不断提高战略思维、历史思维、辩证思维、系统思维、创新思维、法治思维、底线思维能力，为前瞻性思考、全局性谋划、整体性推进党和国家各项事业提供科学思想方法。

六是"必须坚持胸怀天下"。坚持胸怀天下是马克思主义基本立场的必然要求。马克思主义以无产阶级的解放和全人类的解放为己任，以人的自由全面发展为美好目标，以人民为中心，坚持一切为了人民，一切依靠人民，全心全意为人民谋幸福。这是马克思主义观察、分析和解决问题的根本立足点和出发点，是马克思主义的基本立场。坚持胸怀天下体现了中国积极拓展世界眼光、洞察人类发展进步潮流，致力于为人类谋进步、为世界谋大同的宽广胸襟，以及回应各国人民普遍关切，为解决人类面临的共同问题提供中国方案、作出中国贡献，推动建设更加美好世界的气魄风范，其中所蕴含的就是马克思主义的基本立场。坚持胸怀天下是对中华优秀传统文化的继承。中国传统哲学崇尚和合共生，主张和而不同，"和合"理念作为中国传统哲学的一个重要标识，富有极其深刻的哲学思辨与中国智慧，体现了中华民族的价值追求与民族性格。中国共产党是中华优秀传统文化的传承者和弘扬者，自成立以来，就坚持胸怀天下，高举和平、发展、合作、共赢旗帜，在坚定维护世界和平与发展中谋求自身发展，又以自身发展更好维护世界和平与发展。坚持胸怀天下彰显社会主义大国的责任担当。中国本着对人类前途命运高度负责任的态度，坚守和平、发展、公平、正义、民主、自由的全人类共同价值，坚持共商共建共享的全球治理观，积极倡导平等、互鉴、对话、包容的文明观，携手各国一道构建人类命运共同体，彰显了以习近平同

---

① 《十九大以来重要文献选编》（中），中央文献出版社，2021，第785页。

志为核心的党中央博大的天下情怀和强烈的责任担当，展现了中国负责任大国形象。

"六个必须坚持"对习近平新时代中国特色社会主义思想的世界观方法论以及贯穿其中的立场观点方法的阐释，充分体现了辩证唯物主义和历史唯物主义在新时代中国化时代化马克思主义"新的飞跃"中的全面运用和理论创新。同时，"六个必须坚持"，不仅赋予毛泽东思想的实事求是、群众路线和独立自主的"活的灵魂"以新的时代内涵，而且也是对改革开放以来中国特色社会主义理论体系中世界观方法论精髓的凝练，升华了当代中国马克思主义的思想境界，彰显了二十一世纪马克思主义的理论光辉。

（三）学好马克思主义这一看家本领

1939 年，毛泽东同志就曾指出："我们队伍里边有一种恐慌，不是经济恐慌，也不是政治恐慌，而是本领恐慌。"[1] 70 多年后，习近平指出，本领恐慌"在党内相当一个范围、相当一个时期都是存在的"[2]。这是因为实现党的全国代表大会提出的各项目标任务，做好方方面面的工作，对我们的本领都提出了新的要求。"只有全党本领不断增强了，'两个一百年'的奋斗目标才能实现，中华民族伟大复兴的中国梦才能梦想成真。"[3] 只有学好马克思主义这一看家本领，不断增强战略思维、历史思维、辩证思维、创新思维、底线思维能力，才能在新时代更好地坚持和发展中国特色社会主义，科学分析与把握世界和时代的发展大势。

一是增强战略思维能力。提高战略思维能力的关键是视野开阔、胸襟博大、以小见大、见微知著，站在时代前沿、战略全局的高度观察思考处理问题，透过纷繁复杂的表面现象，把握事物的本质和发展的内在规律，抓住重点又兼顾一般，立足当前又放眼长远，既熟悉国情又把握世情，在解决突出问题中实现战略突破，在把握战略全局中推进各项工作。必须始终保持清醒

---

① 《毛泽东文集》第 2 卷，人民出版社，1993，第 178 页。
② 《习近平谈治国理政》，外文出版社，2014，第 403 页。
③ 《习近平谈治国理政》，外文出版社，2014，第 403 页。

头脑，不为各种错误观点所左右，不为各种干扰所迷惑。

从《共产党宣言》发表到今天，170年过去了，人类社会发生了翻天覆地的变化，但马克思主义所阐述的一般原理整体来说仍然是完全正确的。我们要坚持与运用辩证唯物主义和历史唯物主义的世界观和方法论，坚持和运用马克思主义立场、观点、方法，坚持和运用马克思主义关于世界的物质性及其发展规律，关于人类社会发展的自然性、历史性及其相关规律，关于人的解放和自由全面发展的规律，关于认识的本质及其发展规律等原理，坚持和运用马克思主义的实践观、群众观、阶级观、发展观、矛盾观，真正把马克思主义这个看家本领学精悟透用好。

二是增强历史思维能力。历史既是最好的教科书，也是最好的清醒剂。党的十八大以来，习近平高度重视对历史的研究学习与历史思维的培养。"一个民族、一个国家，必须知道自己是谁，是从哪里来的，要到哪里去。"① 重视历史、研究历史、借鉴历史，可以给我们带来了解昨天、把握今天、开创明天的智慧。全面提高历史思维能力，不能被动等待，而是需要我们积极主动学习历史、研究历史、运用历史，从历史中总结经验、增长才干、提高本领。

三是增强辩证思维能力。辩证唯物主义是马克思主义的科学世界观和方法论，是中国共产党人不可偏离的理论立场。习近平指出："学习掌握唯物辩证法的根本方法，不断增强辩证思维能力，提高驾驭复杂局面、处理复杂问题的本领。"② 辩证思维能力就是在矛盾对立统一过程中把握事物发展规律的能力，坚持发展地而不是静止地、全面地而不是片面地、系统地而不是零碎地、普遍联系地而不是单一孤立地观察事物，准确把握客观实际，真正做到一切从实际出发，妥善处理各种重大关系。要善于处理局部与全局、当前与长远、重点和非重点的关系，在权衡利弊中趋利避害，作出最为有利的战略抉择。

---

① 《习近平著作选读》第1卷，人民出版社，2023，第242页。
② 习近平：《辩证唯物主义是中国共产党人的世界观和方法论》，《求是》2019年第1期。

　　四是增强创新思维能力。党的二十大报告指出："必须坚持科技是第一生产力、人才是第一资源、创新是第一动力，深入实施科教兴国战略、人才强国战略、创新驱动发展战略，开辟发展新领域新赛道，不断塑造发展新动能新优势。"[①] 提高创新思维能力，就是要打破迷信经验、迷信本本、迷信权威的惯性思维，摒弃不合时宜的旧思想旧观念。增强创新思维能力，必须树立强烈的问题意识，坚持问题导向。习近平指出："问题是创新的起点，也是创新的动力源。"[②] 人类认识世界和改造世界的过程就是发现问题、解决问题的过程。问题是时代的声音，每个时代总有属于这个时代的问题，只有树立强烈的问题意识，实事求是地对待问题、科学分析问题、深入研究问题、弄清问题性质、找到症结所在，才能找到引领时代进步的目标，不断有效破解前进中的各种难题，开创新时代党和国家事业发展新局面。

　　五是增强底线思维能力。所谓底线，就是不可逾越的界限，是事物发生质变的临界点。一旦底线被突破，就会产生难以估量的危害，酿成难以承受的后果。所谓底线思维能力，就是客观地设定最低目标，立足最低点，争取最大期望值的能力。提高底线思维能力，找准底线是前提。比如，在道路方向问题上，强调绝不能在根本性问题上出现颠覆性错误，既不走封闭僵化的老路，也不走改旗易帜的邪路；在经济建设方面，强调要把防控金融风险放到更加重要的位置，牢牢守住不发生系统性风险底线；在依法治国方面，强调牢固树立法律红线不能触碰、法律底线不能逾越的观念，守住做人、处事、用权、交友的底线，自觉维护法律尊严和权威；在生态环境保护方面，强调实行最严格的生态环境保护制度，严守生态保护红线；在外交战略方面，强调要坚持走和平发展道路，但绝不能放弃我们的正当权益，绝不能牺牲国家核心利益；等等。总之，增强底线思维能力，最根本的就是绝不触碰、践踏和逾越那些事关党和国家事业发展大局、中国特色社会主义前途命运、中华民族伟大复兴和中国人民根本利益的风险底线。

---

① 习近平：《高举中国特色社会主义伟大旗帜 为全面建设社会主义现代化国家而团结奋斗——在中国共产党第二十次全国代表大会上的报告》，人民出版社，2022，第 33 页。

② 习近平：《在哲学社会科学工作座谈会上的讲话》，人民出版社，2016，第 14 页。

　　"中国马克思主义与当代"课程是博士研究生思想政治理论课必修课程，学习本课程的目的主要是深入理解和把握当代中国马克思主义，自觉掌握马克思主义的世界观和方法论，分析新时代的中国与当代世界面临的重大理论和实践问题，为进一步开展科学研究和实践工作奠定良好的理论基础。中国是发展的，世界是发展的，当代中国马克思主义也是对马克思主义的坚持和发展，前沿性、全局性、综合性是本课程的特色，要聚焦当代中国马克思主义的最新发展，观察和分析当代中国与世界的前沿性问题。学习本课程就要深入研读当代中国马克思主义重要文献，掌握当代中国马克思主义的精神实质，既要不断提高理论思维能力，又要认真学习掌握专业学科领域的重要成果和最新进展，结合自己的专业及理论兴趣进行拓展性阅读和思考，不断提高运用当代中国马克思主义指导学术研究的能力。

 理论思考

　　1. 如何运用当代中国马克思主义的观点看待当今世界正在发生的深刻复杂变化？

　　2. 如何在科学观察时代、把握时代、引领时代中准确把握中国与世界的关系，并正确处理中国与世界的关系？

　　3. 以海南自贸港建设为例谈谈我国是怎样毫不动摇坚持对外开放，顺应历史潮流主动求变的？

　　4. 谈谈如何更好地把握习近平新时代中国特色社会主义思想的世界观和方法论，坚持好、运用好贯穿其中的立场观点方法，不断提高我们的思维力、政治素养和理论水平。

重点阅读文献

　　1. 习近平：《高举中国特色社会主义伟大旗帜 为全面建设社会主义现代化国家而团结奋斗——在中国共产党第二十次全国代表大会上的报告》，人民出版社，2022。

2. 《党的二十大报告学习辅导百问》，党建读物出版社、学习出版社，2022。

3. 《习近平在海南考察：解放思想开拓创新团结奋斗攻坚克难 加快建设具有世界影响力的中国特色自由贸易港》，中央政府门户网站，2022 年 4 月 13 日，https：∥www. 12371. cn/2022/04/13/ARTI1649857105331920. shtml。

4. 侯惠勤：《试论当代中国马克思主义、21 世纪马克思主义》，《天津师范大学学报》（社会科学版）2021 年第 5 期。

专题二　推动经济高质量发展 讲好新时代中国经济发展故事

 专题摘要

当今世界正处于百年未有之大变局，经济工作千头万绪，新时代中国需要从战略全局出发，抓主要矛盾，从改善社会心理预期、提振发展信心入手，抓住重大关键环节，纲举目张做好各项工作。海南作为中国对外开放的先行试验区和窗口，肩负着讲好新时代中国经济发展故事的重任。新时代新征程，海南自贸港建设要善于以制度集成为抓手，对接国际高水平经贸规则，以新发展理念为指导，高质量、高标准、高水平建设中国特色自由贸易港。

 专题分析

当今世界正处于新一轮大调整时期，必然带来大变革和大发展，百年未有之大变局下，经济全球化遭遇新的"逆全球化"的严峻挑战，单边贸易保护主义频频发生，给新时代中国经济发展带来巨大机遇的同时，也带来巨大风险。新时代我国经济发展取得举世瞩目的辉煌成就，主要是因为有习近平总书记作为党中央的核心、全党的核心掌舵领航，根本原因在于有习近平新时代中国特色社会主义思想作为科学指引。在习近平经济思想的指引下，中国共产党客观分析了中国特色社会主义进入新时代后，我国社会主要矛盾发生的新变化和世界百年未有之大变局，系统回答了我国经济发展的根本保证、奋斗目标、根本立场、历史方位、指导原则、主题主线、根本动力、制度基础、战略举措和工作方法等一系列重大理论和实践问题，是指引我国经济高质量发展的强大思想武器。海南是我国最大的经济特区，在全面深化改革进程中具有得天独厚的优势，是改革开放的前沿阵地和试验区。在海南建设自由贸易港，是全面推动深化改革的重大举措，是运用新发展理念，推进高水平开放、构建开放型经济的必然要求，也是推动高质量发展、建设现代化经济体系的必由之路。

一 经济全球化进程中的当代世界经济

经济全球化是阿里巴巴的山洞，还是潘多拉的盒子？经济全球化是大势所趋，既是机遇也是挑战，当代世界经济也是在全球化进程中的经济，虽然发展过程中会遇到新的挑战和新的问题，但是经济全球化也正是在发现问题、解决问题的基础上不断推进的。正如习近平总书记所说，"世界经济的大海，你要还是不要，都在那儿，是回避不了的"[①]。英国文学家狄更斯曾这样描述工业革命发生后的世界："这是最好的时代，也是最坏的时代。"当今社会呈现出新的特征，在世界百年未有之大变局中，社会矛盾问题凸显，一方面，物质财富不断积累，科技进步日新月异，人类文明发展到历史最高水平；另一方面，地区冲突频繁发生，恐怖主义、难民潮等全球性挑战此起彼伏，贫困、失业、收入差距拉大，世界面临的不稳定性不确定性增加。很多人都在感慨，这个世界到底怎么了？要解决这个困惑，首先要找准问题的根源。当前有一种观点把世界乱象归咎于经济全球化。经济全球化曾经被人们视为阿里巴巴的山洞，现在却被不少人看作潘多拉的盒子。

习近平主席在瑞士达沃斯举行的世界经济论坛 2017 年年会开幕式上的

---

① 《习近平谈治国理政》第 2 卷，外文出版社，2017，第 478 页。

主旨演讲中指出："困扰世界的很多问题，并不是经济全球化造成的。比如，过去几年来，源自中东、北非的难民潮牵动全球，数以百万计的民众颠沛流离，甚至不少年幼的孩子在路途中葬身大海，让我们痛心疾首。导致这一问题的原因，是战乱、冲突、地区动荡。解决这一问题的出路，是谋求和平、推动和解、恢复稳定。再比如，国际金融危机也不是经济全球化发展的必然产物，而是金融资本过度逐利、金融监管严重缺失的结果。把困扰世界的问题简单归咎于经济全球化，既不符合事实，也无助于问题解决。"①

客观上看，经济全球化是社会生产力发展的客观要求和科技进步的必然结果，经济全球化不仅使世界各国的经济都受到深刻影响，还推动世界经济格局和国际经济秩序逐步发生历史性变化，进而对世界政治、文化产生深远影响。但是，我们也承认经济全球化是一把"双刃剑"，从一定程度上看，反对经济全球化，恰恰反映了经济全球化发展得不充分，因此需要高度重视经济全球化的发展。

（一）经济全球化对世界的影响

经济全球化将世界各国各地区纳入一个统一的社会再生产过程中，促进了贸易大繁荣、投资大便利、技术大发展和人口大流动，有力推动了各参与方的经济发展，为世界经济发展提供了强劲动力。同时，资本主导的经济全球化也是一把"双刃剑"，资本主义基本矛盾在世界范围内深化和发展，对不同国家和地区造成不同程度的影响，深刻改变着世界格局。经济全球化趋势加强是历史必然，中国长期致力于倡导平等有序的世界多极化和普惠包容的经济全球化，推动全球治理体系朝着更加公正合理的方向发展，为推动构建人类命运共同体作出积极贡献。

1. 经济全球化对发达国家的影响

发达国家是经济全球化的主导者，这种主导给发达国家带来的影响是双

---

① 习近平：《论把握新发展阶段、贯彻新发展理念、构建新发展格局》，中央文献出版社，2021，第153页。

重的。一方面，发达国家从经济全球化中获得了丰厚的红利；另一方面，经济全球化也暴露了发达国家的增长极限和内在对抗。

发达国家在经济全球化进程中将世界经济规则运用到了极致，在充分利用国外低价原材料、廉价劳动力和宽广的世界市场基础上，主导国际市场实现对资本主义国家有利的利润再分配，不断拓展对外经济活动空间，谋求潜在利益，不断提升竞争力。但是随着发达资本主义国家金融体系活跃度的提升，产业空心化的弊端进一步凸显，国内的产业经济和就业问题成为经济增长的压力和阶级矛盾的根源。尤其是 2008 年国际金融危机爆发之后，资本主义社会自我修复能力下降，作为经济全球化的最大受益者，当规则不适应发达资本主义国家需要的时候，单边贸易主义、"逆全球化"浪潮此起彼伏，发达资本主义国家为了谋求自身利益反而成为全球经济规则的破坏者，而这种"潜规则"严重影响了经济全球化的进展。

2.经济全球化对发展中国家的影响

对于广大发展中国家而言，经济全球化既带来重要的发展机遇，也带来诸多风险与挑战。一方面，经济全球化给发展中国家带来难得的发展机遇；另一方面，由于不公正不合理的国际经济秩序的存在，发展基础较薄弱的发展中国家也面临经济全球化带来的冲击和负面影响。特别是对于一些经济基础薄弱、经济发展滞后、经济对外依存度高的发展中国家，经济全球化带来的消极影响可能会大于积极影响，甚至存在完全被排除在经济全球化之外的可能。发展中国家虽然可以在经济全球化进程中获得资金、技术和先进的管理经验，用好"两种资源"和"两个市场"，在一定程度上提升技术水平、解决就业问题、推动现代化进程，但是由于不公平不合理的国际经济秩序，发展中国家与发达国家的贫富差距、发展鸿沟问题凸显，高能耗高污染产业的转移损害了发展中国家的可持续发展能力，同时资本流动带来的金融风险也为金融危机和经济危机埋下了伏笔。发展中国家要充分认识经济全球化的双重作用，顺应时代潮流，要坚定地站在历史正确一边，坚持经济全球化大方向，旗帜鲜明主张自由贸易和真正的多边主义，反对单边主义、保护主义，反对将经贸问题政治化、泛安全化，推动建设开放型世界经济。要秉持人类命运共同体理念，完善细化全面深入参与世界贸易组织改革的中国方案。坚决维护包括我国在内的广大发展中国家的合法权益。

3.经济全球化对世界格局的影响

马克思主义认为，物质生活的生产方式制约着整个社会生活、政治生活和精神生活的过程。经济全球化的深入发展，不仅深刻影响着当代世界经济的发展，还深刻影响着当代世界政治、文化的发展。

首先，经济全球化推动世界经济秩序的变革，中国经济始终保持中高速增长，已经成为世界经济发展的主要引擎。其次，经济全球化深刻影响世界政治格局的调整，推动经济全球化健康发展，世界各国必须摒弃过时的零和思维，从命运与共的角度看问题，顺应国际格局多极化的趋势，推动国际关系民主化，推动国际政治秩序朝着更加公正合理的方向发展。最后，经济全球化深刻影响当代世界文化的发展，经济全球化极大地促进了各国之间的人员往来和文化交流，打破了区域化闭塞，扩大了不同文化的传播面，但是也为西方强势文化渗透甚至文化侵略带来了便利，要提高文化软实力，应对风险和挑战。

在世界百年未有之大变局下，当代世界经济的格局出现了新特征，国际力量对比发生了前所未有的变化，既有的全球经济治理体系相对滞后，世界经济格局和秩序正在经历深刻的历史性大变革大调整。

首先表现为世界经济格局的重心加快"自西向东"位移，国际力量对比正在发生近代以来最具革命性的变化。世界银行的统计数据显示，以美欧等发达国家为代表的高收入国家，其国内生产总值全球占比从2000年的82.25%下降到2019年的62.77%。相比较而言，新兴市场国家和发展中国家近年来的经济总量已占世界的近40%，对世界经济增长的贡献率已超过80%。[①]

其次表现为世界经济发展不稳定性不确定性增加，各国经济管理难度加大。在经济全球化背景下，世界经济发展之所以具有更多不稳定性不确定

① 《中国马克思主义与当代（2021年版）》，高等教育出版社，2021，第39页。

性，一个重要的原因在于资本主义生产方式以及市场运行机制在全球的扩展。市场机制对生产和流通的调节具有一定的盲目性，经济运行易发生波动，资本主义再生产矛盾的累积必然引起总供给和总需求的严重失衡，并有可能引发世界范围的周期性经济危机。此外，当代世界经济发展的不稳定性不确定性，还来自发达资本主义国家对现有国际经贸规则的藐视和破坏。

最后表现为世界经济秩序不公正不合理的问题依然存在，全球经济治理体系面临深刻调整。长期以来，在全球经济治理中发达国家掌握着主动权，主导着全球经济治理，从而形成了一个符合发达国家利益和愿望的不公正不合理的全球经济秩序。但是，随着国际力量对比的历史性变化和世界经济不稳定性不确定性的增加，国际社会对变革全球经济治理体系的呼声越来越高。不断加重的全球经济治理赤字问题，事实上削弱了发达国家对世界经济运行的控制力，发展中国家普遍期望获得更多发展资源和更大发展空间，要求在全球经济治理中享有更多代表性和发言权。以二十国集团首脑峰会为标志，新兴市场国家和发展中国家的国际地位和话语权不断提升，全球经济治理体系显示出更加公平、合理、平衡的发展方向。

（二）经济全球化发展的新趋势

经济全球化是人类社会发展到一定历史阶段的必然产物，是社会生产力发展的客观要求和科技进步的必然结果，为世界经济增长提供了强劲动力，促进了商品和资本流动、科技和文明进步，促进了各国人民交往。经济全球化的不断推进，标志着世界经济发展进入了新阶段。

1. 经济全球化的纵深发展

党的十八大以来，习近平总书记从统筹中华民族伟大复兴战略全局和世界百年未有之大变局的高度，就经济全球化和对外开放作出了一系列的重要论述，为我们做好工作指明了前进方向、提供了根本遵循。

经济全球化是世界经济深入发展的产物。经济全球化是指在国际分工和贸易的基础上，各类商品和生产要素依托科技革命尤其是信息技术革命的助力在全球范围内大规模流动和配置，推动世界各国各地区的经济越来越紧密地结合成一个高度融合、相互依存的有机整体的过程。

经济全球化的主要表现为生产全球化、贸易全球化和金融全球化。生产全球化是指企业生产活动超越国界，在全球范围内分工协作，根据各国生产要素优势组织生产流程的过程；贸易全球化是指商品和服务的国际贸易范围、规模和程度大幅度提高，各国各地区的内部市场日益成为全球统一市场组成部分的过程；金融全球化是指货币资本在世界各国各地区自由流动，推动全球金融市场日趋开放、金融体系日趋融合的过程。

2. 生产力和生产关系的规定性是经济全球化的根本动力

经济全球化的概念产生于 20 世纪 80 年代中期，但作为一个重大历史进程，经济全球化最早可以追溯到近代以来资产阶级开拓世界市场时期。马克思指出："创造世界市场的趋势已经直接包含在资本的概念本身中。任何界限都表现为必须克服的限制。"① "资产阶级社会的真正任务是建成世界市场（至少是一个轮廓）和确立以这种市场为基础的生产。"② 马克思的世界市场理论，反映了从孤立封闭的国内市场走向国际市场、从民族历史走向世界历史的客观进程，揭示了生产力发展和资本主义生产关系扩张之间相互交织、相互作用的矛盾运动规律。由于资本具有逐利性和扩张性，经济全球化进程与世界市场的形成发展息息相关。经济全球化是生产力发展的客观要求和不可阻挡的历史潮流。

一方面，经济全球化是社会生产力发展的客观要求和科技进步的必然结果，是社会化大生产在世界范围内不断深化、不断展开的历史过程。经济全球化促进了各国生产要素的流动和配置，伴随着分工精细化，生产、分配、交换和消费的社会再生产过程在直接范围内重构，跨国公司成为核心主体，经济全球化成为联动世界的重要因素，世界也形成了高度融合、相互依存的局面。经济全球化在促进对外开放的前提下，有效推动了社会生产力的发展，密切了社会分工。另一方面，到目前为止，经济全球化是在发达国家的

① 《马克思恩格斯选集》第 2 卷，人民出版社，2012，第 713~714 页。
② 《马克思恩格斯文集》第 10 卷，人民出版社，2009，第 166 页。

主导下形成发展的，资本主义生产关系借此完成了在全球范围内的扩展，资本主义基本矛盾也因此在全球范围内扩散和深化。在现有世界经济秩序框架下，发展中国家与发达国家存在一定差距，经济全球化在一定程度上增强了发达国家的全球配置能力，在攫取高额利润的同时垄断国际规则制定权，不利于发展中国家的发展，甚至加剧了发达国家和发展中国家之间的矛盾，社会矛盾问题凸显。

二　经济全球化呈现新特点，世界经济面临新挑战

依据历史唯物主义原理，生产力与生产关系的矛盾运动既是支配经济全球化进程的根本力量，也是当代世界经济动荡变革的根本原因。一方面，新一轮科技革命和产业变革正在加速推进经济全球化进程，各国经济呈现新的不平衡发展态势，这加剧了世界经济的不稳定性不确定性；另一方面，资本主义生产关系的固有矛盾，正在深刻影响经济全球化进程，少数国家为了维护自身既得利益，肆意遏制新兴市场国家和发展中国家。生产力全球化发展和资本主义生产关系固有矛盾的深化，相互交织、相互作用，推动世界经济进入历史性变局。

（一）经济全球化呈现出新特点

经济全球化既是社会生产力发展的客观要求和科技进步的必然结果，也是人类社会发展进步的必然趋势。近年来，随着新科技革命和产业变革深入发展，经济全球化的"动力"和"阻力"处于"焦灼"状态，从整体上看，动力因素多于阻力因素。当前经济全球化主要呈现出四个特点，深刻地影响着我国发展的外部环境。主要表现在经济全球化的格局逐步改写、经济全球化链条加快重塑、经济全球化动能推陈出新、经济全球化治理挑战增多。

1. 经济全球化的格局逐步改写

从当今世界局势来看，国际力量对比正在发生前所未有的积极变化。以

前经济全球化由发达国家主导，随着新兴市场国家和发展中国家群体性崛起，正在逐渐改变着全球的政治经济版图，"东升西降"趋势明显。发展中国家的影响力不断扩大，尤其是中国被认为是经济全球化的重要推动者。

（1）发展中国家经济规模比重上升

联合国贸发会议数据显示，2002年到2022年的20年当中，发展中国家GDP占全球GDP的比重从16.8%增长到40.4%，发达国家GDP占全球GDP的比重从80.2%下降到59.6%。其中，中国的贡献最为突出，中国的GDP占全球GDP的比重从4.2%上升到18%，连续多年对世界经济的贡献率超过30%。[①]

（2）发展中国家贸易投资影响扩大

从进口贸易、出口贸易和投资、吸引外资方面看，发展中国家在全球贸易中的地位不断提升，越来越成为国际经贸的重要参与者、贡献者。

（3）发展中国家国际话语权增强

随着发展中国家影响力的扩大，改变全球经济治理的呼声越来越高，国际货币基金组织、世界银行相继提高了发展中国家成员的份额和投票权的比重，日益成为全球治理、经济治理的重要平台。同时一些以新兴市场国家为主体的组织相继建立，如上海合作组织、金砖国家的成员国都是新兴市场国家，而且不断在扩员，规模影响不断扩大，国际话语权也在不断增强。

2. 经济全球化链条加快重塑

世界进入新的动荡变革期，世界经济增长动能不足，不稳定、不确定、难预料因素增多。在各国关系日益紧密的今天，全球的供应链、产业链、价值链紧密联系，各国都是全球合作链条中的一环，既是命运共同体也是利益共同体。

（1）经济因素和非经济因素同时发力

大家熟悉的苹果手机供应链"果链"涵盖了180多个主要的供应商，三

---

① 《经济全球化发展走向与扩大高水平对外开放》，中国文明网，2024年3月11日，http://images2. wenming. cn/web_ ssbg/shishidaxue/gxxsyzck/202403/t20240311_ 6748814. shtml。

星的"星链"涵盖了100多个供应商。从历史规律来看，影响产供链布局的主要因素有经济因素和非经济因素，经济因素主要是指成本效率，所谓的非经济因素就是指政治和安全因素，与以往的成本效率高低不同的是，当今的大国博弈中掺杂了政治和安全因素，甚至非经济因素成为主导。

（2）发达国家积极推动"回岸、近岸、友岸"三岸分流

发达国家目前采取的措施是积极推动"回岸、近岸、友岸"三岸分流，这是2008年国际金融危机爆发后，发达国家重新审视经济全球化对本国的影响所采取的措施，发达国家认为经济全球化在一定程度上造成了它们国内产业的空心化，链条的终端减少了本国的就业，于是通过推动产业回流增加就业，缓解就业压力。这就是所谓的"回岸"，尤其是在产业功能丧失后，大力推动制造业发展。"友岸外包"是一种日渐兴起的贸易做法，即将供应链网络重点放在政治和经济上的盟国，是指将供应链改道至政治和经济上安全或低风险的国家，以避免业务无法正常开展。"近岸外包"指的是一个公司将业务转移到周边国家的过程，通常是邻国。在全球供应链危机中，越来越多的公司开始投资目标市场附近的工厂。将业务就近外包给邻国也有一定的经济效益，包括避免支付货物的进口关税以及更便宜的运输成本等。随着世界局势的变化，产业链的安全性成为各国关注的重要对象，有些国家为了降低风险，进一步缩短产业链，将其放在周边，如美国的《通胀削减法》《芯片与科学法案》、欧盟的《欧洲芯片方案》，这些法案的真实目的在于加大对本土制造的支持力度，同时排斥外面部分国家，要"脱钩断链"，搞"小院高墙"，给全球的产业链、供应链带来了巨大的冲击，使得世界产业链、供应链和世界经济逐步碎片化。这种碎片化带来的是新兴经济体承接产业转移的力度加大，利用劳动力、土地等低成本优势，制定优惠政策，加快吸引外资。另外一些跨国企业寻求"中国＋1"或者"中国＋N"布局，通过规避经贸限制和降低成本来分散风险。

（3）资本逐利的底层逻辑没有改变

我们应该认识到的是，资本逐利的底层逻辑并没有改变，即便经历了新冠疫情，全球化的程度仍在加深，国际贸易占全球 GDP 的比重继续上升。

受 2020 年新冠疫情影响，2021 年这一比重下降到 52%，但是 2022 年又慢慢回到了 60.7%。大型跨国公司的跨国指数①也表明了全球分工的继续深化。根据专家研究，2013 年至 2022 年的 10 年间，跨国指数从 2020 年的 60.5% 又回到了 2022 年的 61.7%②，这表明资本逐利的底层逻辑没有改变，毕竟市场追求的就是成本和效率。现在虽然仍受安全等因素的干扰，但是没有改变资本主义的本质和逻辑。

（4）外资投资继续看好中国发展

中国呈现出来的市场大、产业全、环境优的特点，让外资继续看好中国的发展。虽然 2023 年前 11 个月实际使用外资以人民币计，较 2022 年下降 10%，但从全景式观察，纵向上看，引资规模中国还是世界第三；横向上看，在全球投资都在下降的同时，前 11 个月高技术产业利用外资占 37.2%，比 2022 年上升 1.1 个百分点，高技术制造业引资增长 1.8%，研发和设计服务引资增长 9%。③ 总的来说，中国利用外资的综合竞争优势依然明显，过去合作更看重中国的市场和低成本，现在合作更多看重的是中国的技术、中国的创新和中国的伙伴。

3. 经济全球化动能推陈出新

数字化、智能化、绿色化进程不断加快，新技术、新模式的推陈出新能够有效推动经济全球化恢复活力，为增强世界经济发展韧性注入强大动力。

（1）数字化深刻改变贸易发展模式

中国与有关国家共同发布了《数字经济和绿色发展国际经贸合作框架倡议》，这就是中国提出的关于数字经济和绿色经济的中国方案。数字化深刻改变了人们的生活，也改变了贸易发展模式，大幅提升了商品和服务的可贸易性。数字贸易蓬勃发展，如比较典型的、大家都熟悉的跨境电商，是数字

---

① 跨国指数是指全球 100 强跨国公司的海外资产比例、海外销售比例、海外雇员比例三者的平均数，详见 http://tradeinservices.mofcom.gov.cn/article/zhishi/xiangguanwd/201910/91807.html。
② 江小涓：《全球化、开放与增长新动能》，《经济导刊》2024 年第 2 期。
③ 《前 11 个月实际使用外资 1.04 万亿元，商务部：对外资规模的波动要多角度看待》，第一财经，2023 年 12 月 28 日，https://www.yicai.com/news/101941463.html。

经济和实体经济融合的贸易新业态。拼多多国际版、抖音海外版（TikTok）等，能够根据市场需求快速地调动企业进行生产和销售，这种模式在国外很受欢迎，App 排名经常在各国手机下载排行榜中居于前列。同时，中国充分调动驻华大使的积极性，鼓励他们参与电商带货，直播间短时间内的销量甚至相当于原来一年的销量。中国的跨境电商发展都比较快，全球领先，竞争力也很强，除了跨境电商数字贸易外，还包括多种方式的跨境交易和服务贸易。据世贸组织统计，2022 年全球可数字化交付服务出口额达到 4.1 万亿美元，同比增长 3.4%。① 当然，也要看到数字化也会带来一些挑战，如数据的安全问题、数据跨境流动的监管问题、数字鸿沟问题等，都需要加以重视。

（2）绿色发展蕴含巨大潜力

当前绿色低碳发展和能源转型步伐加快，以"新三样"（新能源汽车、锂电池、光伏产品）为代表的新能源产业快速发展。尤其是在汽车领域的突破，让中国人信心倍增，打破原有汽车销售的被动局面，新能源汽车成为全球销量第一并成为技术和标准的领跑者。与绿色发展相关的新能源也与其他战略性物资一样具有稀缺性。绿色低碳带来的发展空间是巨大的，但是竞争也会更激烈。随着数字化绿色化的加快发展，围绕这两个赛道的国际经贸规则的制定也将成为大众博弈的焦点。

4. 经济全球化治理挑战增多

多边贸易机制、区域贸易体制是驱动全球发展的两个轮子。国际货币基金组织专家 2023 年测算，各国单边限制措施急剧加强，单边主义、保护主义抬头，2022 年达到 2845 项，同比增长 14%。② 特别是 2023 年个别国家泛化国家安全概念，把一些经济问题、科技问题政治化工具化，将其当作武器，滥用出口管制、投资限制等措施，干扰国际贸易投资，加剧了全球产业链全面建造的碎片化。

---

① 曲维玺：《数字贸易为全球经贸合作注入新动能》，《光明日报》2023 年 11 月 30 日。
② 王文涛：《经济全球化发展走向与扩大高水平对外开放》，《学习时报》2024 年 3 月 1 日。

（1）多边贸易体制受到冲击

国际货币基金组织、世界银行、世界贸易组织是国际经济秩序三大支柱，世贸组织现有166个成员，涵盖了全球贸易的98%。世贸组织三大职能是贸易谈判、争端解决、贸易政策审议。但是近年来世贸组织争端解决机制受到重创，2020年，中国、欧盟等16个国家和国际组织发起临时仲裁安排，目前有50%的成员加入，以应对美国瞬间改变的规则。

（2）区域经贸机制面临挑战

《区域全面经济伙伴关系协定》标志着当前世界上人口最多、经贸规模最大、最具发展潜力的自由贸易区正式启航，15个成员国总人口、经济总量、贸易总额均占全球总量的30%。《区域全面经济伙伴关系协定》为多边主义和经济权益增加了动力。还有一些类似区域安排也不够开放且具有排他性，如《美墨加三国协议》中的部分条款就限定本协定的成员与所谓的"非市场经济组织"之间的合作。

总的来看，这些特点都反映了经济全球化发生的新变化，但经济全球化的历史大势没有改变，经济全球化和生产力发展要求符合各方利益是大势所趋，只有保持战略定力，善于透过现象看本质，把握事物发展的内在规律，才能增强战略主动。只有主动识别、随机应变，才能推动经济全球化朝着更加开放、包容、普惠、均衡的方向发展。

（二）中国经济发展面临新的挑战

随着全球经济一体化的不断深入，中国经济与世界经济的联系日益紧密。然而，近年来，全球经济增长放缓、贸易保护主义抬头、国际金融市场波动加剧等多重因素，给中国经济发展带来了新的挑战。在这种背景下，中国经济如何保持稳定增长，实现高质量发展，成为摆在我们面前必须解决的一道难题。

1. 目前来看，面临外部压力和内部挑战

从国际看，当今世界变乱交织，百年变局加速演进，国际政治纷争和军事冲突多点爆发。从世界经济整体形势来看，2008年国际金融危机爆发以来，主要经济体大多面临通货膨胀、需求疲软、复苏乏力等状况，世界经济呈现出地缘政治风险加大带来外部不确定性、经济增长动能不足、全球金融市场风险持续累积、全球产业链供应链加快调整重构等问题。

从国内看，进一步推动经济回升向好需要克服一些困难和挑战，主要是有效需求不足、部分行业产能过剩、社会预期偏弱、风险隐患仍然较多，国内大循环存在堵点，外部环境的复杂性、严峻性、不确定性增多。要增强忧患意识，有效应对和解决这些问题。综合来看，我国发展面临的有利条件强于不利因素，经济回升向好、长期向好的基本趋势没有改变，要增强信心和底气。①

2. 从长远看，平稳回升有底气有信心

中国经济韧性强、潜力足，回旋余地大，长期向好的基本面没有变也不会变。这是"有利条件"。从整体看，中国拥有坚实的物质基础、完备的产业体系、大量的市场需求、丰富的人力资源，而且拥有应对风险挑战、推动经济行稳致远的坚实底气。国家统计局 2024 年 1 月 17 日发布的 2023 年中国经济运行数据显示，2023 年我国经济回升向好，供给需求稳步改善，转型升级积极推进，就业、物价总体稳定，民生保障有力有效，高质量发展扎实推进，主要预期目标圆满实现。2023 年世界经济低迷，外部环境复杂性、严峻性、不确定性增多，国内周期性、结构性矛盾比较多，自然灾害频发。在这种复杂情况下，取得这样的发展成绩更显得难能可贵。数据显示，2023 年我国 GDP 超过 126 万亿元，比 2022 年增长 5.2%，增速比 2022 年加快 2.2 个百分点。分季度看，一季度 GDP 同比增长 4.5%，二季度增长 6.3%，三季度增长 4.9%，四季度增长 5.2%，呈现前低、中高、后稳的形势，向好趋势进一步巩固。②

2024 年是实施"十四五"规划的关键一年，综合来看，我们面临的机遇要大于挑战，有利条件强于不利因素，支撑中国经济高质量发展的要素条

---

① 《中央经济工作会议在北京举行》，《人民日报》2023 年 12 月 13 日。
② 《2023 年中国经济年报"出炉"——国民经济回升向好、成色十足》，中央政府门户网站，2024 年 1 月 18 日，https://www.gov.cn/lianbo/bumen/202401/content_6926731.htm。

件在不断积累增多。中国上下围绕高质量发展这个首要任务，积极推动经济在结构调整和转型升级中不断突破并赢得优势，以创新驱动为引领，创新投入稳步增加，经济结构优化升级，经济增速高于全球预计增速，经济增长贡献率不断提升，是世界经济增长的最大引擎。同时，我国消费潜力仍然巨大，超大规模市场的优势依然明显，加之城乡融合发展、城镇化进程推进、消费结构持续升级，都为消费增长提供了广阔空间，呈现出经济增长"势头好"、经济发展"韧性强"、高质量发展"活力足"等特点和优势。

（三）引领经济全球化健康发展

自20世纪80年代以来，经济全球化以其独特的魅力和巨大的潜力成为世界经济发展的重要引擎，极大地推动了全球贸易、投资、技术交流和人员往来，为世界各国带来了前所未有的发展机遇。然而，随着经济全球化的深入发展，也暴露出一些问题和挑战。当前，在世界百年未有之大变局中，世界经济复苏乏力，国际金融危机的深层次矛盾远未解决，保护主义偶有抬头，经济全球化遭遇倒流逆风。引领经济全球化健康发展，是我们面临的重大任务和历史责任。经济全球化的大方向是正确的。我们要引导经济全球化健康发展，加强协调、完善治理，推动建设一个开放、包容、普惠、平衡、共赢的经济全球化，着力解决公平公正问题。

1. 推动共同发展、合作共赢的经济全球化

随着科技的飞速发展和人类社会的进步，世界各国之间的联系日益紧密，经济全球化已成为不可逆转的历史潮流。与传统的、发达国家主导的经济全球化相比较，推动共同发展、合作共赢的经济全球化才是引领世界经济走出困境的唯一出路。因此，需要建设开放型世界经济，拓展经济全球化的发展空间；建设创新型世界经济，增强经济全球化的发展活力；建设联动型世界经济，凝聚经济全球化的互动合力；建设包容型世界经济，夯实经济全球化的共赢基础。

2. 开辟经济全球化的新路径

在21世纪的今天，经济全球化已经成为世界各国共同的发展趋势。然

而，随着全球经济格局的不断变化，传统的经济全球化模式已经难以满足各国的发展需求。推动经济全球化健康发展应该是世界的事，由世界各国商量着办，各国共同参与、共享经济全球化成果实现共同发展。因此，开辟经济全球化的新路径，实现共享繁荣，共创未来，已经成为世界各国面临的重大课题。

首先，开辟国家间合作发展的新路径。中国创造性地提出"一带一路"倡议，成为区域和全球经济发展的领跑者，"一带一路"倡议的重大意义就在于对经济全球化新路径的探索。尤其是"一带一路"倡议秉持的共商共建共享的基本原则，为经济全球化健康发展开辟了合规律、合潮流的新路径。

其次，在金融合作和投资方式上进行创新。金融是现代经济的血液，产能合作是经济全球化的抓手，金融合作是产能合作的先导，金融创新及投资方式的变革是开辟全球产能合作新路径的重要环节。中国在积极构建新型金融机制、创新金融合作方式的同时，着力创新对外投资方式，推动投资自由化、便利化，促进国际产能合作，深化区域经济一体化。

最后，推动全球经济治理体系变革。中国积极参与全球经济治理体系建设，提出一系列新主张、新倡议和新行动方案，努力完善全球经济治理体系，贡献中国智慧，不断提升中国在全球经济治理体系变革中的制度性话语权。

三　中国通过高质量发展成为世界经济发展的主要引擎

中国经济持续回升向好，高质量发展扎实推进，中国仍然是全球经济增长最大引擎，2023 年对全球经济增长的贡献达到 1/3。胸怀天下是中国共产党百余年奋斗的一条重要历史经验。中国式现代化是走和平发展道路的现代化，既造福中国人民，又促进世界各国现代化。"中国坚持经济全球化正确方向，推动贸易和投资自由化便利化，推进双边、区域和多边合作，促进国际宏观经济政策协调，共同营造有利于发展的国际环境，共同培育全球发展新动能，反对保护主义。"①

党的十八大以来，经过全党全国各族人民团结一致不懈奋斗，我国经济社会发展取得了历史性的成就，发生了历史性的变革：积极推动共同发展、合作共赢的经济全球化，中国高质量发展取得了全方位的发展成就，宏观经济运行保持稳中向好，科技创新取得重大突破，现代化产业体系加快构建，现代化基础设施体系加快构建，如期实现全面建成小康社会，城乡区域发展协调性增强，高水平对外开放扎实推进，生态环境保护发生历史性、转折性、全局性变化。

（一）中国高水平对外开放对世界经济的贡献

高水平对外开放是应对经济全球化变局的中国智慧和中国方案。一方面，以开放促改革促发展，服务构建新发展格局，新发展格局不是封闭的国内循环，而是开放的国际国内商品化。围绕高水平对外开放，继续推进全面深化改革，稳步扩大规则、规制、管理、标准等制度型开放，推动共建"一带一路"高质量发展，畅通国内国际双循环，使经济发展更有韧性、更有活力。另一方面，以开放促合作促共赢。我们需要有一个良好的国际环境来支撑开放，还可以促进合作共赢，进而构建人类命运共同体。党的十八大以来，我们坚持对外开放的基本国策，奉行互利共赢的开放战略，推动新时代对外开放，通过建设开放型世界经济，拓展了经济全球化的发展空间；通过建设创新型世界经济，增强了经济全球化的发展活力；通过建设联动型世界经济，凝聚了经济全球化的互动合力；通过建设包容型世界经济，夯实了经济全球化的共赢基础。同时取得了历史性成就：开放型经济迈上新台阶，开放质量实现新提升，开放平台取得新突破，开放合作开创新局面，开放治理彰显新作为。

1. 开放型经济迈上新台阶

扩大开放有效激发经济发展的强大动能，推动中国成为世界第二大经济

---

① 《习近平著作选读》第 1 卷，人民出版社，2023，第 50 页。

体。与改革开放初期的出口规模相比，如今中国的开放型经济实现了质的飞跃，中国贸易第一大国的地位更加稳固。贸易规模连上台阶，双向投资大国地位日益巩固，海外市场和外商投资发展向好。

2. 开放质量实现新提升

随着中国国力的增强，中国企业的竞争力也在增强。开放质量实现了新提升，既有量的增长也有质的提升。国家主席习近平在 2024 年新年贺词中提到，"新能源汽车、锂电池、光伏产品给中国制造增添了新亮色"[1]，"新三样"现在也成了领跑外贸出口的新增长点，尤其是在新能源汽车赛道，对比传统汽车销售实现了新的突破，中国不仅仅是第一大消费国，也成了第一大生产国，成为第一大汽车出口国。同时在跨境电商方面，贸易伙伴覆盖了 220 多个国家和地区，成为最大、最先进的全球跨境电商，形成了新业态。除了新产品和新业态外，中国对新市场的开发也呈现上升趋势，尤其是对新兴市场国家的新市场需求能够较好把握。此外，中国还不断地提高贸易便利化水平，加快出台整理负面清单，提供服务保障。

以海南自由贸易港建设为例，经党中央、国务院审定，商务部发布《海南自由贸易港跨境服务贸易特别管理措施（负面清单）（2021 年版）》（以下简称《负面清单》），这是我国在跨境服务贸易领域公布的第一张负面清单，再次彰显我国开放的力度和深度。负面清单包括 11 类 70 项特别管理措施，负面清单外的领域在海南自贸港内按照境内外服务及服务提供者待遇一致原则实施管理。海南省人民政府 2021 年 8 月 25 日同时配套出台《海南自由贸易港跨境服务贸易负面清单管理办法（试行）》（以下简称《管理办法》），明确了《负面清单》的适用范围和管理模式，细化了清单内外的管理要求，提出了对《负面清单》实施的规范、促进和改进措施，强调了对《负面清单》实施过程的风险防范、统计监测和评估，进一步细分了跨境服务贸易管理部门的工作职责。《管理办法》的出台，旨在建立健全配套管理制度，加

---

[1] 《国家主席习近平发表二〇二四年新年贺词》，中央政府门户网站，2023 年 12 月 31 日，https://www.gov.cn/gongbao/2024/issue_11086/202401/content_6924967.html。

快形成与跨境服务贸易发展相适应的配套政策与制度体系，为《负面清单》的顺利实施提供坚强保障。

3. 开放平台取得新突破

划定区域设立平台，开展试点积累经验，是逐步推广我国改革开放经验的重要路径，因此在特定区域设立平台试点，然后再推广是当前开放平台发挥开路先锋作用、突破空间限制的重要途径。自2013年上海设立第一个自贸区中心以来，全国已经拥有22个自贸试验区，自贸试验区是作为改革开放的试验点先行先试，然后推广布置的，它既是一个试验点也是各种开放压力测试的试验台。贸易强国有三大支柱，与其对应的有四大展会平台。货物贸易对应的是广交会、进博会，广交会既是中国展会的金字招牌，也是外贸发展的晴雨表；进博会是习近平总书记亲自谋划、亲自提出、亲自部署推动的，成为新发展格局的高水平开放平台，实现了全球公共产品共享，呈现出高水平、高技术、高参与和高质量四个特征。除此之外，服贸会、数贸会也是中国对外开放平台的主要形式和支撑。

4. 开放合作开创新局面

共建"一带一路"是国家间合作发展新模式，契合了各国求发展、谋合作的共同愿望，并能与各国发展战略实现对接，吸引越来越多的国家参与其中，已经获得国际社会广泛认同。高质量共建"一带一路"是中国实现对外开放的重要措施，"一带一路"倡议提出以来成效显著。例如，中国高铁技术"走出去"为世界贡献了中国智慧和中国力量。中老铁路是中国"一带一路"倡议与老挝"变陆锁国为陆联国"战略对接项目，北起老中边境口岸磨丁，南至老挝首都万象，全长414千米；雅万高铁是一条连接印度尼西亚雅加达和万隆的高速铁路，是东南亚首条高速铁路，也是"一带一路"倡议的标志性工程和印尼国家战略项目，还是中国高铁全系统、全要素、全生产链走出国门的"第一单"，在大幅缩短里程时间的同时解决了5.1万人就业；印尼在高铁运行时做的"硬币"测试等，都体现了"一带一路"倡议为共建"一带一路"国家提供的中国方案，有效推动了人类命运共同体构建。

从中美两个大国的关系来看，经贸关系是中美关系的压舱石，中美关系对于世界开放合作极为重要。"作为世界上最重要的双边关系，中美关系要放在这个大背景下思考和谋划。中美不打交道是不行的，想改变对方是不切实际的，冲突对抗的后果是谁都不能承受的。"① 只有竞争没有合作的解决方案不能从根本上解决中美两国和世界面临的问题，中美之间的关系也不应该是"零和博弈"思维的写照，中美两个国家各自的发展和各自的成功是彼此的机遇，实现"共赢"既是开放合作的目标，也是开创合作新局面和构建人类命运共同体的重要举措。

5. 开放治理彰显新作为

"一带一路"的重大意义就在于对经济全球化新路径的探索，为实现新型国际合作提供了根植历史、面向未来的宏大构想，展现了中国的全球视野、世界胸怀和大国担当。当前国际力量对比发生深刻变化，新兴市场国家和发展中国家成为全球经济发展的主要引擎，国际影响力不断增强，但全球经济治理体系明显滞后，未能反映国际经济力量新格局，难以适应世界经济的新变化。

作为世界第二大经济体、最大的发展中国家，中国在世界舞台上扮演着越来越重要的角色，也承担着越来越重要的责任。世界治理的关键在于"新型大国关系"的构建，共同建设以"不冲突不对抗，相互尊重，合作共赢"为核心的大国关系，共同避免大国对抗的"修昔底德陷阱"。从人类命运共同体构建来看，没有任何一个国家能够"独善其身"，中国在世界舞台上主动承担大国责任，在经济全球化浪潮中积极参与全球经济治理并取得了丰硕成果。中国积极参与全球经济治理体系建设，提出一系列新主张、新倡议和新行动方案，努力为完善全球经济治理体系贡献中国智慧，不断提升中国在全球经济治理体系变革中的制度性话语权，尤其是在世贸组织中维护其权威、完善其规则、推动其改革方面作出了重大贡献。中国自身也从"接受"到"参与"再到"主导"，实现了从"被动接受"到"主动贡献"的质的突破。

---

① 《习近平同美国总统拜登举行中美元首会晤》，《人民日报》2023 年 11 月 17 日。

（二）中国坚持高质量发展是新时代的硬道理

党的十八大以来，形成了以新发展理念为主要内容的习近平经济思想。新时代我国经济发展的特征，就是我国经济已由高速增长阶段转向高质量发展阶段。高质量发展就是能够很好满足人民日益增长的美好生活需要的发展，是体现新发展理念的发展，是创新成为第一动力、协调成为内生特点、绿色成为普遍形态、开放成为必由之路、共享成为根本目的的发展。更明确地说，高质量发展就是从"有没有"转向"好不好"。习近平总书记在中央经济工作会议上的重要讲话，对 2023 年经济工作进行了全面总结，对 2024 年经济形势作了深刻分析。概括起来讲，2023 年我国经济运行呈现"一高一低两平"的特点，即增速较高、物价较低、就业平稳、国际收支基本平衡，主要预期目标有望圆满实现。未来发展中，我国经济面临的机遇大于挑战，有利条件强于不利因素，因此需要多措并举提升高质量发展水平。

1. 以新发展理念为指引

党的十八大以来，中国共产党对经济形势进行科学判断，对发展理念和思路作出及时调整，引导我国经济发展取得了历史性成就、发生了历史性变革。新发展理念是习近平经济思想的主要内容，回答了关于发展的目的、动力、方式、路径等一系列理论和实践问题，明确了我国现代化建设的指导原则。新发展理念始终坚持问题导向，旨在解决不平衡不充分发展的诸多问题，推动我国经济实现高质量发展。创新是引领发展的第一动力；协调是持续健康发展的内在要求；绿色是永续发展的必要条件；开放是国家繁荣发展的必由之路；共享是中国特色社会主义的本质特征。新发展理念之间相互贯通、相互促进，是具有内在联系的集合体，因此需要从整体上、内在联系中把握新发展理念，不断提高发展能力和水平。同时，确保安全发展贯穿于国家发展各领域和全过程。

2. 建设现代化经济体系

实现高质量发展，必须跨越转变发展方式，优化经济结构转换增长动力的关口。现代化经济体系是由社会经济活动各个环节、各个层面、各个领域的相互关系和内在联系构成的有机整体。我国经济已由高速增长阶段转向高质量发展阶段，正处在转变发展方式、优化经济结构、转换增长动力的攻关期，建设现代化经济体系是跨越关口的迫切要求和我国发展的战略目标。必须坚持质量第一、效益优先，以供给侧结构性改革为主线，推动经济发展质量变革、效率变革、动力变革，提高全要素生产率，着力加快建设实体经济、科技创新、现代金融、人力资源协同发展的产业体系，着力构建市场机制有效、微观主体有活力、宏观调控有度的经济体制，不断增强我国经济创新力和竞争力。

3. 推进供给侧结构性改革

推进供给侧结构性改革是实现我国经济高质量发展的必然要求，是培育增长新动力、形成先发新优势、实现创新引领发展的主动选择，是当前和今后一个时期我国经济发展和经济工作的主线。供给侧结构性改革的重点是解放和发展社会生产力，用改革的办法推进结构调整，减少无效和低端供给，扩大有效和中高端供给，增强供给结构对需求变化的适应性和灵活性，提高全要素生产率。我们所讲的供给侧结构性改革不是西方供给学派的翻版，而是对马克思主义政治经济学原理的科学运用。与西方供给学派不同的是，我国的供给侧结构性改革既强调供给又关注需求，既突出发展社会主义生产力又注重完善生产关系，既发挥市场在资源配置中的决定性作用又更好发挥政府作用，既着眼当前又立足长远，其根本是使我国供给能力更强，满足广大人民日益增长、不断升级与个性化的物质文化和生态环境需要，从而实现社会主义生产目的。

4. 构建新发展格局

进入新发展阶段，党中央统筹中华民族伟大复兴战略全局和世界百年未有之大变局，提出构建以国内大循环为主体，国内国际双循环相互促进的新发展格局。构建新发展格局是对经济发展客观规律的科学认识，是把握发展主动权的先手棋。从马克思主义的社会再生产观点看，构建新发展格局，关键在于经济循环的畅通无阻。构建新发展格局要解决的不是内外问题，而是循环问题。我国是一个发展潜力巨大的社会主义经济大国，拥有构建新发展格局的大国优势和制度优势。因此，要加快构建新发展格局，实现内部可循环，并依托我国超大规模市场优势吸引全球资源要素，增强国内国际两个市场、两种资源联动效应。

（三）中国促进世界经济健康发展坚持的原则

全球经济是一个相互依存、相互影响的系统，各国经济的发展都离不开全球经济的发展。中央经济工作会议 2023 年 12 月 11 日至 12 日在北京举行，习近平总书记出席会议并发表重要讲话，会上全面总结了 2023 年经济工作，深刻分析了当前经济形势，系统部署了 2024 年经济工作。中国始终并将继续坚持开放合作的前提，坚持互利共赢的原则，致力于实现共同发展，积极推动全球经济一体化，积极推动构建人类命运共同体，实现世界经济健康、有序、可持续发展。

1. 明确"五个必须"，深化新时代做好经济工作的规律性认识①

对做好经济工作的重要经验及时进行总结，不断深化对经济工作的规律性认识是新时代以来中央经济工作会议的一项重要内容。近年来，在党中央坚强领导下，我们有效统筹国内国际两个大局、统筹疫情防控和经济社会发展、统筹发展和安全，深化了新时代做好经济工作的规律性认识。必须把坚持高质量发展作为新时代的硬道理，完整、准确、全面贯彻新发展理念，推动经济实现质的有效提升和量的合理增长。必须坚持深化供给侧结构性改革和着力扩大有效需求协同发力，发挥超大规模市场和强大生产能力的优势，使国内大循环建立在内需主动力的基础上，提升国际循环质量和水平。必须坚持依靠改革开放增强发展内生动力，统筹推进深层次改革和高水平开放，不断解放和发展社会生产力、激发和增强社会活力。必须坚持高质量发展和高水平安全良性互动，以高质量发展促进高水平安全，以高水平安全保障高质量发展，发展和安全要动态平衡、相得益彰。必须把推进中国式现代化作

---

① 《中央经济工作会议在北京举行 习近平发表重要讲话》，共产党员网，2023年12月12日，https://www. 12371. cn/2023/12/12/ARTI1702383319555554. shtml。

为最大的政治，在党的统一领导下，团结最广大人民，聚焦经济建设这一中心工作和高质量发展这一首要任务，把中国式现代化宏伟蓝图一步步变成美好现实。

2. 坚持稳中求进、以进促稳、先立后破①

坚持"稳中求进、以进促稳、先立后破"这 12 个字的工作要求，突出牢牢把握高质量发展这一首要任务，体现了巩固和增强经济回升向好态势，持续推动经济实现质的有效提升和量的合理增长的深切考量。稳中求进工作总基调既是中国共产党治国理政的重要原则，也是做好经济工作的方法论。党的十八大以来历次中央经济工作会议，始终坚持稳中求进工作总基调，并针对经济工作作出新的完善。2023 年中央经济工作会议提出要加大宏观调控力度，实现 2024 年经济社会发展主要预期目标，工作指导上要把握好以下几点：

第一，坚持稳中求进、以进促稳、先立后破。稳是大局和基础，要多出有利于稳预期、稳增长、稳就业的政策。进是方向和动力，要有力进取，该立的要积极主动立起来，该破的要在立的基础上坚决破，不断积累更多积极因素，实现经济社会大局稳定。同时，调整政策和推动改革要稳扎稳打，把握好时度效，不能脱离实际、急于求成。

第二，积极的财政政策要适度加力、提质增效。要用好财政政策空间，提高资金效益和政策效果。优化财政支出结构，强化国家重大战略任务财力保障，严控一般性支出，真正把资金用在刀刃上。要优化地方政府专项债券投向和额度分配，合理扩大用作资本金范围。落实好结构性减税降费政策。要严格转移支付资金监管，严肃财经纪律。增强财政可持续性，兜牢基层"三保"底线。

第三，稳健的货币政策要灵活适度、精准有效。保持流动性合理充裕，社会融资规模、货币供应量同经济增长和价格水平预期目标相匹配。这个表

---

① 《中央财办有关负责同志详解中央经济工作会议精神》，中央政府门户网站，2023 年 12 月 18 日，https://www.gov.cn/zhengce/202312/content_6920788.htm。

述有两方面新意，一是把社会融资规模指标排在货币供应量前面，因为这一指标与经济增长的关系更紧密；二是把以往的"名义经济增速"改为"经济增长和价格水平预期目标"，这样可以更好统筹经济增长和价格水平的目标要求，并强调价格水平是货币政策的重要调控目标。要发挥好货币政策工具总量和结构双重功能，盘活存量、提升效能，引导金融机构加大对科技创新、绿色转型、普惠小微、数字经济等方面的支持力度。促进社会综合融资成本稳中有降。要保持人民币汇率在合理均衡水平上的基本稳定。

第四，要增强宏观政策取向一致性。加强财政、货币、就业、产业、区域、科技、环保等政策协调配合，确保同向发力、形成合力。比如，在化债进度、补充银行资本、政府债券发行等方面，财政政策和货币政策要加强配合。会议第一次提出把非经济性政策纳入宏观政策取向一致性评估，这对加强政策协同具有很强针对性。要加强经济宣传和舆论引导，强化预期管理，与宏观调控政策同频共振，为经济持续回升向好提供有力支撑。

3."三驾马车"协同发力，更大力度吸引和利用外资①

当前，我国需求不足的问题较为明显，2024年要加强需求侧管理，有效驱动消费、投资和出口"三驾马车"，使生产能力有用武之地。必须统筹扩大内需和优化供给，发挥超大规模市场和强大生产能力的优势，使国内大循环建立在内需主动力的基础上，并带动提升国际循环质量和水平。实现"三驾马车"协同发力，需要做好以下几方面工作。

一是加强和改善宏观调控，实施好积极的财政政策和稳健的货币政策。中央经济工作会议提出，明年要强化宏观政策逆周期和跨周期调节，继续实施积极的财政政策和稳健的货币政策，加强政策工具创新和协调配合。财政政策中，提出要用好财政政策空间，强化国家重大战略任务财力保障，合理扩大地方政府专项债券用作资本金范围。货币政策中，提出要使社会融资规模、货币供应量同经济增长和价格水平预期目标相匹配，促进社会综合融资

---

① 《中央财办有关负责同志详解中央经济工作会议精神》，中央政府门户网站，2023年12月18日，https://www.gov.cn/zhengce/202312/content_6920788.htm。

成本稳中有降。落实好这些宏观政策要求，强化宏观政策取向一致性，就能够有效扩大总需求，推动经济实现质的有效提升和量的合理增长。

二是更好统筹消费和投资，激发有潜能的消费，扩大有效益的投资，形成消费和投资相互促进的良性循环。明年要努力促进居民消费从疫后恢复转向持续扩大。要大力发展数字消费、绿色消费、健康消费等新型消费，积极培育智能家居、文娱旅游、体育赛事、国货"潮品"等新的消费增长点，带动相关产业和消费场景的投资。要以提高技术、能耗、排放等标准为牵引，推动大规模设备更新和消费品以旧换新。这方面潜力很大，是实现高质量发展和人民高品质生活的必然要求，在政策上适当支持引导就能够释放很大的需求。要发挥好政府投资的带动放大效应，重点支持关键核心技术攻关、新型基础设施、节能减排降碳等领域，培育发展新动能，加快经济社会薄弱领域补短板和重大项目建设。要实施好政府和社会资本合作新机制，支持社会资本参与新型基础设施等领域建设。

三是积极稳定外贸基本盘，加快培育外贸新动能。要拓展中间品贸易、服务贸易、数字贸易、跨境电商出口。要巩固外资企业在华发展信心，提升产业链供应链韧性和安全水平，发挥完善的产业配套体系优势，支持外资企业继续"在中国、为世界"，深度参与国际大循环。

4. 加快培育以全要素生产率提升为核心标志新质生产力[1]

新质生产力是 2023 年 9 月，习近平总书记在黑龙江考察调研期间首次提出的。2024 年 1 月 31 日，习近平在中共中央政治局第十一次集体学习时强调，加快发展新质生产力，扎实推进高质量发展。[2] 2023 年中央经济工作会议提出要以科技创新推动产业创新，特别是以颠覆性技术和前沿技术催生新产业、新模式、新动能，发展新质生产力。新质生产力这一重要论断，是

---

[1] 《中央财办有关负责同志详解中央经济工作会议精神》，中央政府门户网站，2023 年 12 月 18 日，https://www.gov.cn/zhengce/202312/content_6920788.htm。

[2] 《习近平在中共中央政治局第十一次集体学习时强调：加快发展新质生产力 扎实推进高质量发展》，中央政府门户网站，2024 年 2 月 1 日，https://www.gov.cn/yaowen/liebiao/202402/content_6929446.htm。

对马克思主义生产力理论的创新和发展，进一步丰富了习近平经济思想的内涵，既具有重要的理论意义，又具有深刻的实践意义。新质生产力是由技术革命性突破、生产要素创新性配置、产业深度转型升级而催生的当代先进生产力，它以劳动者、劳动资料、劳动对象及其优化组合的质变为基本内涵，以全要素生产率提升为核心标志。

加快培育新质生产力要把握好三点。一是打造新型劳动者队伍，包括能够创造新质生产力的战略人才和能够熟练掌握新质生产资料的应用型人才。二是用好新型生产工具，特别是掌握关键核心技术，赋能发展新兴产业。技术层面要补短板、筑长板、重视通用技术。产业层面要巩固战略性新兴产业、提前布局未来产业、改造提升传统产业。三是塑造适应新质生产力的生产关系。通过改革开放着力打通束缚新质生产力发展的堵点卡点，让各类先进优质生产要素向发展新质生产力顺畅流动和高效配置。

具体而言，有六个方面的政策举措。一是畅通教育、科技、人才的良性循环，弘扬科学家精神和企业家精神，营造鼓励大胆创新的良好氛围。二是加快完善新型举国体制，发挥好政府的战略导向作用，让企业真正成为创新主体，让人才、资金等各类创新要素向企业聚集。三是支持战略性新兴产业和未来产业发展，激励企业加快数智化转型，实现实体经济与数字经济的深度融合。四是加快建设全国统一大市场，持续优化民营企业发展环境，真正发挥超大规模市场的应用场景丰富和创新收益放大的独特优势。五是健全要素参与收入分配机制，激发劳动、知识、技术、管理、数据和资本等生产要素活力，更好体现知识、技术、人力资本导向。六是扩大高水平对外开放，不断改善营商环境，加强知识产权保护，形成具有全球竞争力的开放创新生态，与全球企业和人才共享中国的发展红利。

5. 促进民营企业发展壮大，加大政策落地力度①

民营经济是推进中国式现代化的重要力量。2023 年 7 月，中共中央、国

---

① 《中央财办有关负责同志详解中央经济工作会议精神》，中央政府门户网站，2023年12月18日，https://www.gov.cn/zhengce/202312/content_6920788.htm。

务院发布了关于促进民营经济发展壮大的意见。随后，相关部门陆续出台了一系列配套政策举措，形成了"1+N"政策体系。目前，这些政策举措正在抓紧落实落地，民营经济呈现出积极向好的发展态势。2023年中央经济工作会议对发展壮大民营经济进一步进行部署，再次强调了坚持"两个毫不动摇"。领会好、落实好会议精神，要完善相关政策举措，加大政策落地力度，着力让民营企业可感、可及。一是促进民营经济发展壮大；二是在市场准入、要素获取、公平执法、权益保护等方面落实一批标志性举措；三是激发民营企业内生动力和创新活力。

6. 围绕推动高质量发展落实"九项重点任务"①

我国发展的外部环境复杂性严峻性不确定性增加，国内改革发展稳定任务艰巨繁重，需要安排部署的工作千头万绪。2023年中央经济工作会议对重点工作的安排，体现了党中央统筹驾驭大局的高超能力以及对形势的清醒认识。2024年要围绕推动高质量发展，突出重点，把握关键，扎实做好经济工作。

一是以科技创新引领现代化产业体系建设。要以科技创新推动产业创新，特别是以颠覆性技术和前沿技术催生新产业、新模式、新动能，发展新质生产力。完善新型举国体制，实施制造业重点产业链高质量发展行动，加强质量支撑和标准引领，提升产业链供应链韧性和安全水平。要大力推进新型工业化，发展数字经济，加快推动人工智能发展。打造生物制造、商业航天、低空经济等若干战略性新兴产业，开辟量子、生命科学等未来产业新赛道，广泛应用数智技术、绿色技术，加快传统产业转型升级。加强应用基础研究和前沿研究，强化企业科技创新主体地位。鼓励发展创业投资、股权投资。

二是着力扩大国内需求。要激发有潜能的消费，扩大有效益的投资，形成消费和投资相互促进的良性循环。推动消费从疫后恢复转向持续扩大，培

---

① 《中央经济工作会议在北京举行 习近平发表重要讲话》，共产党员网，2023年12月12日，https://www.12371.cn/2023/12/12/ARTI1702383319555554.shtml。

育壮大新型消费，大力发展数字消费、绿色消费、健康消费，积极培育智能家居、文娱旅游、体育赛事、国货"潮品"等新的消费增长点。稳定和扩大传统消费，提振新能源汽车、电子产品等大宗消费。增加城乡居民收入，扩大中等收入群体规模，优化消费环境。要以提高技术、能耗、排放等标准为牵引，推动大规模设备更新和消费品以旧换新。发挥好政府投资的带动放大效应，重点支持关键核心技术攻关、新型基础设施、节能减排降碳，培育发展新动能。完善投融资机制，实施政府和社会资本合作新机制，支持社会资本参与新型基础设施等领域建设。

三是深化重点领域改革。要谋划进一步全面深化改革重大举措，为推动高质量发展、加快中国式现代化建设持续注入强大动力。不断完善落实"两个毫不动摇"的体制机制，充分激发各类经营主体的内生动力和创新活力。深入实施国有企业改革深化提升行动，增强核心功能、提高核心竞争力。促进民营企业发展壮大，在市场准入、要素获取、公平执法、权益保护等方面落实一批举措。促进中小企业专精特新发展。加快全国统一大市场建设，着力破除各种形式的地方保护和市场分割。有效降低全社会物流成本。要谋划新一轮财税体制改革，落实金融体制改革。

四是扩大高水平对外开放。要加快培育外贸新动能，巩固外贸外资基本盘，拓展中间品贸易、服务贸易、数字贸易、跨境电商出口。放宽电信、医疗等服务业市场准入，对标国际高标准经贸规则，认真解决数据跨境流动、平等参与政府采购等问题，持续建设市场化、法治化、国际化一流营商环境，打造"投资中国"品牌。切实打通外籍人员来华经商、学习、旅游的堵点。抓好支持高质量共建"一带一路"八项行动的落实落地，统筹推进重大标志性工程和"小而美"民生项目。

五是持续有效防范化解重点领域风险。要统筹化解房地产、地方债务、中小金融机构等风险，严厉打击非法金融活动，坚决守住不发生系统性风险的底线。积极稳妥化解房地产风险，一视同仁满足不同所有制房地产企业的合理融资需求，促进房地产市场平稳健康发展。加快推进保障性住房建设、"平急两用"公共基础设施建设、城中村改造等"三大工程"。完善相关基础性制度，加快构建房地产发展新模式。统筹好地方债务风险化解和稳定发展，经济大省要真正挑起大梁，为稳定全国经济作出更大贡献。

六是坚持不懈抓好"三农"工作。要锚定建设农业强国目标，学习运用"千万工程"经验，有力有效推进乡村全面振兴，以确保国家粮食安全、确保不发生规模性返贫为底线，以提升乡村产业发展水平、提升乡村建设水平、提升乡村治理水平为重点，强化科技和改革双轮驱动，强化农民增收举措，集中力量抓好办成一批群众可感可及的实事，建设宜居宜业和美乡村。毫不放松抓好粮食等重要农产品稳定安全供给，探索建立粮食产销区省际横向利益补偿机制，改革完善耕地占补平衡制度，提高高标准农田建设投入标准。树立大农业观、大食物观，把农业建成现代化大产业。

七是推动城乡融合、区域协调发展。要把推进新型城镇化和乡村全面振兴有机结合起来，促进各类要素双向流动，推动以县城为重要载体的新型城镇化建设，形成城乡融合发展新格局。实施城市更新行动，打造宜居、韧性、智慧城市。充分发挥各地区比较优势，按照主体功能定位，积极融入和服务构建新发展格局。优化重大生产力布局，加强国家战略腹地建设。大力发展海洋经济，建设海洋强国。

八是深入推进生态文明建设和绿色低碳发展。建设美丽中国先行区，打造绿色低碳发展高地。积极稳妥推进碳达峰碳中和，加快打造绿色低碳供应链。持续深入打好蓝天、碧水、净土保卫战。完善生态产品价值实现机制。落实集体林权制度改革。加快建设新型能源体系，加强资源节约集约循环高效利用，提高能源资源安全保障能力。

九是切实保障和改善民生。要坚持尽力而为、量力而行，兜住、兜准、兜牢民生底线。更加突出就业优先导向，确保重点群体就业稳定。织密扎牢社会保障网，健全分层分类的社会救助体系。加快完善生育支持政策体系，发展银发经济，推动人口高质量发展。

（四）发挥独特优势加快海南自贸港建设

《中共中央 国务院关于支持海南全面深化改革开放的指导意见》明确了

海南"四步走"发展目标:"到2020年,与全国同步实现全面建成小康社会目标,确保现行标准下农村贫困人口实现脱贫,贫困县全部摘帽;自由贸易试验区建设取得重要进展,国际开放度显著提高;公共服务体系更加健全,人民群众获得感明显增强;生态文明制度基本建立,生态环境质量持续保持全国一流水平。到2025年,经济增长质量和效益显著提高;自由贸易港制度初步建立,营商环境达到国内一流水平;民主法制更加健全,治理体系和治理能力现代化水平明显提高;公共服务水平和质量达到国内先进水平,基本公共服务均等化基本实现;生态环境质量继续保持全国领先水平。到2035年,在社会主义现代化建设上走在全国前列;自由贸易港的制度体系和运作模式更加成熟,营商环境跻身全球前列;人民生活更为宽裕,全体人民共同富裕迈出坚实步伐,优质公共服务和创新创业环境达到国际先进水平;生态环境质量和资源利用效率居于世界领先水平;现代社会治理格局基本形成,社会充满活力又和谐有序。到本世纪中叶,率先实现社会主义现代化,形成高度市场化、国际化、法治化、现代化的制度体系,成为综合竞争力和文化影响力领先的地区,全体人民共同富裕基本实现,建成经济繁荣、社会文明、生态宜居、人民幸福的美好新海南。"①

1. 利用海南的独特优势打造对外开放新高地

相比较而言,海南有着得天独厚的优势,有利于打造对外开放新高地。一是海南有博鳌亚洲论坛。博鳌亚洲论坛虽然叫亚洲论坛,但是现在的影响范围已经远远超出了亚洲。未来博鳌亚洲论坛,将成为全球政、商、学等超级精英汇集论道的场所。二是海南具有资源、能源的优势。海南的陆地面积虽然只有3.54万平方千米,但是海南拥有200多万平方千米的海洋面积,蕴藏着丰富的资源,而在这些资源当中最重要的就是能源。三是海南具有热带资源优势。我国大部分地区都属于温带气候,海南是属于热带气候的地区。海南有3000多种热带植物资源,新中国成立以后又引进了1000多种植

---

① 《中共中央 国务院关于支持海南全面深化改革开放的指导意见》,中央政府门户网站,2018年4月14日,https://www.gov.cn/gongbao/content/2018/content_5288811.htm。

物资源，随着生物科技的发展，海南的热带植物资源越来越成为一个宝库。四是海南具有国际旅游消费优势。加快建设国际旅游消费中心是海南努力建设具有世界影响力的国际旅游消费中心的一个缩影。近年来，海南依托自贸港开放政策吸引和配置全球资源，做好免税购物，深入推进高质量发展。离岛免税已成为海南的"金字招牌"，海南陆续推出形式多样、丰富多彩的主题促销活动，随着旅游人数增加，采取离岛免税消费额度提升、货物提取方式调整等措施，实现了对飞机、轮船、火车3种离岛方式的全覆盖，逐步彰显了消费优势。五是海南拥有地缘优势。海南扼守南海的门户，与越南、菲律宾、印度尼西亚、马来西亚、新加坡、泰国、巴布亚新几内亚、澳大利亚和文莱等国隔海相望，是中国联结东盟和大洋洲的战略枢纽，是海上丝绸之路最关键的节点。海南拥有68个天然港口，目前开发的仅有20个，后发优势资源十分可观。

2. 四大战略定位构建起海南开放新高地

海南正在以其独特的方式，构建起自己的开放新高地。《中共中央 国务院关于支持海南全面深化改革开放的指导意见》明确了海南的四大战略定位，既有对海南自身优势的充分利用，也有对未来发展趋势的准确把握，体现了前瞻性和开放性。以这四大战略定位为引领，海南将成为中国乃至全球的开放新高地，将为全球经济发展作出更大的贡献。

（1）建设全面深化改革开放试验区

自由贸易港是全球最高水平的开放形态，是全球经济的重要枢纽。海南将以建设自由贸易港为契机，进一步扩大开放，吸引更多的国内外投资，推动经济的全球化发展。同时，海南也将以自由贸易港为平台，加强与世界各地的交流合作，提升海南的国际地位和影响力。这一战略定位的实施，将为海南的开放新高地建设提供广阔的发展空间。改革既是推动社会进步的重要动力，也是海南开放新高地建设的重要保障。海南将以更大的决心和勇气，推进各领域的改革，打破各种制约发展的体制机制障碍，激发市场活力，提高社会治理效能。这一战略定位的实施，将为海南的开放新高地建设提供强大的制度保障。

（2）建设国家生态文明试验区

近年来，海南自由贸易港致力于建设国家生态文明试验区，以绿色发展为核心，推动经济社会可持续发展。这一举措旨在实现经济发展与生态环境保护的协同发展，为全球生态文明建设提供中国方案。为了实现绿色发展，海南自由贸易港注重顶层设计，制定了一系列绿色发展战略，明确绿色发展理念，将生态文明建设纳入全省发展总体规划，确保生态保护与经济发展相互促进；制定绿色发展政策体系，包括绿色产业政策、绿色建筑政策、绿色交通政策等，引导各个领域走上绿色发展之路；建立了绿色发展评价体系，对全省绿色发展水平进行定期评估，为政策调整提供依据。同时积极推动绿色产业发展，以绿色产业为主导，推动产业结构优化升级。一方面，大力发展绿色农业，推广生态农业技术，提高农产品质量和品牌效应；另一方面，积极发展绿色旅游，打造国际一流的生态旅游目的地，吸引全球游客前来观光度假。此外，还大力发展绿色能源、绿色建筑、绿色交通等产业，形成绿色产业链，推动产业集群发展。

（3）建设国际旅游消费中心

海南作为中国最南端的省份，因其独特的地理位置和丰富的旅游资源，一直以来都是国内外游客的热门旅游目的地。近年来，海南省人民政府提出了"打造国际旅游消费中心"的战略定位，旨在进一步提升海南的国际影响力，吸引更多的国内外游客来海南旅游消费。这一战略定位的实施，不仅将推动海南旅游业的发展，还将带动海南的经济发展，为海南的开放新高地建设提供强大的动力。"推动海南建设具有世界影响力的国际旅游消费中心，是高质量发展要求在海南的具体体现。"[①] 2018 年 4 月 13 日，习近平总书记在庆祝海南建省办经济特区 30 周年大会上的重要讲话为海南发展指明了方向。海南本身就是重要的旅游目的地，海南通过积极打造免税购物、国际医疗、"留学海南"三大品牌，吸引境外消费回流，加快培育具有海南特色的合作竞争新优势，服务和融入新发展格局。

---

① 习近平：《在庆祝海南建省办经济特区 30 周年大会上的讲话》，人民出版社，2018，第 15 页。

（4）建设国家重大战略服务保障区

建设中国特色自由贸易港是一项复杂的系统工程，绝不是轻轻松松就能完成的。海南省第八次党代会明确提出全面落实"一本三基四梁八柱"战略框架，为推动自由贸易港建设行稳致远提供了行动指南。

"一本"指的是习近平总书记关于海南工作的系列重要讲话和指示批示。这是指引新时代海南发展的"纲"和"魂"，是我们在任何时候都必须牢记的根本遵循。

"三基"指的是《中共中央 国务院关于支持海南全面深化改革开放的指导意见》、《海南自由贸易港建设总体方案》和《中华人民共和国海南自由贸易港法》。这是支撑海南全面深化改革开放和中国特色自由贸易港建设的三大制度基石。

"四梁"指的是"三区一中心"目标定位，即全面深化改革开放试验区、国家生态文明试验区、国际旅游消费中心和国家重大战略服务保障区。这是党中央赋予海南的历史使命。

"八柱"指的是政策环境、法治环境、营商环境、生态环境、经济发展体系、社会治理体系、风险防控体系、组织领导体系。这是稳固支撑海南发展的八根重要支柱。

时代出题，海南答题，海南的答案在自贸港建设中奋力书写。在加快建设中国特色自由贸易港进程中，海南要坚持以习近平新时代中国特色社会主义思想为指导，深入贯彻党的二十大精神，认真贯彻习近平总书记重要指示批示精神，坚持改革开放，高质量高标准建设海南自由贸易港，践行以人民为中心的发展思想，用心用情用力做好养老、医疗等民生工作，提高人民生活品质。增强责任感、紧迫感，突出制度集成创新，稳步扩大制度型开放，在深化改革开放中增进民生福祉。做到管得住、放得开，软硬件有机融合，深入开展"一线放开、二线管住"压力测试，运用人工智能、大数据、物联网等信息技术和手段，大力提升智慧高效协同监管能力，为2025年底全岛封关运作打下坚实基础，谱写改革开放和现代化建设新篇章。

党的十八大以来，面对严峻复杂的国际形势和艰巨繁重的国内改革发展稳定任务，以习近平同志为核心的党中央高瞻远瞩、统揽全局、把握大势，提出一系列治国理政新理念新思想新战略，引领我国经济发展取得历史性成就、发生历史性变革，在实践中形成和发展了习近平经济思想。习近平经济思想是习近平新时代中国特色社会主义思想的重要组成部分，是运用马克思主义基本原理指导我国经济发展实践形成的重大理论成果，是新时代做好经济工作的行动指南，是党和国家十分宝贵的精神财富，是应对世界百年未有之大变局、促进经济全球化健康有序发展、推动构建人类命运共同体的重要指南，因此必须长期坚持、不断丰富发展。从当前世界经济形势来看，"中国具有社会主义市场经济的体制优势、超大规模市场的需求优势、产业体系配套完整的供给优势、大量高素质劳动者和企业家的人才优势，经济发展具备强劲的内生动力、韧性、潜力。中国经济长期向好的基本面没有变也不会变。我们有信心、更有能力实现长期稳定发展，并不断以中国新发展为世界带来新动力、新机遇"①。

 理论思考

1. 海南作为中国改革开放的前沿和窗口是如何践行新发展理念的，对于中国和当代世界经济发展具有哪些重要意义？

2. 请结合经济全球化的特点和发展趋势分析为什么"逆全球化"道路行不通？

 重点阅读文献

1.《习近平经济思想学习纲要》，人民出版社、学习出版社，2022。

2.《习近平谈治国理政》第4卷，外文出版社，2022。

---

① 《习近平向亚太经合组织工商领导人峰会发表书面演讲》，《人民日报》2023年11月18日。

3. 习近平：《在庆祝海南建省办经济特区 30 周年大会上的讲话》，人民出版社，2018。

4. 中华人民共和国国务院新闻办公室编《新时代的中国国际发展合作》，人民出版社，2021。

5. 中华人民共和国国务院新闻办公室编《人类减贫的中国实践》，人民出版社，2021。

6. 《海南自由贸易港建设总体方案》，人民出版社，2020。

7. 《中央经济工作会议在北京举行 习近平发表重要讲话》，共产党员网，2023 年 12 月 12 日，https://www.12371.cn/2023/12/12/ARTI1702383319555554.shtml。

8. 《习近平主席在世界经济论坛 2017 年年会开幕式上的主旨演讲》，人民网－中国共产党新闻网，2017 年 1 月 18 日，http://jhsjk.people.cn/article/29031339。

9. 《以更高站位更宽视野推进改革开放真抓实干加快建设美好新海南》，《人民日报》2018 年 4 月 14 日。

10. 《习近平对海南自由贸易港建设作出重要指示强调 要把制度集成创新摆在突出位置 高质量高标准建设自由贸易港》，《人民日报》2020 年 6 月 2 日。

专题三　当代国际政治秩序变革
与中国政治文明

 专题摘要

　　国际政治格局的变化是世界百年未有之大变局的主要表现形式之一。世界百年未有之大变局意味着国际政治格局处在新的大变革的前夜。要运用马克思主义科学方法，树立正确历史观和大局观，端起历史规律的望远镜观察世界政治风云变幻，从当代世界政治演变机理中、从林林总总的现象中把握本质和全局，抓住主要矛盾和矛盾的主要方面，尤其要认清长远趋势，以正确的角色观认清中国在世界格局演变中的地位和作用。中国坚持走和平发展道路，提出一系列国际政治与国际关系的新理论新理念新主张，推动建设新型国际关系；坚持走中国特色社会主义政治发展道路，为促进人类政治文明发展贡献中国智慧。

 专题分析

　　在当今世界，国际格局的演变成为备受关注的话题。所谓格局是指一定的模样、格式和布局。国际格局是指在一个时期内，国际社会中的主要主权国家或国家集团相互联系、相互作用，形成的一种相对稳定的力量结构和态势。从构成力量类型的不同来看，国际格局可以分为世界经济格局、军事格局和政治格局。① 当代国际政治格局是指，二战结束以来国际政治舞台上的主要力量相互联系、相互作用而形成的一种相对稳定的结构和态势。国际格局包括两个基本要素，一是国家之间的实力分布，二是国家之间的关系结构。其中，国家之间的实力分布是更为基础性的因素，国家之间的关系结构也会对国际格局的性质产生重要影响。

"冷战"是指美国及其盟国针对苏联和其他社会主义国家进行的、除了直接武装进攻以外的一切敌对活动的总称。"冷战"的爆发和两极格局的形成是美国在二战后推行称霸世界的全球政策的产物，是美苏两个超级大国及其两大阵营直接对峙和斗争的结果。随着苏联和东欧政治、经济体制改革失败，东欧剧变、苏联解体，两极格局终结。

世界格局的变动，必然引起国际政治秩序的转化，而国际政治秩序则是世界格局的表现。冷战后，国际政治舞台上主要国家的实力对比呈现为"一超多强"的态势，国际政治秩序建构的主要特征是从两极主导迅速转化为单极主导。美国是唯一的超级大国，欧盟、俄罗斯、日本和中国是国际公认的主要力量，世界多极化在曲折中发展。

世界百年未有之大变局下国际格局的深刻调整加速了旧的国际政治秩序的瓦解，在新旧国际政治秩序的交替期，权力政治强势回归，大国战略竞争加剧。世界进入新的动荡变革期，变革和动荡两种趋势持续演进，团结与分裂两种取向相互激荡，不确定、不稳定、难预料因素增多，人类社会发展充满颠簸动荡。但应看到，冲突、对抗、遏制、脱钩违背潮流，注定失败；和平、发展、合作、共赢才是人心所向、大势所趋。彻底改变以霸权主义和强权政治为核心内容的国际政治旧秩序，建立国际政治新秩序，是世界各国人民的共同愿望和迫切要求。

面对世界百年未有之大变局，面对世界之变、时代之变、历史之变，快速发展的中国始终保持战略定力，坚持和平与发展是时代的主题，合作、共

---

① 李兴：《国际格局演变与"两个一百年"奋斗目标》，《人民论坛·学术前沿》2021 年第 22 期。

赢是势不可挡的历史潮流，有理、有利、有节地与之展开斗争，由全球治理体系的参与者转变为全球治理体系的建设者和改革者，国际政治秩序演变中的"中国因素"越发凸显和重要。角色的变化和中国参与全球治理的根本目的，客观上要求中国在全球治理体系中扮演更重要的角色并发挥更大的作用，中国坚决反对霸权主义和强权政治，推动全球治理体系朝着更加公正合理的方向发展。

中国立足于中华民族伟大复兴的战略全局和世界百年未有之大变局，以中国式现代化为政治发展取向，坚持走中国特色社会主义政治发展道路，推进中国式政治现代化。中国特色社会主义政治发展道路是一种全新的政治发展模式，有科学的政治发展理论作支撑。党的十八大以来，习近平总书记把马克思主义人民民主理论同中国历史和现实国情相结合，深刻总结世界政治发展成败得失，洞察人类政治文明发展大势，提出了一系列富有原创性的政治发展理论，坚持党的集中统一领导和全面领导这一根本领导制度，坚持人民代表大会制度这一根本政治制度，坚持马克思主义在意识形态领域指导地位这一根本文化制度，坚持党对人民军队的绝对领导这一根本军事制度，协同推进社会主义基本制度、各方面重要制度的改革、完善和创新工作，不断冲破陈旧观念束缚、突破利益固化的藩篱，使中国特色社会主义制度更加成熟更加定型，发展全过程人民民主，实现了民主的广泛性与集中的统一性之间的有效结合，实现了政治发展与政治稳定的动态平衡，更进一步地创造人类制度文明新形态，推进国家治理体系和治理能力现代化，把我国制度优势转化为国家治理效能，为坚持走中国特色社会主义政治发展道路提供了科学的指导思想、明确的价值取向和有效的实现路径。

一　百年变局中的当代世界政治

"当今世界正经历百年未有之大变局，新一轮科技革命和产业变革深入发展，国际力量对比深刻调整，和平与发展仍然是时代主题，人类命运共同体理念深入人心，同时国际环境日趋复杂，不稳定性不确定性明显增加，新冠肺炎疫情影响广泛深远，经济全球化遭遇逆流，世界进入动荡变革期，单边主义、保护主义、霸权主义对世界和平与发展构成威胁。"① 我们既要充分估计国际格局发展演变的复杂性，也要看到世界多极化向前推进的态势不会改变；既要看到国际秩序之争的长期性，也要看到和平与发展的大势不可逆转。

（一）冷战后世界地缘政治格局的变化

冷战的爆发根植于第二次世界大战后的复杂国际背景，涉及意识形态的差异、战后世界的再分配以及各种地缘政治动态。20 世纪 80 年代末 90 年代初，以东欧剧变、苏联解体为标志，第二次世界大战后形成的两极格局宣告终结。两极格局的终结对整个世界造成了巨大冲击，但历史并没有按照西方国家所希望的那样，向资本主义一统天下迈进，而是朝着多极化的大方向加速演进。

世界地缘政治格局是在特定的时间段内，以国家或国家集团为基本单元的各政治实体以及以之为基础的各种政治力量，在世界政治舞台上相互作用而形成的相对稳定的反映在地域上的总体关系结构。② 在这个关系结构中，国家是最基本的单元（当然国家集团也可能成为一个单元），大国和某些国家集团是构成格局或框架的主要支撑点，它们之间力量的对比变化、组合分化及相互作用是制约世界政治运行方向的主导因素，同时也是决定世界地缘政治格局的根本因素。因此，在国际政治格局中具有较强的综合实力、能够对国际关系产生重要影响的大国或某些国家集团被称为"极"。20 世纪 80 年代末至 90 年代初，居于欧亚大陆核心部位的苏联和东欧各国政局的根本性变化，彻底改变了世界地缘政治结构，使原本的世界地缘政治格局面目全非。与冷战时期的两极格局相比，多极化中的"极"不仅体现在数量的增加

① 《十九大以来重要文献选编》（中），中央文献出版社，2021，第 788 页。
② 刘从德主编《地缘政治学导论》，中国人民大学出版社，2010，第 8 页。

上，还体现在内涵的变化上。

第一，受世界政治、军事、经济、文化等内动力作用和各国差异影响，世界正在构造新的地缘政治板块，西方与非西方之间的界限日渐清晰。

冷战时期，全球范围内最大的地缘政治鸿沟是在北美洲与欧亚大陆之间。美国和苏联之间的争夺使世界地缘政治形势表露十分清楚，北美洲与欧亚大陆相对峙，影响整个世界的命运。两极格局被打破以后，分割世界的主要轴线随之消失，其他一些地缘政治界限也变得模糊不清，地缘政治力量开始分化并重新组合。原来的敌我友界限被侵蚀了，传统意义上的东西关系、南北关系不再分明，以往划分世界地缘政治板块的标准已不能构成构建地缘政治新格局的参照物。冷战格局的瓦解，最大的地缘政治变化并没有发生在西方体系内部，而主要是发生在东方体系中。东方体系分崩离析，除一小部分加入西方队伍之外，大部分成为既非东方也非西方的成员，而西方体系则完整地保留下来。

第二，从力量角度看，全球地缘政治的大格局表现为美国赢得了唯一的超强地位，多极格局在曲折中得以构建。

国家或国家集团的力量以及对这种力量的运用是构建世界地缘政治格局的主要动因。世界地缘政治格局的实现是以格局内各主体的力量为基础的。冷战后，世界各地缘政治力量发生新的分化组合，开始孕育新的地缘政治格局。从各主要实体和大国关系来看，这种变化主要反映在美国超强地位凸显，世界各主要大国力量对比明显向美国倾斜。冷战后，美国一直试图构建独霸世界的单极格局，排斥和遏制其他大国力量的成长。中国和俄罗斯是最早主张世界格局多极化的大国，一直在为构建多极世界努力。近年来，随着大国之间关系的重大调整，多极化趋势在全球或地区范围内，在政治、经济等领域都有新的发展，世界上各种力量出现新的分化和组合。

第三，以大国关系为轴线，出现新的地缘政治组合体。

欧亚大陆地缘政治力量分化的过程，同时也是重新组合的过程，大国之间关系的变化和发展是贯穿在力量重组和新格局重建过程中的主线，不同力量组合形成了一些新的地缘政治组合体。从目前形势看，欧亚大陆上地缘政治轮廓特征较为分明的组合体有三个：东扩的北约、中俄战略伙伴和伊斯兰板块。

冷战后，北约进行重大战略调整。1990 年北约伦敦首脑会议提出，将北约的职能从军事政治组织转变为政治军事组织，淡化军事色彩，强化政治功能。1991 年，罗马首脑会议提出"全方位防御战略"；1999 年 4 月，华盛顿首脑会议提出"新战略概念"，一改 1949 年《华盛顿公约》第五条规定只有在成员国受到军事进攻时才根据《联合国宪章》的宗旨和原则采取集体自卫行动的宗旨，提出北约在没有受到外来入侵的情况下，也可以对外进行军事干预。北约以东扩为主要方向，主要针对俄罗斯，其地缘政治目标是消化东欧。东扩的北约已成为欧亚大陆上最突出的地缘政治体，北约东扩彻底改变了欧洲原有的地缘政治格局。北约是冷战的产物，但北约并未随着冷战的结束而退出历史舞台。几十年来，以美国为首的北约固守冷战思维和意识形态偏见，大搞集团对抗，频繁挑起地区矛盾、争端与冲突，严重破坏世界与地区的和平稳定。

1996 年 4 月，中俄两国签署联合声明，建立面向 21 世纪的战略协作伙伴关系。1997 年 4 月，两国又签署了《中俄关于世界多极化和建立国际新秩序的联合声明》，两国战略关系步入新阶段。在世界上最大的、同处于欧亚大陆上的两个国家之间形成的中俄新时代全面战略协作伙伴关系，对欧亚大陆的地缘政治结构的变化与格局的形成产生了深远影响。

在欧亚大陆的南部，介于欧洲和亚太地区之间，西起地中海，东至中国新疆，北从高加索、乌拉尔，南到印度洋，存在着一个巨大的伊斯兰板块。由于宗教文化和意识形态的内在特性，这一板块同欧亚大陆的其余部分存在较清晰的地缘政治界限，呈相对独立之势。在世界事务中，这一板块表现出鲜明的特征，构成一支独特的地缘政治力量。这一地缘政治板块的独立性，并非得益于其军事、经济实力，而主要来源于宗教文化的特殊性所表现出的政治力。

（二）和平与发展仍然是时代主题

习近平总书记指出，认识世界大势"要树立世界眼光、把握时代脉搏，要把当今世界的风云变幻看准、看清、看透，从林林总总的表象中发现本质，尤其要认清长远趋势"①。

1.正确把握时代主题的意义

正确认识和把握时代主题，是一个十分重大的问题，是各国政府制定国内外各项政策的基本依据，关乎一国的战略全局和国计民生。同样，顺应时代潮流，认清时代主题，既是我国制定国内发展战略以及外交战略方针和外交政策的一个基本出发点，也是当代中国发展的重要经验之一。

在以"战争与革命"为主题的时代，毛泽东时代观指导中国共产党制定和执行了正确的战略与政策，带领全国人民取得了新民主主义革命的胜利，创建了新中国并建立了社会主义制度。从对外来说，那时的中国外交要服务于民族解放的历史使命，这是中国近代历经磨难、走向独立的必由之路。在以"和平与发展"为主题的时代，邓小平时代观为中国共产党制定正确的战略策略提供了理论依据，扭转了战争不可避免且迫在眉睫的固有观念，使全党能集中精力搞经济建设，实现了工作重心的转移。也正是清楚地把握住了时代主题的改变，我国在 20 世纪 90 年代后，进入全面大发展的新时期。更为重要的是，在此过程中，中国共产党逐步形成和发展了中国特色社会主义理论体系。

和平与发展的时代主题既成就了中国也塑造了世界。今天，中国共产党再次强调"和平与发展仍然是时代主题"，发掘其新的内涵，明确提出中国特色社会主义进入了新时代，并将习近平新时代中国特色社会主义思想确立为中国共产党必须长期坚持的指导思想，为我国发展标定了新的历史方位，注入了新的前进动力。

2.和平与发展作为时代主题的地位没有变

回顾党的十八大以来习近平同志在各个场合对世界发展大势和国际格局

---

① 《习近平谈治国理政》第 2 卷，外文出版社，2017，第 442 页。

演变趋势的深刻分析，可以看出，中国共产党充分估计了国际格局发展演变的复杂性，更看到世界多极化向前推进的态势不会改变；充分估计了世界经济调整的曲折性，更看到经济全球化进程不会改变；充分估计了国际矛盾和斗争的尖锐性，更看到和平与发展的时代主题不会改变；充分估计了国际秩序之争的长期性，更看到国际体系变革方向不会改变；充分估计了我国周边环境中的不确定性，更看到亚太地区总体繁荣稳定的态势不会改变。这些科学论断闪耀着历史唯物主义和辩证唯物主义的时代光芒，为我国在国际乱象中认清形势、在世界变局中把握方向提供了依据。

放眼世界，从利益分野来说，世界变得越来越"小"，已是一个"利益共同体""命运共同体"。大国之间越来越通过利益融合而非发动战争来形成"利益制衡"，冲突的代价越来越高。从力量对比来说，以中国为代表的一大批发展中国家和新兴市场国家走上发展快车道，形成一种群体性崛起，对全球化、多极化、信息化进程产生了前所未有的影响，国际格局为之转变。这种世界格局大趋势的转变，是人类历史上第一次不是通过大规模战争实现的。这总体上是以和平与发展为主题的时代进步的结果，并反过来更加突出了和平与发展的时代主题。

3. 和平与发展的内涵及实现方式有所变化

环顾世界，从根本上说，和平与发展的时代主题没有改变，但其内涵及实现方式还是有所变化的，对此中国共产党的认识和把握是不断丰富和完善的。

"和平"与"发展"的内涵变得更加多样。和平已不仅仅指没有世界范围的大战，威胁世界和平的因素囊括了国际恐怖主义、民族分裂势力、网络安全等非传统安全领域，地区冲突和战争此起彼伏已成为影响世界和平的最主要因素之一。发展的内涵也是更加丰富，更多指向包括经济发展在内的各领域、各要素的全面均衡发展以及各国在发展进程中共谋发展与繁荣。这与中国特色社会主义事业"五位一体"总体布局以及建设"持久和平、普遍安全、共同繁荣、开放包容、清洁美丽的世界"外交目标中所体现的发展理念是一致的。

为和平与发展的时代主题增添了"合作"与"共赢"的色彩，对时代特征的概括更加丰富。党的十八大以来，我国高举和平、发展、合作、共赢的旗帜，坚定不移致力于维护世界和平、促进共同发展。"我们所处的是一个风云变幻的时代，面对的是一个日新月异的世界。这个世界，和平、发展、合作、共赢成为时代潮流。"① 合作、共赢是实现和平发展的重要途径。当今世界，越来越多的国家认识到，冲突和对抗不是解决问题的办法，不符合各方的利益，必须走相互尊重、合作共赢的道路。

中国与时代主题的关系更加密切，相互影响日益增加。我国综合实力不断提升，在国际上的影响力、感召力、塑造力愈加显现。同时，随着我国发展同外部世界的交融性、关联性、互动性不断增强，受到的外部影响也会加大，一些国家和国际势力对我们的疑惧、牵制、阻遏、施压也会有所增大。

（三）冷战后中国国际政治地位的提高

冷战后，中国的国际政治地位不断提高，经历了三次质的变化。一是中国从一个地区性大国逐渐变为一个新兴的世界大国；二是中国的国际角色已从国际主流的外部走向内部；三是中国在国际上的影响力不断提高。

随着综合实力的增长和海外利益的全方位拓展，中国在世界格局和国际体系演变过程中要更加积极作为，发挥具有体系影响的塑造和促进作用。从国际地位上看，中国正处在从大国走向强国的关键时期，是国际秩序的积极参与者、建设者和促进者。从世界大国走向世界强国，说明中国在国际体系中处于地位上升期。

总的来说，中国的国际政治地位正不断提高，中国的和平发展成为影响国际形势的重要因素，其对国际组织的态度和行动都表明中国将坚定捍卫自己的国家利益。中国的每一次行动和发言，都对整个世界有着举足轻重的影响。这种自信和坚定的立场将继续塑造国际政治格局，并为维护国际和平与稳定发挥重要作用。

---

① 《人民日报评论员：引领时代潮流和人类文明进步方向的鲜明旗帜》，共产党员网，2021 年 11 月 9 日，https://www.12371.cn/2021/11/09/ARTI1636413881121990.shtml。

二 当代国际政治秩序的变革完善

（一）大国战略博弈加剧推动国际政治体系深刻变革

习近平总书记在党的二十大报告中指出："世界之变、时代之变、历史之变正以前所未有的方式展开。一方面，和平、发展、合作、共赢的历史潮流不可阻挡，人心所向、大势所趋决定了人类前途终归光明。另一方面，恃强凌弱、巧取豪夺、零和博弈等霸权霸道霸凌行径危害深重，和平赤字、发展赤字、安全赤字、治理赤字加重，人类社会面临前所未有的挑战。"①

面对不断深入展开的多极化趋势，特别是国际混乱失序因素明显增多、不确定性和风险性持续高企的全球环境，世界主要战略力量纷纷重新厘清自身定位、资源条件、内外战略，力求更好地因应变局、维护利益、确保安全，在日益显现的多极格局中抢占比较有利的国际地位。这就使得大国的战略取向和政策推进普遍呈现强调自主、推陈出新、强势进取的特点，大国关系的合作面明显下降、竞争面明显上升，而且竞争日益聚焦于重塑国际规则。

当今时代，世界各国正通过以制度创新和经济科技军事实力为支撑、以重塑国际规则为主要手段的竞争博弈来重新划分利益和确立彼此地位关系，国际体系的变革愈显深刻，发展模式和道路多样化趋势越发凸显。全球地缘战略角逐的中心舞台从欧洲转向印度洋—亚洲—太平洋板块。② 军事战略之争从以大规模杀伤性武器为代表的传统战略威慑能力，向太空、网络、海洋、极地等新领域和远程精确化、智能化、隐身化、无人化等新技术维度扩展。国际规制重构围绕联合国教科文组织、联合国人权理事会、世界贸易组织、世界银行、国际货币基金组织等展开。国际社会在共同应对各种全球性

① 习近平：《高举中国特色社会主义伟大旗帜 为全面建设社会主义现代化国家而团结奋斗——在中国共产党第二十次全国代表大会上的报告》，人民出版社，2022，第60页。
② 高祖贵：《世界百年未有之大变局的丰富内涵》，《学习时报》2019年1月21日。

挑战的过程中，不断提出新的思想理念，创建新的国际规则、体制、机制，这将进一步催生新的国际体系。

（二）一系列结构性冲突推动国际政治格局更加复杂多元

当代世界，和平、发展、合作、共赢是时代潮流，但在国际政治现实中，零和博弈、丛林法则依然盛行，和平赤字仍在扩大。导致和平赤字有增无减的主要原因包括，冷战思维阴魂不散，霸权主义、单边主义大行其道，地区冲突战乱此起彼伏，恐怖主义和极端主义蔓延肆虐。

1.冷战思维阴魂不散

冷战思维是指冷战时期形成的认识和处理国际事务的思维方式和行为准则，它以传统国际政治中的权力政治为基点，以意识形态为载体，以缔结军事同盟为手段，以对抗为核心。冷战结束后，一些西方国家并没有摒弃冷战思维。冷战思维在实践中有了新的表现形式，主要包括：更加突出意识形态的对立，提出所谓"共产主义失败论""历史终结论"等；更加强调政治制度、外交政策等软实力在国际交往中的地位和作用，对外输出西方民主和价值观；更加强调对国际经济的主导权和话语权，控制国际经济组织和规则的制定，利用投机资本、金融衍生工具等手段掠夺财富，运用经济制裁、制造贸易摩擦等手段维护本国经济政治利益；坚持不摒弃旧的集团政治，更加重视战略优势和军事力量的威慑。

近年来，美国等一些西方国家交替利用各种围堵打压手段，企图阻挠中国发展，改变中国的前进方向。人类虽然早已进入 21 世纪的新时代，但一些人的头脑还停留在过去，停留在殖民扩张的旧时代，停留在冷战思维、零和博弈的老框框内。冷战思维对世界和平与发展构成重大威胁，严重阻碍国际关系民主化的进程和新型国际关系的建立。

2.霸权主义、单边主义大行其道

霸权主义是指强国凭借经济、政治、军事实力，置国际法与通行的国际准则于不顾，侵犯别国主权，干涉别国内政，甚至直接用军事战争手段颠覆别国政权，以达到扩大势力范围的目的。与霸权主义相联系的强权政治理论也认为，国际政治是争夺权力的斗争，国际政治中的权力斗争主要表现为维持权力、增加权力和显示权力，为此可以不择手段。

冷战结束至今，一些西方国家凭借其实力，对第三世界国家交替使用或者同时使用经济制裁、政治打压、外交孤立、军事入侵以及文化、意识形态上的心理战等手段，对世界和平构成重大威胁和挑战，成为引发一些国家和地区局势紧张乃至战乱的主要原因。比如，在西亚、北非地区，原本就复杂的民族宗教矛盾，由于西方国家插手干预而变得更加激化。2010 年底发端于突尼斯的动荡，引发埃及、利比亚、也门、叙利亚等国剧变，影响到整个西亚、北非地区的稳定。2011 年叙利亚冲突爆发后，其国内真正存在的问题久拖不决，人民饱受战乱之苦，原因就在于介入叙利亚问题的国际势力固守利益博弈的传统地缘政治思维。西方国家反恐政策的双重标准，使中东地区战乱一直不能平息。可见，恃强凌弱的强权霸道仍然是当代威胁全球战略稳定的主要因素。尊重各国自主选择的社会制度和发展道路，摒弃霸权思维和强权政治，才是维护世界和平的正道。

单边主义是指美国等西方大国在国际事务中谋求本国私利、罔顾国际社会共同利益、拒绝平等协商的我行我素和任意妄为的霸道行为，是孤立主义和保守主义在 21 世纪新的表现形式，与霸权主义和强权政治相辅相成。2001 年恐怖袭击事件后，美国政府提出"先发制人战略"，抛开联合国发动对外战争。此后美国无视多边主义原则和国际规则，不断"退群毁约"，不但逃避自己应当承担的国际义务，而且把谋取一己私利建立在损害别国正当利益之上，动辄采取封锁、极限施压等霸凌操作对他国进行单边制裁，或以各种借口实行"长臂管辖"，对外国实体和个人进行肆意打压，成为当代国际秩序的最大破坏者。单边主义破坏了《联合国宪章》规定的不得干涉"本质上属于任何国家国内管辖之事件"等原则，是对各国正当权益和尊严的践踏，严重危害国际安全，也加剧了世界诸多地区的失序和混乱。事实证明，单边主义不得人心、没有出路，同舟共济、携手合作才是正道。

3. 地区冲突战乱此起彼伏

纵观人类文明发展进程，尽管千百年来人类一直期盼永久和平，但战争从未远离，人类始终面临着战火的威胁。第二次世界大战结束以来，虽然全球没有再爆发大规模的世界性战争，但局部战争和武装冲突此起彼伏，许多国家和地区的民众依然生活在战火硝烟之中。

与冷战时期相比，当代世界的冲突战乱呈现出新的特点：一是数量和发生频率显著上升，远远高于冷战时期；二是平均持续时间相对缩短；三是以国内战争和地区冲突为主，内部冲突主要由宗教、种族、贫困和分配不公等问题引发，地区国家间冲突主要源于领土和边界争端。这些地区冲突和战乱的背后，常常可以看到西方国家所谓"颜色革命"的推波助澜。一些西方国家虽然打着自由、民主、人权的幌子，但在处理国际关系上的所作所为却处处暴露着霸权性和自私性，给他国带去的不是和平和自由，而是动荡不安，不仅没有解决被干涉国的所谓人权问题，反而给被干涉国带来人道主义灾难。

4. 恐怖主义和极端主义蔓延肆虐

恐怖主义是对平民或非武装人员有组织地使用残暴血腥的手段，以达到某种政治目的的行为。恐怖主义被称为"21 世纪的政治瘟疫"，是当今国际社会的一大公害。

近年来，恐怖主义呈全球扩张趋势和本土化趋势，恐怖组织通过网络传播极端主义和恐怖主义思想，组织、策划和实施恐怖活动。"2022 年版的全球恐怖主义数据库（GTD）资料和数据显示，虽然全球恐怖主义的影响在持续下降，恐怖主义的致命性也在降低，但恐怖袭击时间仍有所增加。恐怖主义给国际社会和无辜民众带来了巨大伤害，对全球治理与世界和平稳定发展构成了重大威胁。"[①]

冷战结束后，以极端民族主义和宗教极端主义为主要特征的极端主义思潮在全球兴起并蔓延。极端主义打着民族、宗教的旗号，煽动偏狭的民族情绪，破坏正常的宗教活动和信教自由以及不同民族的正常交往，采取非人

---

① 彭睿、彭宗超：《全球化何以影响恐怖主义——基于全球恐怖主义指数的实证分析》，《世界经济与政治》2023 年第 6 期。

道、残忍的手段，违背公认的国际准则。极端主义体现了狭隘的自私利益，是恐怖主义盛行的重要原因。"伊斯兰国"就是极端主义的典型。2017年底，"伊斯兰国"实体瓦解，但全球反对极端主义、反对恐怖主义的压力并未减轻，极端主义思想仍在许多国家和地区渗透，未来仍可能催生新的恐怖主义形态，国际反恐形势依然严峻，反恐斗争任重道远。恐怖主义和极端主义思潮泛滥，是对和平与发展的严峻考验。中国坚决反对和打击恐怖主义，主张"恐怖主义不分国界，也没有好坏之分，反恐不能搞双重标准。同样，也不能把恐怖主义同特定民族宗教挂钩，那样只会制造民族宗教隔阂。没有哪一项政策能够单独完全奏效，反恐必须坚持综合施策、标本兼治"①。

（三）中国是国际政治秩序的积极维护者建设者

中国始终倡导和平共处五项原则，坚持走和平发展道路，提出摒弃传统零和思维，树立国际安全新理念，秉持正确义利观，构建新型国际关系。中国的理念主张，得到国际社会特别是广大发展中国家的广泛认可，为促进世界和平与发展作出了中国贡献。

1.坚持和平共处五项原则

和平共处五项原则既是中国外交政策的基石，也是中国推动国际政治秩序变革的基础。和平共处五项原则作为一个开放包容的国际法原则，集中体现了主权、正义、民主、法治的价值观。

和平共处五项原则生动反映了《联合国宪章》宗旨和原则，并赋予这些宗旨和原则以可见、可行、可依循的内涵，在实践中展现了强大生命力。第一，和平共处五项原则适用于各种社会制度、发展水平、体量规模国家之间的关系，已经成为国际关系基本准则和国际法基本原则。第二，和平共处五项原则的精髓是所有国家主权一律平等，反对任何国家垄断国际事务，对于广大发展中国家维护自身权益，促进南南合作、推动南北关系改善和发展，具有重要作用。第三，和平共处五项原则为和平解决国家间历史遗留问题及

---

① 《习近平谈治国理政》第2卷，外文出版社，2017，第462页。

国际争端开辟了崭新道路，在推动建立更加公正合理的国际政治经济秩序过程中已经并将继续发挥重要的积极作用。习近平总书记强调："新形势下，和平共处五项原则的精神不是过时了，而是历久弥新；和平共处五项原则的意义不是淡化了，而是历久弥深；和平共处五项原则的作用不是削弱了，而是历久弥坚。"[1]

2.倡导新安全观

当代世界，传统安全威胁和非传统安全威胁相互交织，扩展到人类社会生活的一切领域，突破各种新老安全屏障，对国家、个人等所有行为体构成安全威胁。面对日益突出的全球安全问题，需要超越传统的零和安全观，构建一种新安全观，在世界各种行为体之间实现共同安全，在各领域实现综合安全，各国合作共同解决安全问题，确保现实安全及未来持久安全。共同、综合、合作、可持续的新安全观是中国提出的有别于西方传统安全观的国际安全新理念。中国积极推动建设开放、透明、平等的安全合作新架构，主动参与国际热点难点问题的政治解决进程，推动各国共同维护地区与世界和平安全。

新安全观具有独特鲜明的理论内涵，是总体国家安全观在国际政治领域的坚持和运用，是对国际安全理念的重大创新，对于推动建立更加公正合理的国际政治秩序具有重大意义。共同，就是要尊重和保障每一个国家的安全。安全应该是普遍的，不能一个国家安全而其他国家不安全，一部分国家安全而另一部分国家不安全，更不能牺牲别国安全谋求自身所谓绝对安全；安全应该是平等的，各国都有平等参与国际和地区安全事务的权利，也都有维护国际和地区安全的责任；安全应该是包容的，应尊重各国自主选择的社会制度和发展道路，尊重并照顾各方合理安全关切。综合，就是要统筹维护传统领域和非传统领域安全，既着力解决当前突出的安全问题，又统筹谋划如何应对各类潜在的安全威胁。合作，就是要通过对话合作增进互信关系、处理共同安全议题、和平解决争端、寻找安全利益的交汇点。"没有一个国家能凭一己之力谋求自身绝对安全，也没有一个国家可以从别国的动荡中收获稳定。弱肉强食是丛林法则，不是国与国相处之道。穷兵黩武是霸道做法，只能搬起石头砸自己的脚。"① 可持续，就是要发展和安全并重，把发展作为解决一切问题的总钥匙，只有标本兼治，才能实现持久性安全。

3.树立正确义利观

中国提出的正确义利观，回答了中国以什么样的身份参与国际事务，以什么样的理念和行动与外部世界交往，既是中国外交理念的重大创新，也为当代世界各国处理相互关系提供了有益借鉴。

正确义利观就是辩证地处理好道义和利益的关系，实现二者的有机统一。中国在对外交往中，强调义利兼顾、以义为先，反对见利忘义。新时代的中国，既是社会主义大国也是发展中国家。正确的义利观，明确体现在中国按照亲诚惠容理念同周边国家深化互利合作，秉持真实亲诚理念同非洲国家共谋发展的一系列政策上。中国始终视自己为第三世界的一员，对其他国家坚持平等相待，绝不唯利是图、斤斤计较，援助他国不附加任何条件，在自身发展的同时支持广大发展中国家的发展。树立正确的义利观，既要在谋求中国自身发展与实现世界共同发展问题上实现义利的辩证统一，也要把维护国家核心利益与关注世界共同利益统一起来。中国的核心利益包括国家主权、国家安全、领土完整、国家统一、中国宪法确立的国家政治制度和社会大局稳定、经济社会可持续发展的基本保障，这是不能进行交易或退让的重大利益。中国在从富起来走向强起来的过程中，要坚持走和平发展道路，但绝不放弃正当权益，绝不牺牲国家核心利益。任何国家都不要指望中国会拿自己的核心利益做交易，不要指望中国会吞下损害自己主权、安全、发展利益的苦果。只有各国都走和平发展道路，各国才能共同发展，国与国才能和平相处。世界和平是中国和平发展的有利外部条件，中国和平发展也是对世界和平的重要贡献。当今世界，各国越来越成为利益攸关的共同体，中国与

---

① 《习近平谈治国理政》第 2 卷，外文出版社，2017，第 523 页。

其他国家的利益汇合点也日益增多。坚持正确的义利观，要在维护国家核心利益的前提下，与世界各国一道共同维护人类共同利益、解决全球性问题。中国在经济、金融、气候、环境、维和、反恐等领域，为维护世界和平与发展作出了积极贡献，发挥了一个负责任大国的重要作用。

4. 推动建设新型国际关系

与传统国际关系思维不同，中国提出建立新型大国关系，进而提出一般意义上的新型国际关系理念。中国坚持以相互尊重、平等互信为基础，以公平正义为原则，以合作共赢为愿景，更好地处理同世界各国的关系。

相互尊重、平等互信是建设新型国际关系的基础。合作共赢的基础是平等，离开了平等就难以实现合作共赢。国家不分大小、强弱、贫富，都是国际社会的成员，都有平等参与国际事务的权利。相互尊重，既体现为尊重各国主权、独立和领土完整，不干涉别国内政，也体现为尊重各国自主选择社会制度和发展道路的权利，尊重各国推动经济社会发展、改善人民生活的实践。

公平正义是建设新型国际关系的原则。主要体现在三个方面。一是推进国际关系民主化，不能搞"一国独霸"或"几方共治"。世界命运应该由各国共同掌握，国际规则应该由各国共同书写，全球事务应该由各国共同治理，发展成果应该由各国共同分享。协商是民主的重要形式，应该成为现代国际治理的重要方法，要倡导以对话解争端、以协商化分歧。二是推进国际关系法治化，推动各方在国际关系中遵守国际法和公认的国际关系基本原则，用统一适用的规则来明是非、促和平、谋发展。在国际社会中，法律应该是共同的准绳，适用法律不能有双重标准，没有只适用于他人、不适用于自己的法律，也没有只适用于自己、不适用于他人的法律，必须反对歪曲国际法、以"法治"之名行侵害他国正当权益之实。三是推进国际关系合理化，推进全球治理体系改革，充分体现各方关切和诉求，更好维护广大发展中国家正当权益。要坚持大家的事大家一起商量着办，特别是要让新兴市场国家和发展中国家更多地参与到全球治理体系中来，拥有更多的代表性和话语权，让全球治理体系更加全面地反映大多数国家的意愿和利益。

　　合作共赢是建设新型国际关系的目标和路径。合作共赢强调共同发展、利益共享，使各方在合作中互惠互利、相得益彰。在旧的国际关系中，结盟对抗是主旋律，国家之间的矛盾分歧难以化解。只有合作才能抑制冲突，防止对抗，维护世界和平发展。共赢是区别于零和博弈、赢者通吃的传统国际关系模式的根本特征，它要求各国在追求本国利益时兼顾别国利益，在寻求自身发展时兼顾别国发展，最终实现共同发展与普遍繁荣。

　　中国在推进建设新型国际关系的实践中，着眼于构建总体稳定、均衡发展的大国关系框架。近年来，西方一些学者炒作所谓"修昔底德陷阱"，认为中国迅速发展后，必将与美国等传统强国发生冲突，陷入"实力决定论"和"战争获益论"的认识误区。和平、和睦、和谐是中华民族5000多年来一直追求和传承的理念，中华民族没有侵略他人、称王称霸的基因。历史和实践都表明，"国强必霸"不是历史定律，强国必然追求霸权的主张不适用于中国。"中国不认同'国强必霸'的陈旧逻辑。当今世界，殖民主义、霸权主义的老路还能走得通吗？答案是否定的。不仅走不通，而且一定会碰得头破血流。只有和平发展道路可以走得通。"①　"世界上本无'修昔底德陷阱'，但大国之间一再发生战略误判，就可能自己给自己造成'修昔底德陷阱'。"②中国是快速发展的新兴大国，但中国的发展是和平发展，中国主张同世界各国共同构建新型国际关系，共同构建人类命运共同体。中国创造性地开展大国外交，坚持不冲突不对抗、相互尊重、合作共赢，是符合时代潮流的正确选择。

　　同时，中国坚持结伴而不结盟，在国际和区域层面建设伙伴关系，走出了一条国与国交往的新路。结盟的实质是拉拢一部分国家，孤立另一部分国家。伙伴关系则是"朋友圈"关系，志同道合是伙伴，求同存异也是伙伴。中国率先把建立伙伴关系确定为国家间交往的指导原则，并不断丰富伙伴关系内涵。中国已经同100多个国家、地区和地区组织建立了不同形式的伙伴

---

① 《习近平谈治国理政》，外文出版社，2014，第266页。
② 《十八大以来重要文献选编》（中），中央文献出版社，2016，第689页。

关系，实现了对世界各个地区、不同类型国家的全覆盖，形成了全方位、多层次和立体化的外交布局。通过积极结伴，中国与他国政治关系更加友好、经济纽带更加牢固、安全合作更加深化、人文联系更加紧密。中国通过上海合作组织等平台，确定不针对其他国家和国际组织的原则，构建起不结盟、不对抗、不针对第三方的建设性伙伴关系，超越了文明冲突、冷战思维、零和博弈等陈旧观念，确立了国与国交往应当遵循的基本准则，在国际上获得了广泛认同和支持。

三　当代中国政治发展道路的世界贡献

民主既是人类文明发展进步的重要标志，也是中国共产党和中国人民始终不渝坚持的理念和追求的目标，是社会主义的本质属性和核心价值。习近平总书记指出："人民民主是社会主义的生命。没有民主就没有社会主义，就没有社会主义的现代化，就没有中华民族伟大复兴。"[①] 中国共产党自成立之日起，就始终高举人民民主的旗帜，以实现人民当家作主和中华民族伟大复兴为己任，在各个历史时期不懈探索民主真谛，不断开辟民主新路，创新民主理论，构建民主制度体系，丰富民主实践，为人类政治文明进步贡献了中国智慧和中国方案。

（一）具有特色的中国政治发展道路

党的二十大报告指出，"必须坚定不移走中国特色社会主义政治发展道路，坚持党的领导、人民当家作主、依法治国有机统一"[②]。在探索社会主义民主政治的道路上，中国共产党人始终具有高度的政治定力和历史主动精神，在理论创新和实践创新的双重互动下，成功开辟了中国特色社会主义政治发展道路。习近平总书记指出，"中国特色社会主义政治发展道路，是近

---

① 《习近平关于社会主义政治建设论述摘编》，中央文献出版社，2017，第42页。
② 习近平：《高举中国特色社会主义伟大旗帜 为全面建设社会主义现代化国家而团结奋斗——在中国共产党第二十次全国代表大会上的报告》，人民出版社，2022，第37页。

代以来中国人民长期奋斗历史逻辑、理论逻辑、实践逻辑的必然结果"①。因此，在以中国式现代化全面推进中华民族伟大复兴的道路上，必须坚定不移坚持中国特色社会主义政治发展道路，其核心要义就是坚持党的领导、人民当家作主、依法治国的有机统一。

1. 党的领导是人民当家作主和依法治国的根本保证

中国共产党领导是中国特色社会主义最本质的特征，是中国特色社会主义制度的最大优势。一方面，在党的领导与人民当家作主的关系上，中国共产党作为以马克思主义为指导的无产阶级政党，自诞生之日起，就把为中国人民谋幸福、为中华民族谋复兴作为自己的初心和使命，为实现人民当家作主的社会理想进行了不懈探索和奋斗。为此，党的领导和人民当家作主具有内在统一性。党领导人民治理国家，就是坚持和保证人民实现当家作主，确保人民当家作主具体地、现实地体现到治国理政的方方面面。习近平总书记指出："坚持党的领导，就是要支持人民当家作主，实施好依法治国这个党领导人民治理国家的基本方略。"② 实现人民当家作主，坚持党的领导，就是要始终坚持国家一切权力属于人民的理念，坚持不断健全全面、广泛、有机衔接的人民当家作主制度体系，构建多样、畅通、有序的民主渠道，把党的领导充分体现在政治民主、经济民主、社会民主和文化民主等各个领域，把人民当家作主具体地、现实地体现到党治国理政的政策措施中，具体地、现实地体现到党和国家机关各个方面各个层级的工作中。另一方面，在党的领导与依法治国的关系上，中国特色社会主义法治必须坚持党的领导，党的领导必须依靠中国特色社会主义法治。习近平总书记强调："我们必须牢记，党的领导是中国特色社会主义法治之魂，是我们的法治同西方资本主义国家的法治最大的区别。"③ 也就是说，党的领导是中国特色社会主义法治最根本的保证，要把党的领导贯穿依法治国全过程。政治也离不开法治，党的领导必须依靠中国特色社会主义法治。法治兴则国家兴，法治衰则国家乱。中国

---

① 《习近平谈治国理政》第 3 卷，外文出版社，2020，第 28 页。
② 《习近平关于社会主义政治建设论述摘编》，中央文献出版社，2017，第 26 页。
③ 《习近平关于社会主义政治建设论述摘编》，中央文献出版社，2017，第 31 页。

特色社会主义法治只有坚持党的领导，才能保证依法治国在正确的方向上稳步前行；同时，中国共产党也必须依法执政，确保党的领导制度化、法治化、规范化，保证和坚持人民当家作主。

2. 人民当家作主是社会主义民主政治的本质特征

人民民主是社会主义的生命。民主是社会主义制度的本质要求，没有人民民主就没有社会主义，就没有社会主义现代化。坚定不移走中国特色社会主义政治发展道路，发展社会主义民主政治，必须坚持和保证人民当家作主。发展社会主义民主政治，关键是要把我国社会主义民主政治的特点和优势充分发挥出来，不断推进社会主义民主政治制度化、规范化、程序化，为党和国家兴旺发达、长治久安，为保证人民当家作主提供更加有力的制度保障。一是发挥民主集中制的优势。民主集中制把民主和集中有机统一起来，有效防止和克服议而不决、决而不行的分散主义，避开党争纷沓、相互掣肘、内耗严重等弊端，是科学合理而又有效率的制度。以民主集中制为组织原则的制度安排，能够使人民的意愿和要求得到最广泛的表达和反映，最大限度地把全社会全民族的积极性、主动性、创造性发挥出来。二是全过程人民民主的优势。全过程人民民主是党和人民在民主政治领域的重大理论创新和实践创新。习近平总书记指出："党的十八大以来，我们深化对民主政治发展规律的认识，提出全过程人民民主的重大理念。"① 全过程人民民主不仅有完整的制度程序，而且有完整的参与实践，实现了过程民主和成果民主、程序民主和实质民主、直接民主和间接民主、人民民主和国家意志的统一，是全链条、全方位、全覆盖的民主，是最广泛、最真实、最管用的社会主义民主。全过程人民民主真正实现了人民当家作主，是人民当家作主的生动实践，充分体现出中国特色社会主义民主政治的鲜明特色和显著优势，符合我国国情和实际，体现社会主义国家性质，是保证人民当家作主、依法享有广泛权利和自由的真正的民主。三是选举民主和协商民主相辅相成的优势。习近平总书记强调，"人民通过选举、投票行使权利和人民内部各方面在重

---

① 《习近平谈治国理政》第 4 卷，外文出版社，2022，第 260 页。

大决策之前进行充分协商，尽可能就共同性问题取得一致意见，是中国社会主义民主的两种重要形式。在中国，这两种民主形式不是相互替代、相互否定的，而是相互补充、相得益彰的，共同构成了中国社会主义民主政治的制度特点和优势"①。当前，我国已经形成了政党协商、人大协商、政府协商、政协协商、人民团体协商、基层协商以及社会组织协商等程序合理、环节完整的协商民主体系。社会主义协商民主作为我们独特的、独有的、独到的民主形式，深化了民主的内涵、拓展了民主的渠道、丰富了民主的实践，画出了最大的同心圆。

3. 依法治国是党领导人民治理国家的基本方式

发展社会主义民主政治，需要健全的法治体系作保障、作依托。中国特色社会主义法治体系是全面依法治国的总抓手，它贯通法治国家、法治社会、法治政府建设各个领域，涵盖立法、执法、司法、守法各个环节，涉及法律规范、法治实施、法治监督、法治保障各个方面，是发展社会主义民主政治的重要依托。习近平总书记指出："法律是治国之重器，法治是国家治理体系和治理能力的重要依托。全面推进依法治国，是解决党和国家事业发展面临的一系列重大问题，解放和增强社会活力、促进社会公平正义、维护社会和谐稳定、确保党和国家长治久安的根本要求。"② 因此，进一步发挥法治对党的领导和人民当家作主的保障作用要做到以下三点。一是要加快形成完备的法律规范体系、高效的法治实施体系、严密的法治监督体系、有力的法治保障体系、完善的党内法规体系。二是要着力推进党的领导制度化、法治化，健全党领导全面依法治国的制度和工作机制，强化党中央在科学立法、严格执法、公正司法、全民守法等方面的集中统一领导；要坚持依宪执政，推进依法执政，实现党领导立法、保证执法、支持司法、带头守法，把党的领导贯彻到全面依法治国全过程和各方面，确保全面依法治国正确方向。三是要更加深入、全面地把坚持党的领导、人民当家作主、依法治国有

① 《习近平关于社会主义政治建设论述摘编》，中央文献出版社，2017，第66页。
② 《习近平关于社会主义政治建设论述摘编》，中央文献出版社，2017，第80页。

机统一到宪法和人民代表大会制度这个根本性平台上，纳入国家治理现代化法治化这个国家根本制度体系中，用宪法和人民代表大会制度保证和实现"三者有机统一"，保证和推动国家治理现代化沿着中国特色社会主义民主政治发展道路顺利前行。

坚持党的领导、人民当家作主、依法治国有机统一，最根本的是坚持党的领导。坚持党的领导，保障和坚持人民当家作主，就要实施好依法治国这个党领导人民治理国家的基本方略。党的领导和中国特色社会主义法治是一致的，只有坚持党的领导，人民当家作主才能充分实现，国家和社会生活制度化、法治化才能有序推进。同时，坚持依法治国、依法执政，有利于巩固党的执政地位、改善党的执政方式、提高党的执政能力、完成党的执政使命。任何时候、任何情况下，都不能把坚持党的领导同人民当家作主、依法治国对立起来，更不能用人民当家作主、依法治国来动摇和否定党的领导。因此，坚定不移走中国特色社会主义政治发展道路，必须坚持党的领导、人民当家作主、依法治国的有机统一。中国特色社会主义政治发展道路，是中国共产党和中国人民的伟大创造，是符合中国国情、保证人民当家作主的正确道路。事实充分证明，走中国特色社会主义政治发展道路，有效保障了我国经济实力、综合国力、人民生活水平不断迈上新台阶，不断战胜前进道路上各种世所罕见的艰难险阻，有效维护了各民族长期共同繁荣发展、社会长期和谐稳定。

（二）走向现代化的中国国家治理体系

党的十八大以来，以习近平同志为核心的党中央着眼于实现"两个一百年"奋斗目标和科学统筹"两个大局"的时代要求，提出了推进国家治理体系和治理能力现代化的历史命题，国家治理现代化的中国方案日臻成熟。

1. 整体层面的系统谋划

习近平总书记指出，"推进国家治理体系和治理能力现代化，必须完整理解和把握全面深化改革的总目标，这是两句话组成的一个整体，即完善和发展中国特色社会主义制度、推进国家治理体系和治理能力现代化。我们的方向就是中国特色社会主义道路"①。同时强调，"国家治理体系和治理能力是一个国家的制度和制度执行能力的集中体现，两者相辅相成"②。这些重要论述，明确了国家治理现代化整体布局的基本方向与根本要求。

一是把握国家治理体系与治理能力的内在联系，坚持一体推进。推进国家治理体系现代化就是推进国家制度体系与治理机制系统集成和协同高效的过程，推进治理能力现代化则是不断强化制度执行力，切实提升国家治理效能，进而不断彰显中国特色社会主义制度优势的过程。国家治理体系建设制约国家治理能力建设的发展，而国家治理能力建设决定着国家治理体系的水平，二者相辅相成。因此，推进国家治理现代化必须坚持在这两个层面同时发力、同频共振。党的十八届三中全会确定全面深化改革的总目标时，就明确了一体化推进国家治理体系现代化与治理能力现代化的策略，从而保证了国家治理现代化的整体性、系统性发展。

二是注重保持定力和改革创新的统一，坚持定向推进。保持国家治理体系改革的战略定力，从根本上说，就是增强中国特色社会主义制度自信和坚持重大改革的"于法有据"，即坚持好、巩固好、发展好已经建立起来并经过实践检验的根本制度、基本制度、重要制度及一系列具体制度，并切实将制度优势转化为国家治理效能。推进改革创新，就是坚持立足实际和科学理性原则，准确把握国家治理现代化发展大势，聚焦新时代社会主要矛盾，进一步明确改革创新的目标与思路，就是"制定国家治理体系和治理能力现代化急需的制度、满足人民对美好生活新期待必备的制度"③。

三是遵循国家治理现代化的内在规律，坚持科学推进。国家制度体系更加成熟、更加定型、更加管用是一个动态演进过程，国家治理能力现代化也

---

① 《习近平谈治国理政》，外文出版社，2014，第105页。
② 《习近平谈治国理政》，外文出版社，2014，第105页。
③ 《中共中央关于坚持和完善中国特色社会主义制度 推进国家治理体系和治理能力现代化若干重大问题的决定》，中央政府门户网站，2019年11月5日，https://www.gov.cn/zhengce/2019-11/05/content_5449023.htm？ivk_sa=1024320u。

是一个逐步提升的过程，都不可能一蹴而就，也不可能一劳永逸。坚持科学推进，就是着眼于国家治理现代化的目标要求，遵循国家治理现代化的内在规律，坚持问题导向与目标导向的有机统一，聚焦国家改革发展的重点领域和关键环节，善于发现、分析和解决改革发展中的各种新情况新问题新挑战，善于抓住时机，精准施策，敢抓善管，真抓实干，不断追求治理效能的持续正向发展。

2. 理论层面的科学建构

国家治理现代化理论正是基于我国实践的创造性建构，在遵循辩证唯物主义和历史唯物主义基本原理基础上，对治理实践中如何协同治理主体力量、优化治理制度安排、提高治理效能的系统性理论设计，旨在为"国家"与"治理"的有效兼容，特别是为阐明中国特色社会主义制度的价值立场与独特优势，以及如何将这一独特制度优势转化为国家治理效能提供有说服力的理论诠释和实践维度。

首先，国家治理现代化理论建构为制度规范提供了价值指引与科学依据，形成了以人民为中心的治理取向；其次，国家治理现代化理论建构在逻辑形态上强调共生、集成与协同，将民主化、法治化、科学化和智慧化等引入治理过程，最大限度实现共商共治，从而在整体格局上形成提升治理能力的态势；最后，国家治理现代化理论建构强调现实观照，即主动回应新时代社会主要矛盾转化和统筹国内国际两个大局的时代要求，并为以实现中国更好发展推动全球治理向好发展，以及为人类文明新形态构建提供了有力支撑。

国家治理现代化理论建构体现了正当性、科学性、实践指导性的有机统一，推动了对"国家治理"的有效建构，即在民主法治范畴内，通过有序政治协商，将坚持党的领导、政府理性干预、市场竞争机制与社会广泛参与等要素有机融合起来。同时，其秉持的"民主法治""公平正义""和平发展"理念凸显了对"和平、发展、公平、正义、民主、自由"等全人类共同价值的创造性遵循。这一治理逻辑有效避免了西方治理理论的缺陷，为推动全球治理体系变革提供了全新选择。

3. 制度层面的优化布局

国家治理水平取决于制度供给能力。一个国家选择什么样的国家制度和国家治理体系，是由这个国家的历史文化、社会性质、经济发展水平决定的。中国特色社会主义制度是党领导人民在建设社会主义国家的历史进程中逐步发展完善起来，并被实践反复证明有显著优势的制度体系。同时，我们也要看到，一套成熟的、科学的制度体系，从来不是静止的和一成不变的，而是坚持原则性与开放性、稳定性与发展性的有机统一，并在不断适应发展变化的现实中与时俱进的。党的十八大以来，国家制度建设被放在前所未有的历史高度，党的十九届四中全会审议通过的《中共中央关于坚持和完善中国特色社会主义制度　推进国家治理体系和治理能力现代化若干重大问题的决定》极大推进了中国特色社会主义制度建设。

一方面，从我国既有制度形成的内在逻辑出发，把握决定制度基础与制度价值的相关要素的范畴及其相互关系，全面总结党领导人民在我国国家制度建设和国家治理方面取得的成就、积累的经验、形成的原则，重点阐述坚持和完善支撑中国特色社会主义制度的根本制度、基本制度、重要制度。另一方面，明确了以制度建设推进国家治理现代化的总体目标、阶段性任务和具体要求，并勾勒了制度建设的行动路线图，即从制度建设的夯基垒台、立柱架梁到全面推进、积厚成势，再到系统集成、协同高效，建构了涵盖治党治国治军、内政外交国防等方方面面相互衔接的国家治理总体制度框架，为推动国家各方面制度更加成熟更加定型，把我国制度优势更好地转化为国家治理效能提供了有力支撑。

4. 运行层面的机制协同

推进系统治理、依法治理、综合治理、源头治理的有机统一，是党的十八大以来对中国特色治理运行机制的创造性建构，是基于政治学、系统学、运筹学等学科基本原理之上的科学设计，实现了治理方式与环节的无缝化对接、立体性交织和全方位协同。

系统治理是提高治理效能的基础和关键，其基本指向在于协同党的全面领导、政府宏观主导、市场微观运作以及社会力量广泛参与，实现多元治理主体的良性互动与共商共治。作为执政党，中国共产党既是国家治理体系建构的领导者，也是治理能力提升的引领者和实践者，是实现中国之治的根本保证。因此，打造共建共治共享的社会治理格局，是中国共产党立足新时代国家治理现代化要求，不断推进系统治理的实践创造，既凸显了中国共产党的核心引领作用，又注重发挥多元主体的主观能动性与相互协同性。

依法治理既是国家治理现代化的内在要求、基本特征和根本路径，也是国家治理体系成熟和高效的标识。依法治理重在通过强化法治保障，运用法治思维和法治方式治理国家，在法治轨道上全面推进国家治理现代化进程。具体而言，就是运用法治手段切实规范国家和社会生活行为，防止权力失范和社会失序，有效预防和消除社会风险发生。其基本要义在于强化科学立法、严格执法、公正司法、全民守法，以及促进立法、执法、司法、守法各环节的相互贯通与协同，构建中国特色社会主义法治国家、法治政府、法治社会。

综合治理是指通过多种途径与方式，整合各种治理资源和治理手段以达成整体治理效果的实践方式。这一治理方式，强调在各级党委的统一领导下，依靠广大人民群众和社会各方面的力量，综合运用法律、政治、经济、行政、教育、文化等手段，依托相关信息化、智能化、数字化新技术，调动和整合一切积极因素，形成有效预防和化解各种矛盾和问题的社会合力，不断促进社会安宁和人民幸福。

源头治理是防患于未然或把问题解决在初始端的治理方式。源头治理强调标本兼治，重在治本，是中国之治的关键所在。源头治理的过程其实就是在多重治理手段中追本溯源，将社会问题防患于未然和化解于初始端的重要一环，即通过健全基层网格化治理平台与多样化治理渠道，及时发现和处置各种矛盾和问题：一是健全全过程人民民主，畅通民主渠道，保障人民群众在治理活动中的知情权、话语权、参与权、监督权；二是完善社会管理服务平台，提升各级政府部门的服务意识、能力和水平；三是强化监督执纪，及时发现和高效率处置问题。

5. 实践层面的正确引导

基层治理效能是一个国家治理体系和治理能力现代化水平的集中呈现。国家治理的宏观战略与制度安排的落地生根，需要社会微观治理的充分参与。作为国家治理体系的"末梢神经"，基层治理是否有效，直接关乎党的执政基础、人民群众的切身利益与社会长治久安。党的十八大以来，围绕化解国家治理的"最后一公里"问题，党中央采取了一系列有效措施，构建了社区居委会、社会机构、志愿服务者有效协同的联动机制，基层社会治理效能得到显著提升，人民群众的获得感、幸福感、安全感不断增强。

一是坚持以人民为中心的发展思想，强化党建引领与国家机关服务意识和服务能力的提升。科学建立党委统筹、上下贯通，条块结合、以块为主的城乡基层治理领导体系，明确各级党组织主体责任清单，把制定和推进大规划、大工程、大发展与立足小社区、解决小问题、化解小矛盾统一起来。二是强化基层群众依法有效参与社会治理的效能，即注重把畅通基层群众参与社会治理渠道与调动基层群众参与社会治理的主观能动性相统一，培育基层群众的权利意识、公共精神、法治观念以及规则养成，引导其依法有序参与公共事务治理，特别是在推进基层自治制度与实践的健康有序发展中发挥主体作用。三是完善微观治理的立法与执法。出台民法典，为生命健康、财产安全、交易便利、生活幸福、人格尊严等各方面权利平等保护提供了法律依据，并对公民个体的人身权、财产权、人格权以及侵权责任等作出了明确翔实的规定。同时，确立了城市居委会、农村村委会独立法人资格等，极大推进了社会微观治理的依法有序发展。四是在具体方法运用上，以问题为导向，探索建立起激励相容机制、治理制衡机制、政策传导机制、应急救济机制等相互呼应的问题处置机制，极大提升了微观治理成效。

（三）提供人类政治文明的中国智慧和中国方案

人类文明新形态的核心是制度文明新形态，因此，创造人类文明新形态的核心是制度文明创新。习近平总书记指出："中国特色社会主义是不是好，要看事实，要看中国人民的判断，而不是看那些戴着有色眼镜的人的主观臆断。中国共产党人和中国人民完全有信心为人类对更好社会制度的探索提供中国方案。"① 人民当家作主的新型国家制度，是具有显著优越性和强大生命力的制度，为人类探索建设更好社会制度贡献了中国智慧和中国方案。中国特色社会主义政治制度正在彰显更加强大的制度优越性和生机活力，与当今西方民主制度出现的危机和国家治理面临的困境形成鲜明对比，用事实宣告了所谓"历史终结论"和以西方制度模式为归宿的历史观的破产。

1. 西方民主陷入制度困境

西方民主是为实现资产阶级统治权而设计的，就其本质而言，是西方资产阶级用来维护资本主义统治的一个工具。近年来，西方民主囿于其形式与民主本质内在的冲突，民主制度结构不合理和退化，致使西方民主陷入了少数统治多数、政府效率低下、权钱交易腐败等困境。第一，将部分人的"同意"等同于全体人的"认同"。在投票率一路走低的同时，实际参与投票并且支持最终胜选者的选民人数占这些国家公民总数的比例更低。一些西方国家大选投票率不超过50%，弃选增多，特别是年轻人不投票、不发声的比例上升。这种公民政治参与的不充分和不平等，使理论上的多数决定原则很多时候变成了实际上的少数决定。第二，将程序正义超越于结果正义。政治和经济寡头对政策制定者的实际影响力已经远远超过中产阶级和底层民众，政治机构对精英阶层利益的回应性也远高于对普通民众利益主张的回应性。第三，将政党胜选、个人胜出凌驾于共同意志、公共利益之上。政党利益高于国家和人民的公共利益是两党或多党政治与生俱来的缺陷，其背后是特殊利益集团对政治权力的把控，利益集团之间互相推诿、彼此揭短，各种社会力量对资本力量进行限制的能力不断下降，共同意志和公共利益反而成了竞选的装饰和会被牺牲掉的代价，导致政治回应度和政治回应能力趋于"萎缩"，权力内耗以及办事效率低下，政府执行的成本提高。总之，西方政治是用金钱打造"民主牌坊"，西方政客与资本寡头生死与共，金钱政治与西方民主狼狈为奸，西方民主的本质就是资本主义国家政权为资本利益最大化

---

① 《习近平谈治国理政》第2卷，外文出版社，2017，第37页。

服务。

2.中国式现代化创造了人类文明新形态

经过100多年的奋斗，"我们坚持和发展中国特色社会主义，推动物质文明、政治文明、精神文明、社会文明、生态文明协调发展，创造了中国式现代化新道路，创造了人类文明新形态"①。文明本质上是人类社会实践，尤其是劳动实践的产物，它具有不同的划分标准。根据社会制度，可将文明划分为奴隶社会文明、封建社会文明、资本主义社会文明和社会主义社会文明等；根据人与自然的关系，可把文明划分为原始文明、农业文明、工业文明和生态文明。但不管根据哪一种标准来划分文明形态，中国式现代化进程中开创的人类文明新形态都是对工业文明实践消极后果批判反思的结果，正是通过批判与反思，我们超越了工业文明只注重"经济增长"的经济主义发展观，倡导人的身心、人与人、人与自然和谐发展的文明发展观。

中国式现代化所创造的人类文明新形态，塑造了共融共生的文明新秩序。多样性是人类文明的魅力所在，如果人类文明只有一种那就太单调了，中国式现代化强调胸怀天下、兼收并蓄，让不同的文明在交流中互鉴，在借鉴中融合。它强调文明发展为大多数人谋利益，将中国特色社会主义、中国传统文明中的因素以及近代以来中国人民探索现代化道路中的有益做法丰富到人类文明中去，推动了中国文明和人类文明的融合，拓展了发展中国家走向现代化的途径，给世界上那些既希望加快发展又希望保持自身独立性的国家和民族提供了全新选择。

中国式现代化实践凸显了人类文明新形态的独特性。人类文明新形态以政治文明为统领，秉承以人民为中心的发展思想，实行全过程人民民主，保证党的领导、人民当家作主与依法治国有机统一；以物质文明为基石，实行公有制为主体、多种所有制经济共同发展，按劳分配为主体、多种分配方式并存，社会主义市场经济体制等社会主义基本经济制度，通过高质量发展为其他四个文明创造丰厚物质基础；以精神文明为内涵，确立和坚持马克思主

---

① 《习近平谈治国理政》第4卷，外文出版社，2022，第10页。

义在意识形态领域的指导地位，通过对中华优秀传统文化的创造性转化和创新性发展，为其他四个文明夯实思想根基、注入精神动力；以社会文明为目的，积极推动共建共治共享的社会治理制度，建设教育、就业、医疗、社会保障等各个领域的民生工程，确保能够坚持在发展中改善民生，促进共同富裕；以生态文明为保障，贯彻绿色发展理念，坚持人与自然和谐共生，推动美丽中国建设。中国特色社会主义"五大文明"协同推进，实现了人民富裕、国家强盛、中国美丽，开辟出一条文明发展新道路，为人类文明新形态建设提供了理论支撑，为人类文明进步作出了新贡献、带来了新希望。

中国式现代化实践始终弘扬全人类共同价值。中国的现代化实践坚持弘扬和平、发展、公平、正义、民主、自由的全人类共同价值，树立"人类命运共同体"的理念。坚持以人民至上的价值立场超越人为物所役的资本逻辑，以全过程人民民主超越西方民主效用低下，以人类命运共同体超越国强必霸的发展逻辑，以走和平发展道路超越对外扩张掠夺，以全体人民的共同富裕超越贫富分化两极对立，以人与自然和谐共生超越先污染后治理，以物质文明和精神文明相协调超越物质主义盛行，以最终实现全人类共同价值为文明的旨归。人类文明新形态，在弘扬全人类共同价值，实现自身发展的同时不断为其他国家和民族贡献自己的文明成果和崛起经验，为解决现代化进程中的和平赤字、发展赤字、安全赤字、治理赤字等问题提供了中国方案和智慧，极具示范作用。

3. 全过程人民民主彰显中国方案的创新意义

民主是人类社会历经千百年探索形成的政治形态，在人类发展进程中发挥了重要作用。民主是历史的、具体的、发展的，世界上没有定于一尊的民主形式。评判一种民主形式，关键要看它是否适应本国历史文化，是否符合本国现实国情，能否带来政治稳定、社会进步、民生改善，能否得到人民的支持和拥护，能否为人类进步事业作出贡献。中国民主政治中有创新意义的全过程人民民主、法治思想对新时代我国民主政治建设具有重大理论和实践价值，是中国为人类政治文明的进步贡献的宝贵的中国智慧和中国方案。

2019 年，习近平总书记在上海考察时首次提出了"人民民主是一种全过程的民主"这一重大理念。20世纪以来，在波涛汹涌的民主化浪潮中，有的国家改旗易帜、分崩离析，有的国家陷入动荡和僵局。以民主、法治著称的西方国家目前也面临"民主赤字""民主失色""民主效用低下"的危机，这些国家民主化出现的挫折甚至危机，主要原因是民主实践出现了偏差，这说明在实现现代化的进程中，要实现民主发展、政治稳定和社会进步的良性互动极其重要，也极不容易。

我国在发展民主的过程中，坚持中国特色社会主义政治发展道路，立足我国民主发展的历史与现实，吸收其他国家民主发展的经验与教训，始终高举人民民主的旗帜，走出了一条全过程人民民主的民主道路。发展全过程人民民主本质上是保证人民当家作主，"中国共产党领导人民独创性地把民主选举、民主协商、民主决策、民主管理、民主监督等各个环节彼此贯通起来"①，使中国的民主实现了时间上的连续性、内容上的整体性、运作上的协同性和参与上的广泛性，实现了全过程的人民民主。

全过程人民民主具有科学有效的制度安排，我们坚持党的全面领导制度和党中央集中统一领导制度，不断改进党的执政方式和提高领导水平，为全过程人民民主提供了根本保证；坚持党的领导、人民当家作主和依法治国的有机统一，健全了人民当家作主制度体系，保证了人民真实、具体地当家作主；坚持和完善人民代表大会制度，确保全过程人民民主的主体机构科学、有效；坚持中国共产党领导的多党合作和政治协商制度，发挥我国新型政治制度的优势；坚持推动社会主义协商民主广泛、多层、制度化发展，保证人民在日常生活中更好地参与和行使权利；坚持和完善民族区域自治制度，保证国家各民族团结、平等，实现各民族共同当家作主；坚持健全充满活力的基层群众自治制度，发展基层直接民主，打通人民行使权利的"最后一公里"；等等。

民主是全人类共同的价值追求，但实现民主的方式是多种多样的，各国人民有权选择自己认可的民主发展道路和制度模式。中国基于本国国情发展

---

① 舒启明：《发展全过程人民民主》，《经济日报》2021年12月29日。

的全过程人民民主，既有鲜明的中国特色，也体现了全人类对民主的共同追求；既推动了中国的发展与中华民族的复兴，也为维护国际民主法治秩序贡献了新智慧，为推动全球治理变革贡献了中国方案。

 理论思考

1. 在国际秩序变革的历史转折点上，中国为推动国际政治秩序朝着更加公正合理的方向发展贡献了独特的智慧。请结合当代中国与世界的关系，谈谈对马克思主义国际关系理论的理解。

2. 中国特色社会主义政治发展道路和当代中国马克思主义政治发展理论为人类政治文明发展贡献了中国方案。请从中西政治制度的对比中分析和思考为什么要坚定中国特色社会主义制度自信。

 重点阅读文献

1. 习近平：《高举中国特色社会主义伟大旗帜 为全面建设社会主义现代化国家而团结奋斗——在中国共产党第二十次全国代表大会上的报告》，人民出版社，2022。

2. 《习近平关于社会主义政治建设论述摘编》，中央文献出版社，2017。

3. 《准确认识世界发展大势》，《人民日报》2023 年 11 月 28 日。

专题四　认清当代世界文化发展趋势 建设社会主义文化强国

 专题摘要

　　文化既是一个国家和民族的灵魂，也是人类进步和社会发展的重要推动力量。当今时代，文化在人类社会发展中的地位和作用更加突出，各国越来越重视文化发展。随着经济全球化深入发展，各种文化交流交融不可阻挡，文化交锋日趋频繁，文化的渗透和反渗透斗争更加尖锐，当代社会思潮相互激荡。我们要把握当代世界文化的发展趋势，直面社会思潮中的文化渗透，加强对思想舆论的积极引领，坚定文化自信，为全面建设社会主义现代化国家提供强大精神支撑和科学思想指引。

 专题分析

　　本专题共三个部分。第一部分，在掌握文化的内涵和战略地位基础上，了解当代世界文化发展趋势。文化既是一定社会政治和经济的反映，又影响和作用于一定社会的政治和经济。当今时代，世界多极化、经济全球化、社会信息化仍是大势所趋，新一轮科技革命和产业变革深入发展，极大地推动了人类文化多样化和深度交流交融交锋。我们要学会运用马克思主义的历史观和文化观分析当代世界文化发展的趋势，认清西方文化霸权主义的实质和危害。第二部分，分析社会思潮中的文化渗透和思想引领。社会思潮是思想文化的集中反映。当代世界，各种社会思潮纷繁复杂，对人们的思想乃至行为产生更加深刻的影响，特别是资本主义价值观及其对当代社会思潮的影响。正确认识和分析当代社会思潮的本质及影响，对于坚持和巩固马克思主义在意识形态领域的指导地位，防范化解意识形态领域风险，发展积极健康向上的主流思想舆论具有重要意义。我们要学会运用马克思主义观点和方法剖析错误社会思潮的本质，提高政治鉴别力，不被错误社会思潮误导，增强社会主义意识形态的价值共识。第三部分，建设社会主义文化强国。文化兴国运兴，文化强民族强。没有社会主义文化繁荣发展，就没有社会主义现代化。建设社会主义文化强国，是丰富人民群众精神生活的迫切需要，是建成社会主义现代化强国的重要支撑，是实现中华民族伟大复兴的鲜明标志。我们要自觉努力讲好中国故事、传播好中国声音，彻底解决"挨骂"问题。

一　当代世界文化的发展趋势

文化既是一定社会政治和经济的反映，又影响和作用于一定社会的政治和经济。当今时代，世界多极化、经济全球化、社会信息化仍是大势所趋，新一轮科技革命和产业变革深入发展，极大地推动了人类文化多样化和深度交流交融交锋。只有主动顺应文化多样化和交流互鉴的时代趋势，坚决反对文化霸权和"西方文明中心论"等，才能引导世界文化朝着正确方向发展。

如果说斯宾格勒的《西方的没落》反映的是对西方资本主义社会发展前途的失望，《文明冲突论》则是西方把由于向外扩张引发的矛盾转变为由于文明冲突引发的矛盾，这是一种政治需要。西方马克思主义和西方"新左派"对文化问题的研究，是因无力为解决资本主义问题找到出路而聚焦于对西方资本主义发达工业社会的文化批判。在当代，文化成为一个世界热点问题是与资本主义工业化、城市化所引发的精神失衡相联系，与道德失范、审美价值失落、信仰缺失相关的。总之，人们的精神处于一种饥渴状态，对人文精神的追求大大促进了文化的研究。亨廷顿的"文明冲突论"把世界划分为七个文明（或八个文明）板块，预测后冷战时代的国际冲突将在这些文明之间进行，世界将呈现文明间集团对抗的情况。

（一）文化在当代世界的地位和作用日益凸显

冯骥才指出："所谓人文精神，在我看来，是指人类共同信奉的那些真理性的精神。比如我们常说的科学精神、体育精神、民主精神、爱国精神、社会公平与平等的精神、人道主义精神等等，这些精神确保人能自由、幸福且有尊严地活着，有利于人的幸福与社会的进步和文明，其重要性不言而喻。"①

文化是一个国家和民族的灵魂。国家和民族的认同从根本上说就是文化的认同。如果不珍惜自己的思想文化，丢掉了这个灵魂，那么这个国家、这个民族是立不起来的。人类社会每一次跃进，人类文明每一次升华，无不伴随着文化的历史性进步。文化最大的特质是有极强的渗透性、持久性，能够以无形的意识和观念影响有形的存在和现实。正如《道德经》所言，"天下之至柔，驰骋天下之至坚，无有入无间"。而一个民族的觉醒首先是文化的觉醒，社会的进步总是以文化的进步为先导的。事实证明，文化深刻体现着一个民族和国家的创造力、生命力，是民族生存发展、国家繁荣兴盛的精神支柱和力量源泉。没有文化的自立自强自信就没有国家的自立自强自信。

文化是社会文明进步的重要标识。一是物质文化和精神文化共同繁荣是社会文明进步的重要特征。习近平总书记在党的十九届五中全会第二次全体会议上阐述的我国现代化的五个特征是人口规模巨大、全体人民共同富裕、物质文明和精神文明相协调、人与自然和谐共生、走和平发展道路。所以，文化是经济社会发展不可或缺的重要内容和重要目标。

二是文化发展与经济发展良性互动。文化资源日益成为经济发展的重要资源，文化消费日益成为拉动经济增长的强大引擎，文化产业不仅日益成为经济结构调整和转变经济发展方式的着力点，而且日益成为提升人民生活水平

---

① 《冯骥才：人文精神是教育的灵魂》，人民网 – 中国共产党新闻网，2018 年 12 月 11 日，http：//theory. people. com. cn/n1/2018/1211/c40531 – 30457989. html。

的重要支撑（一般来说，人均 GDP 3000 美元以下追求温饱，人均 GDP 5000 美元以下是物质精神并重，人均 GDP 5000 美元以上是文化需求旺盛。这就是党的十八大以来我们越来越重视文化发展的原因）。

三是实现人与社会、人与人的和谐，离不开人文精神的培育，离不开优秀文化的滋养。精神文化上的充实和丰盈，始终是幸福生活和美好人生的内在要求，文化越来越成为保障、改善民生和提高生活质量的重要内容。

文化是综合国力竞争的重要支撑。一个国家的综合国力既包括由经济、科技、军事实力等表现出来的"硬实力"，也包括以文化、意识形态和制度吸引力体现出来的"软实力"。当代世界，文化在综合国力竞争中的地位和作用更加凸显，文化领域的竞争能力在很大程度上决定了一个国家在世界中的地位，文化软实力成为不可忽视的"硬实力"。许多国家都把提高文化软实力作为重要战略，利用文化展示本国形象、拓展国家利益。美国制定了《国家战略传播构架》，把文化输出作为其谋求实现全球霸权的重要手段。欧盟 20 多个国家发表了各自的文化政策官方文件。日本和韩国也都提出了文化立国的战略。目前，一些发达国家文化产业增加值已在其国内生产总值中占据重要分量。这不仅给它们带来了丰厚的经济利益，还传播了它们的价值观念。亨利·基辛格曾经指出，国际秩序不仅取决于硬实力的平衡，还取决于对政府合法性的认识，而政府合法性关键取决于软实力，在信息时代，它变得比以往任何时候都重要。中国文化对世界的影响力及输出战略，均体现了我国深厚的文化底蕴和文化积淀，更加坚定了我们的文化自信。

（二）当代世界文化交流交融交锋深度发展

当前，世界多极化、经济全球化、文化多样化、社会信息化深入发展，各种思想文化交流交融交锋更加频繁。要准确把握这一趋势和特点，以更加开放的姿态加强民族间的文化交流，维护世界文化多样性，促进不同文化的相互交融、取长补短，积极应对日趋激烈的文化交锋。

文化交流空前活跃。人类社会的发展史既是一部不同文明和文化相互交流、借鉴、融合的历史，也是一部不断创造文明、创新文明的历史。不同文

<del><del>

<del>

<del>

<del>

<del>

<del>
<del>

明、不同文化的交流、借鉴、融合，推动着人类社会的发展与进步。2015 年9 月 28 日，习近平主席在美国纽约联合国总部举行的第七十届联合国大会一般性辩论时指出，"人类文明多样性赋予这个世界姹紫嫣红的色彩，多样带来交流，交流孕育融合，融合产生进步"①。"文明因交流而多彩，文明因互鉴而丰富。任何一种文明，不管它产生于哪个国家、哪个民族的社会土壤之中，都是流动的、开放的。这是文明传播和发展的一条重要规律。"②

当今世界，经济全球化的快速发展使文化交流空前活跃，为世界各国各民族开展文化交流提供了重要前提。人们在接受世界各地物质产品的同时也产生了了解学习其背后精神文化的需求，经济全球化程度越高，这种需求越旺盛。经济全球化的深入发展，既推动了世界经济政治格局的深刻变化，也推动了世界文化交流。特别是网络信息传播技术的飞速发展及普及应用，极大地提高了文化产品、文化观念的传播速度，满足人们多样化文化需求的方式更加便捷，文化交流的活跃度大大提高。

文化交融日益加深。文化交融体现为不同文化背景下人们的语言、思维、风俗、价值观的相互渗透，体现为不同国家、不同民族文化的相互促进。文化交融不是不同文化之间的无序融合，而是通过对不同文化的比较与选择，推动文化的变革创新和发展进步，如中华文明。中华文明成为世界上延续时间最久的文明，能在 5000 多年的历史长河中生生不息，一个重要原因是其具有兼收并蓄、海纳百川的胸怀。中华文明不仅保留了众多民族的文化精华，还吸收了许多地域文化的优秀成果，如敦煌文化，它是各种文明长期交流融会的结晶。我国自汉代以来 2000 多年的历史长河中，敦煌文化始终以中华传统文明为根基，不断吸纳着来自其他地域和民族的文明成果。敦煌文化是中华文明几千年不断融会贯通的典范。敦煌文化集建筑艺术、彩塑艺术、壁画艺术、佛教文化于一身，历史底蕴雄浑厚重，文化内涵博大精深，艺术形象美轮美奂。敦煌文化灿烂的奥秘，就在于其彰显了不同文化的汇聚和

---

①　《十八大以来重要文献选编》（中），中央文献出版社，2016，第 697 页。

②　《习近平著作选读》第 1 卷，人民出版社，2023，第 280 页。

交融。

不同文化交融发展，深刻改变了人们的生活方式，推动了世界多元文化环境的形成，人们在日常生活中的各个方面都可能受到不同文化的影响，文化生活的国际化趋势日益凸显。在当代世界，没有一种文化可以完全不受其他文化的影响而发展，不同国家、不同民族的人们都受到世界文化交融的影响。文化交流互鉴应该是平等的、多元的、多向的，而不应该是强迫的、一元的、单向的。不同国家、不同民族的文化交融应遵循相互尊重的原则，不能将文化交融变成一个"大鱼吃小鱼"式的文化侵略过程。文化交锋复杂尖锐，不同国家和民族由于历史和传统不同，必然存在文化差异。任何一种思想文化，都是在与不同文化的相互碰撞、相互借鉴中不断发展的。在文化交流互鉴的过程中，既有学习、消化、融合、创新，也伴随着冲突、矛盾、疑惑、拒绝；既有相互联系、相互影响，又有相互渗透相互斗争。文化因平等而有交流互鉴的可能，了解各种文化的真谛，必须秉持平等、谦虚的态度。如果居高临下对待一种文化，不仅不能参透这种文化的奥妙，而且会与之格格不入，甚至激化不同文化之间的交锋或冲突。

当代世界存在不承认各种文化应当平等交流的文化霸权倾向。唯我独尊的文化心态和文化行为阻碍了正常的文化交流。一些西方发达国家宣扬"西方文化优越论"，视西方的文化和价值观为"普世"的，向其他国家输出其价值观，推行文化霸权主义，甚至公然丑化并企图消灭他国文化。西方文化霸权主义在扩张过程中，必然会遭到发展中国家的抵制和反对。历史和现实都表明，傲慢和偏见是文化交流互鉴的最大障碍。文化因交流而丰富，因交融而多彩，因交锋而进步，各种文化之间不断交流交融交锋，推动着世界文化的发展进步。

那么，"西方文化优越论"从何而来呢？西方文化产生在西方那一片土地，它不是从天上掉下来的，而是在西方的土里面长出来的，它是一种土生土长的文化，这种文化与世界其他的文明、其他的文化应该有同等的价值。换句话说，价值等量，所有文明应该是平等的。这样的关系在西方崛起以后开始改变了，因为西方发生了一系列事件，这些事件使得西方慢慢主导了这个世界，出现了西方霸权的时代，这样的时代导致一种所谓的"西方文化优越论"出现，西方话语的霸权也就跟着西方的崛起同时出现。如果我们站在更加全面的角度来看待西方的文化和文明，也许会看得更清楚。

（三）顺应文化多样化和交流互鉴的时代趋势

文化因多样而有交流互鉴的价值。人类在漫长的历史长河中，创造和发展了多姿多彩的文化。各种独特的文化形态、不同的历史文化渊源，决定了当代世界文化及其发展的多样化态势。必须遵循求同存异的原则，顺应文化多样化的发展趋势，尊重不同民族独特的文化发展道路，并且在相互学习借鉴中推动文化发展繁荣。

维护世界文化多样性。文化多样性是人类历史上普遍恒久的特征。在一般意义上说，文化的多样性主要是指人类文化在其表现形式上的丰富多样，如文化内容上的差异、文化地域上的特色等。多样性是世界文化拥有魅力的前提，无论是对于世界还是一个国家来说，只有保持文化的多样性，其发展与进步才是真正富有意义的。

文化多样性是世界的"原生态"。处于传统的、离散时空社会发展阶段的各个民族，其文化基本上都是在相对封闭的环境下形成与发展的，因此也是各具特色的。全球化使得文化多样性面临严重威胁。全球化加剧了不同文化系统之间的紧张关系。在世界舞台上，每个国家和民族都期望展示自己的文化个性魅力。但是，文化发展的实际情形却常常是，处于强势文化的一方对处于弱势文化的一方采取了"文化霸权"或"文化殖民"，试图将自己的文化价值观强加于对方，结果文化的冲突就在所难免。英国史学家汤因比曾经用"挑战与应战"来指称这种文化互动模式。今天，许多国家尤其是发展中国家经常在"文化普遍性"与"文化个性"之间纠结。维护文化多样性是推动世界文化健康发展的必然要求。维护文化多样性，要求不同国家、不同民族在维护本国、本民族文化独特性的同时加强文化的相互交流、相互学习、相互借鉴，而不能相互隔绝甚至相互排斥、相互取代。

尊重各国各民族文化。没有各国各民族文化的健康发展，就没有世界文化的健康发展。每个国家、每个民族不分强弱、不分大小，其思想文化都应该得到承认和尊重。不同国家、不同民族的文化各有千秋、各具特色。文化特别是蕴含其中的核心价值观是一个国家、一个民族的灵魂；一个国家的历史及记忆，积淀在文化中；一个民族的生命力，聚集在文化中；一个事业的前途命运，蕴含在文化中。每个民族的文化都既有精华也有糟粕，但哪些是精华哪些是糟粕，要由各民族人民在生活和实践中自己作出判断，不能由他人做"裁判员"。任何国家和民族都不能站在所谓的"文化顶峰"，把自己的文化视为最优秀的而强加于其他国家和民族，不能充当文化霸主、搞文化霸权。承认和尊重本国本民族的文化传统，不是要搞自我封闭，更不是要搞唯我独尊。发展本国本民族文化，应该尊重别国的文化主权，看到别国别民族思想文化的长处和精华，积极吸纳其中的有益成分，使人类创造的一切文明中的优秀文化基因与当代文化相适应、与现代社会相协调，在开放、包容、交融、互鉴中更好地增强本国本民族思想文化自尊、自信、自立，把跨越时空、超越国度、富有永恒魅力、具有当代价值的优秀文化精神弘扬起来。

促进世界文化交流互鉴。文化具有流动性和开放性。任何一种文化，不管它产生于哪个国家哪个民族的社会土壤中，都是流动的、开放的，这是文化发展的重要规律。在经济全球化背景下，开放是各民族生存发展的基础和条件，不同文化的相互开放、相互学习已经成为不同国家、不同民族发展进步的重要途径。国家之间、民族之间的隔阂常常源自文化认知上的缺乏，文化开放可以增进不同国家、不同民族的相互理解。因此，我们应着力加强国际传播能力建设，促进文明交流互鉴。中华文明经历了 5000 多年的历史变迁，但始终一脉相承，具有突出的连续性、创新性、统一性、包容性、和平性，是中华民族独特的精神标识，是中华民族生生不息、发展壮大的丰厚滋养。中华文明既是在中国大地上产生的文明，也是在同其他文明不断交流互鉴中形成的文明。中华文明的博大气象，就得益于中华文化自古以来开放的姿态、包容的胸怀。从历史上的张骞出使西域、佛教东传、郑和七下远洋、"伊儒会通"，到近代以来的"西学东渐"、新文化运动、马克思主义和社会主义思想传入中国，再到改革开放以来全方位对外开放，中华文明在兼收并蓄中历久弥新。所以，我们要树立平等、互鉴、对话、包容的文明观，以文明交流超越文明隔阂，以文明互鉴超越文明冲突，以文明共存超越文明优越。在进行文化学习借鉴实践中，必须坚持从本国本民族实际出发，坚持取长补短、择善而从，讲求兼收并蓄。同时，要反对囫囵吞枣、莫衷一是，坚持去粗取精、去伪存真。历史表明，那种不顾本国本民族文化特点、简单移植外来文化的做法不利于本国本民族文化的健康发展。

二　社会思潮中的文化渗透与思想引领

马克思主义是认识和把握当代社会思潮的本质、特点、产生原因及社会影响的指导思想。要深刻分析作为资本主义社会意识形态和文化本质的资产阶级价值观的本质、特点及其与西方政治思潮的关系，可以从重点评析新自由主义思潮、民主社会主义思潮、历史虚无主义思潮等入手。要深刻理解用社会主义核心价值体系和社会主义核心价值观引领社会思潮的内在根据，用社会主义核心价值体系和社会主义核心价值观引领社会思潮是巩固全国各族人民团结奋斗的共同思想基础和提升国家文化软实力的必然要求。要探索正确引领社会思潮的有效途径。

（一）社会思潮是社会意识形态的特殊形式

社会思潮及其特点。社会思潮一般是指在一定时期内，以特定的社会存在为基础，反映某阶级、阶层或群体的利益和要求，广泛传播并对社会生活产生一定影响的思想趋势或思想潮流。

社会思潮从不同层面反映社会生活的变化，对社会发展和人们的精神信念产生不同性质、不同取向的影响。其主要特点有四。一是倾向性。社会思潮总是特定历史条件下的产物，是社会存在的反映，代表了一定社会阶级、阶层维护自身利益的思想主张，因而具有一定的倾向性。也就是说，社会思潮背后隐藏着一定社会阶级或阶层、集团的利益取向。二是多样性。由于当代社会经济结构、利益结构、就业方式、分配方式日益多样化，引起整个社会生活、政治生活、生活观念、意识观念、审美情趣和价值取向日益多元、多样、多变。也就是说，社会存在的多样化，必然相应地引起社会生活和社会思想更加多元、多样、多变，使社会思潮出现丰富的变化，即在一定时期内，可能出现反映现阶段不同群体利益的多种社会思潮变异性。三是扩散性。某种社会思潮一旦形成，往往会跨越理论与现实的界限，影响和干预人们的现实生活并引起较大的社会关注。同时，与系统、成熟、严谨的主流意识形态和思想理论体系不同，社会思潮多以情绪性、大众性和流行性的语言表达，更易传播、扩散。四是可塑性。社会思潮尽管多元、多样、多变，甚至相互影响、相互交融、相互交织、相互交锋，但多样化的社会思潮并不是完全无序的，而往往会受更强大、更有说服力的意识形态的影响，具有可以被引导的特点，即有可塑性。

　　社会思潮的产生及影响。马克思恩格斯曾深刻指出："意识［das Bewußtsein］在任何时候都只能是被意识到了的存在［das bewußteSein］，而人们的存在就是他们的现实生活过程。"① 社会思潮作为一种社会意识，同样是对现实生活的反映。社会思潮的根源在于社会的经济生活，在于社会经济发展所引起的社会生活中的突出矛盾。在阶级社会或有阶级存在的社会里，作为经济、政治和社会条件反映的社会思潮无不带有鲜明的阶级烙印。从表现形式来看，越是处在社会变革时期、越是各种社会矛盾错综复杂、越是社会人群多元分化，社会思潮就越可能表现出多样性。

　　20 世纪下半叶以来，随着世界多极化、经济全球化的深入发展，社会结构发生深刻变化，使得各种社会矛盾更为复杂，社会思潮多样化趋势更加明显。特别是由于社会人群受教育程度普遍提高，民主意识、参与意识、权利意识增长，对社会政治及理论的关注加强，大众传媒尤其是互联网、移动终端等媒介的应用日益广泛，使社会思潮更易于形成和传播。

　　社会思潮之所以能够在社会的一定范围内传播，并在相当程度上为社会

---

　　① 《马克思恩格斯文集》第 1 卷，人民出版社，2009，第 525 页。

个体所接受，一方面是因为社会思潮多运用表达一定诉求的概念体系来征服人心（消极甚至错误的思潮往往具有一定的理论迷惑性）；另一方面是因为社会思潮还常常表征着一定的社会心理和社会情感，具有较强的感染力。当一种理论或价值取向能够调动相当数量群众的情绪时，就有可能产生一定的社会共鸣，进而形成社会思潮。

具有不同性质和特点的社会思潮会产生不同的影响。科学进步、积极向上的社会思潮有利于开阔人们的视野，推动思想文化创新和社会变革，激发社会活力和创造力。错误落后、消极保守的社会思潮会扰乱人们的思想，破坏社会的稳定，甚至阻碍社会的进步。当今世界，西方一些敌对势力对我国加紧思想文化渗透，使得思想文化领域、意识形态领域的斗争变得胶着、持久，并且和国内意识形态斗争密切交织。从根本上说，这种意识形态斗争反映的是两种价值观、两条道路、两种制度的较量，其态势是长期、复杂甚至是十分尖锐的。

西方敌对势力利用多种方式、方法、手段加紧对我国进行意识形态渗透，在中国培植其利益代言人、代理人。一些腐朽落后思想文化沉渣泛起，意识形态问题在经济、政治、社会、法治等多个领域存在，并与民生问题密切交织，一些错误思想观点时有出现。在政治上，解构歪曲党史国史，否定四项基本原则，否定中国特色社会主义民主政治制度，宣扬"多党制"和"三权分立"；在经济上，以"反思改革"为名否定改革开放，制造改革开放前后两个历史时期的对立，否定公有制的主体地位，宣扬私有化；在文化上，否定马克思主义，鼓吹西方价值观，宣扬所谓的"普世价值"；同时，西方敌对势力大肆利用互联网对我国进行意识形态渗透，互联网已经成为意识形态斗争的主战场、主阵地。

（二）资本主义价值观及其对当代社会思潮的影响

资本主义价值观主要是指近代以来在资本主义发展过程中形成和发展起来的、适应资本主义经济政治制度、以资产阶级意识形态为主导的价值观。

资本主义价值观的形成与演变。资本主义价值观的核心是个人主义，强调个人利益至上，宣扬自由主义、功利主义等。资本主义价值观作为历史的产物，曾对人类社会发展起到积极作用。在夺取政权并牢固地确立了自己的阶级统治以后，资产阶级就逐渐背离了当初的宣言，不断强化阶级专政。资产阶级标榜的自由、民主、平等、博爱、人权等价值观念实质上是为了维护其对财产的占有和使用的自由，维护资本在市场上进行交换和竞争的自由，以法律形式上的平等维护着事实上的不平等。马克思指出："每当这种休会期间议会的喧闹声趋于沉寂而议会的身体消融到国民里去的时候，就显然可以看出，这个共和国为要显出自己的真面目来，只缺少一件东西——使议会的休会继续不断，并把共和国的'自由，平等，博爱'这句格言代以毫不含糊的'步兵，骑兵，炮兵'。"①

20世纪上半叶以来影响中国道路的主要错误思潮如下。

"全盘西化论"。维新派代表人物所提出的"一切制度悉从泰西""唯泰西是效"等主张是"全盘西化论"的最初表述，主张移植以民主法治为核心的现代制度文明，从而赶上世界潮流，实质是认为全球只有一种发展模式，只有一种发展道路，即资本主义发展道路。

"中国特殊论"。从晚清、民国到当代，这种论调一直不绝于耳。在晚清洋务运动和维新运动中，守旧派往往以"夷器""夷术"不适合中国来抵制在西方首先发展起来的现代观念和制度。反对改革开放和发展社会主义市场经济；反对学习借鉴人类文明发展所取得的积极成果；反对我国加入全球化的历史进程；反对市场化、全球化甚至现代化，主张发展儒家马克思主义、儒家社会主义，甚至主张复古主义。

"和平演变论"。自20世纪80年代始，西方资本主义国家不愿意看到或接受日益和平崛起的社会主义中国，企图使中国放弃特色社会主义道路，转而走资本主义道路。西方资本主义国家利用互联网及其他传媒、文化交流、宗教渗透，资助扶持"西化精英"，极其美化西方资本主义制度、极力宣扬所谓"人权""民主""自由""多党轮流执政""议会制""多元化""普世

---

① 《马克思恩格斯文集》第2卷，人民出版社，2009，第509页。

价值"等，企图通过渗透这些思想文化转变中国人民的世界观、价值观，最终达到"和平演变"中国的目的。

"走回头路论"。有一些人认为中国特色社会主义道路背离了科学社会主义方向，走上了"中国特色的资本主义道路"，成为"共产党领导的资本主义"，因而极力主张回到传统模式的社会主义。他们不懂得"所谓'社会主义社会'不是一种一成不变的东西，而应当和任何其他社会制度一样，把它看成是经常变化和改革的社会"①。

改革开放以来，西方错误社会思潮借机进入中国并发展演变，成为西方国家对中国进行意识形态渗透、和平演变的重要方式。这些错误社会思潮虽然不断变换形式，但实质上都是否定中国共产党的领导和社会主义制度，都是资产阶级自由化思潮，其根源是对西方的盲目崇拜，主张中国的现代化就是要"全盘西化"。科学揭露、批评错误社会思潮的表现、本质及危害是我国社会主义意识形态建设的重要任务。

首先，要以马克思主义社会意识形态理论为指导。要认清社会思潮这种特殊社会意识形态，就要深入理解马克思主义社会意识形态理论。唯物史观深刻指出，社会存在决定社会意识，社会意识是社会存在的反映并对社会存在具有反作用。作为社会存在的反映的社会意识，包括社会的人们的一切意识要素和观念形式，是全部精神生活及其过程的总概括。而社会意识形态作为社会意识的特殊形式，则是对一定社会的经济基础及其由经济基础所决定的政治制度的自觉反映，它是一定社会思想的上层建筑，是一个完整的社会意识形态体系。其中，重要的有政治思想、法律思想、道德、艺术、哲学、宗教等形式。这些不同的社会意识形态形式，从不同方面和以不同方式反映着社会的经济基础和经济生活、反映着社会的政治制度和政治生活，并以不同形式对社会的经济基础和政治制度发挥着反作用。而社会思潮则是社会意识形态的特殊形式，它的形成、表现、作用、演变都有一定的特殊性。从社会意识形态对一个社会所起作用的性质上区分，一个社会一般都存在几种类

① 《马克思恩格斯文集》第10卷，人民出版社，2009，第588页。

型的社会意识形态。一是反映这个社会的基本经济制度和政治制度，并为其服务的社会意识形态，它对这个社会的制度起着维护和巩固的作用，是一个社会居于主流的意识形态。二是旧社会的社会意识形态的残余，它反映着已被消灭或正在消亡中的旧经济制度和政治制度，往往一有社会条件和适宜的气候，就会改头换面、乔装打扮，以各种社会思潮的形式传播。三是反映现实社会中萌芽和生长着的未来新社会因素的社会意识形态，它一般也是以社会思潮的形式出现并发挥着对历史发展的促进作用。四是在社会变革期，由于社会经济生活和政治生活中的矛盾错综复杂，人们的思想政治观念处于动态、分化、多元状态，也在不断形成着反映现实生活的一些模糊、动态、多样的社会思潮，对于它们在社会生活中的作用，需要具体、历史、辩证地分析。值得我们特别关注、分析和研究的是，随着经济全球化的深化和中国改革开放的不断深入，西方一些社会思潮也在中国扩大着传播的空间，对中国社会产生了复杂的不容忽视的影响。

其次，评析社会思潮要坚持科学性原则，这些原则主要有四。一是评析社会思潮要坚持马克思主义的科学批判精神。马克思主义对社会思潮的基本理论立场是立足现实和实践的科学批判。马克思主义对形形色色社会思潮的科学批判，不是简单地否定和拒绝，而是不盲从、不迷信，冷静地重新审视，历史、辩证地分析，不断借鉴和超越。马克思恩格斯一生的许多著作，标题或副标题都有批判一词，涉及哲学批判、经济学批判、政治学批判、历史学批判、意识形态批判等诸多领域，充分表达了马克思主义理论的深刻性、彻底性和科学性。马克思主义的创立，不仅是马克思恩格斯对 19 世纪上半叶形形色色社会思潮的批判和超越，还有马克思恩格斯对自己过去的信仰和观念的自觉矫正。这也是马克思主义之所以能超越德国古典哲学、英国古典政治经济学和法国空想社会主义，实现哲学史、经济学史和社会主义学说史上伟大超越和变革的一个重要原因。二是评析社会思潮要注重各种社会思潮据以产生的经济根源和阶级根源的分析，而不是作纯粹的道德的评判。在阶级社会或有阶级的社会里作为反映一定的经济政治利益和诉求的社会思潮，无不带有鲜明的阶级印记或相应的阶层、集团的意向。例如，对当代资本主义价值观进行批判，只要遵循这个科学原则，无论它怎么演变、以什么样的意识形态和思潮形式传播，都能抓住资本主义价值观是反映资本主义社会经济基础发展的需要，是资产阶级利益在意识形态领域的反映这个本质。而且还能揭示出资本主义价值观的深层内在矛盾的根源，揭示出资本主义价值观的内在矛盾的实质，是资本主义的经济关系、政治关系的无法克服的矛盾在文化和世界观上的反映。三是评析社会思潮要始终立足于现实历史的基础，确立实践是分析问题的根本出发点。唯物史观与唯心史观不同，它不是在每个时代中寻找某种范畴，而是始终站在现实历史的基础上，不是从观念出发解释实践，而是从物质实践出发来解释观念的形成。四是评析社会思潮要站在时代的高度，把握各种社会思潮形成的时代背景及根源。在经济全球化的时代，各个国家之间经济、政治、文化的交往越来越频繁，一个国家的发展也越来越受到外部的影响和制约。对在一个国家内出现的文化现象进行透视，如果仅有国内的单一视角而没有时代的视角，对其形成原因和本质的认知必然是片面的。经济全球化是世界经济发展的必然趋势，但在这个发展过程中，西方发达资本主义国家居于主导地位，致使垄断资本借助经济全球化而加速国际扩张，形成经济全球化、垄断资本的国际扩张、新自由主义三者紧密交织在一起的态势。建立在资本主义经济基础上的资产阶级意识形态伴随着这种态势，正在进行着世界范围内的大渗透；而且在发达资本主义强势经济和先进科技光环的掩盖下，资产阶级意识形态也会在急于实现现代化的发展中国家找到市场。这样，经济全球化就会溢出经济领域而成为集文化、政治、社会等于一体的总体现象。经济一体化—文化同质化—政治"民主"化正是发达资本主义国家注入经济全球化的逻辑。

总体上看，西方社会思潮反映了资产阶级的利益和价值取向。运用马克思主义立场、观点和方法客观、辩证地分析各种西方社会思潮，坚持批判精神和科学态度，有助于辨明其政治倾向，提高政治鉴别力与政治敏锐性；有助于认清其本质，增强抵御西方社会思潮侵蚀的能力；有助于透过现象看本质，深刻认识资本主义意识形态的实质；有助于更好地用社会主义核心价值体系和社会主义核心价值观引领社会思潮，不断巩固和发展社会主义主流意识形态。

（三）用社会主义核心价值观引领社会思潮

用社会主义核心价值观引领多样化社会思潮，既是巩固马克思主义在意识形态领域指导地位、巩固全党全国各族人民团结奋斗的共同思想基础的必然要求，也是提升国家文化软实力、推动社会主义文化繁荣发展的必然要求。正确引领社会思潮要做到以下四点。一是要在全社会牢固树立社会主义核心价值观，即树立富强、民主、文明、和谐这个国家层面的价值追求，树立自由、平等、公正、法治这个社会层面的价值追求，树立爱国、敬业、诚信、友善这个公民个人层面的价值追求。这是国家的德、社会的德、公民个人的德。国有德则兴，人有德则立。社会主义核心价值观既是我们国家、民族和全体人民的精神追求与安身立命的根本，也是我们评判是非曲直的价值标准。有了这个大德、这个精神追求、这个安身立命的根本、这个评判是非曲直的价值标准，面对世界的深刻复杂变化，面对信息时代各种社会思潮的相互激荡，面对纷繁复杂的社会现象，面对多样化的思想道德观念，我们都能明辨之。二是科学认识和把握社会思潮，认真分析社会思潮的本质和特点，特别是要加强对社会思潮的动态分析，把握社会思潮形成发展的规律和趋势，有针对性地开展思想理论引导，尤其是对社会热点难点问题的正面引导。三是大力弘扬一切有利于国家富强、人民幸福、民族团结、社会和谐的思想和精神，用正确的思想、进步的观念、先进的文化逐步消解错误社会思潮的影响，着力铸造人们的理想信念支柱和精神家园。四是在尊重差异中扩大社会认同，在包容多样中形成思想共识。尊重人们在思想意识、价值观念上的选择性和差异性，既鼓励先进又照顾多数，引导社会思潮朝着积极健康的方向发展。

社会主义核心价值观是社会主义核心价值体系的内核，体现社会主义核心价值体系的根本性质和基本特征，反映其丰富内涵和实践要求，是其高度凝练和集中表达。社会主义核心价值观是当代中国社会在价值诉求上的最大公约数，是抵制各种错误社会思潮的思想理论武器。

三 建设社会主义文化强国

习近平总书记在党的二十大报告中指出，"全面建设社会主义现代化国家，必须坚持中国特色社会主义文化发展道路，增强文化自信，围绕举旗帜、聚民心、育新人、兴文化、展形象建设社会主义文化强国，发展面向现代化、面向世界、面向未来的，民族的科学的大众的社会主义文化，激发全民族文化创新创造活力，增强实现中华民族伟大复兴的精神力量"①。

2023年10月7日至8日，全国宣传思想文化工作会议在北京召开。与以往相比不同的是，这次会议的名称增加了"文化"二字，会议最重要的成果就是首次提出了习近平文化思想。习近平文化思想，为建设社会主义文化强国、担负起新的文化使命提供了强大思想武器和科学行动指南。

我们要坚持马克思主义在意识形态领域的指导地位，坚持为人民服务、为社会主义服务，坚持百花齐放、百家争鸣，坚持推动中华优秀传统文化创造性转化、创新性发展，以社会主义核心价值观为引领，发展社会主义先进文化，弘扬革命文化，传承中华优秀传统文化，满足人民日益增长的精神文化需求，巩固全党全国各族人民团结奋斗的共同思想基础，不断提升国家文化软实力和中华文化影响力。

（一）建设文化强国必须坚持马克思主义指导地位

习近平总书记强调："意识形态工作是为国家立心、为民族立魂的工作。"② 建设社会主义文化强国，推动社会主义文化繁荣兴盛，必须坚持马克思主义在意识形态领域的指导地位，大力加强马克思主义理论建设，塑造主流舆论新格局，建设具有强大凝聚力和引领力的社会主义意识形态。

---

① 习近平：《高举中国特色社会主义伟大旗帜 为全面建设社会主义现代化国家而团结奋斗——在中国共产党第二十次全国代表大会上的报告》，人民出版社，2022，第42～43页。

② 习近平：《高举中国特色社会主义伟大旗帜 为全面建设社会主义现代化国家而团结奋斗——在中国共产党第二十次全国代表大会上的报告》，人民出版社，2022，第43页。

马克思主义作为具有鲜明科学性、阶级性和人民性的意识形态，在中国共产党实现第一个百年奋斗目标的光辉历程中，发挥了科学批判、思想引领、指导实践、凝聚人心等重要作用。在我国实现第二个百年奋斗目标新征程上，特别是在社会主义文化强国建设进程中，马克思主义同样可以发挥这样的重要作用。习近平总书记在全国宣传思想工作会议上指出，"一个政权的瓦解往往是从思想领域开始的，政治动荡、政权更迭可能在一夜之间发生，但思想演化是个长期过程。思想防线被攻破了，其他防线就很难守住"①。苏共亡党、苏联解体很大程度上就是苏联社会主义意识形态在与西方资本主义意识形态较量中败下阵来的结果。具体来说，也就是苏联社会主义意识形态认同的失败。其最沉痛的教训就是全盘否定和放弃马克思主义指导思想。

马克思主义意识形态决定我国文化前进方向和发展道路。意识形态具有鲜明的价值导向性，决定文化前进方向和发展道路。马克思主义作为科学的意识形态，是科学性与阶级性、人民性的统一。作为具有鲜明科学性的意识形态，马克思主义建立在辩证唯物主义世界观基础之上，深刻阐明了文化与经济、政治、社会的辩证关系。它明确提出，只有正确反映人类社会历史规律的文化，才是符合未来发展趋势的文化。只有以马克思主义为指导，我国的文化建设才能正确反映经济社会发展的需要，并对经济社会发展产生积极作用和影响，才能具有强大的生命力。作为反映无产阶级阶级意识的意识形态，马克思主义蕴含着以人民为中心的价值理念，强调以无产阶级为代表的广大人民群众是人类文化的创造者。它强调，为人民服务和以人民为中心是先进文化的鲜明特征，符合人民群众根本利益和历史必然趋势才是文化发展的正确道路。

历史表明，科学的意识形态越是大公无私，就越符合人民群众的利益和愿望。坚持以马克思主义为指导，是当代中国哲学社会科学区别于其他哲学社会科学的根本标志，必须旗帜鲜明加以坚持。

---

① 《习近平关于总体国家安全观论述摘编》，中央文献出版社，2018，第100页。

深化马克思主义理论研究和建设。马克思主义中国化的最新成果需要在深化马克思主义理论研究和建设中加以科学阐发。切实加强对习近平新时代中国特色社会主义思想的研究，推动这一马克思主义中国化最新成果深入人心、落地生根，用以构建我国哲学社会科学的学科体系、学术体系、话语体系。坚持意识形态属性和科学属性相统一，用中国的理论、中国的学术解读中国的发展，充分展示中国特色社会主义道路的独特创造、理论的独特贡献、制度的独特优势、文化的独特价值。

（二）坚定文化自信是建设文化强国的出发点和落脚点

习近平总书记指出："在 5000 多年文明发展中孕育的中华优秀传统文化，在党和人民伟大斗争中孕育的革命文化和社会主义先进文化，积淀着中华民族最深层的精神追求，代表着中华民族独特的精神标识。"[①] 中华文化的主体性，让中国人民意气风发，独立自主走自己的路，信心百倍建设中华民族现代文明。

1. 为什么强调文化自信

文化自信事关国运兴衰。文运同国运相牵，文脉同国脉相连。文化关乎国本、国运，文化兴则国运兴，文化强则民族强。

在中华民族几千年发展史上，自信是厚重的文化底色。基辛格在《论中国》一书中写道："在过去的 2000 年里，有 1800 年中国在世界国内生产总值中所占的比例要超过任何一个欧洲国家。直到 1820 年，中国在世界国内生产总值的比例仍大于 30%，超过了西欧、东欧和美国国内生产总值的总和。"[②] 发达的农业文明不仅赋予中华文化以独特的价值，而且赋予其坚定的文化自信品格。

鸦片战争是中华文化发展的一道分水岭，一页页不平等条约卷走了中国人民数以亿计的财富，也践踏了一个泱泱大国的尊严，文化自信遭遇前所未

---

① 《习近平谈治国理政》第 2 卷，外文出版社，2017，第 36 页。
② 〔美〕亨利·基辛格：《论中国》，胡利平等译，中信出版社，2012，第 8 页。

有的冲击，陷入历史的低谷。

历史表明，国家主权的独立和完整是任何国家、任何民族推动文化发展、树立文化自信的前提条件，没有这个条件，再美好的文化蓝图都只能是海市蜃楼。中国共产党的成立、新中国的建立、改革开放，特别是党的十八大以来，随着中国发展成为世界第二大经济体，中国文化、中国智慧、中国价值也在影响着世界。对此，习近平总书记深有感触地指出："当今世界，要说哪个政党、哪个国家、哪个民族能够自信的话，那中国共产党、中华人民共和国、中华民族是最有理由自信的。"①

文化自信事关文化安全。对于传统中国而言，人们思想上并不存在所谓的文化"安全"问题。但近代以来，随着国门的被迫打开，人们在中西文化比较中逐渐有了文化的"危机"和"安全"意识。改革开放以来，全球化进程显著加快，传统文化与现代文化相交织、东方文化与西方文化相碰撞、主流文化与亚文化相交缠，致使民众对自身原有的文化价值开始产生疑虑。他们在文化心态上表现出"以洋为尊""以洋为美""唯洋是从"的倾向。这实质上是对自身文化缺乏自信的表现。而没有足够的文化自信，就谈不上守护自身文化，更谈不上推动文化走出去，最终必将沦为他者文化的追随者。基于对这一问题的科学认识，党的十八大以来以习近平同志为核心的党中央提出文化自信的重要命题，并将其作为道路自信、理论自信和制度自信的基础。

文化自信事关民族精神独立。精神独立性是事关中华民族前途命运的根本问题。习近平总书记指出："人无精神则不立，国无精神则不强。"② 对于中华民族来说，只有拥有精神独立性，才能在人类历史发展的洪流中屹立不倒、砥砺前行。习近平总书记强调："如果没有自己的精神独立性，那政治、思想、文化、制度等方面的独立性就会被釜底抽薪。"③ 中华民族应该坚持自己在中华大地上形成和发展起来的正确思想观念、价值观念和理想信念，始

---

① 《习近平谈治国理政》第 2 卷，外文出版社，2017，第 36 页。
② 《习近平著作选读》第 2 卷，人民出版社，2023，第 347 页。
③ 《习近平关于总体国家安全观论述摘编》，中央文献出版社，2018，第 108～109 页。

终保持自己的精神独立性。

文化自信绝不是文化自大，更不是文化上闭关锁国。文化因交流而多彩，文明因互鉴而丰富。中华民族自古就信奉"和而不同"原则，吸收借鉴优秀的外来文化。改革开放以来，我们更注重文化交流，也更有条件进行文化交流。习近平总书记在敦煌考察时特别强调文化交流的重要性，指出"回顾历史，只有中华民族这样的具有开放包容胸怀的民族，才会容纳世界不同文明在此交融交汇。今天，我们要铸就中华文化新辉煌，就要以更加博大的胸怀，更加广泛地开展同各国的文化交流，更加积极主动地学习借鉴世界一切优秀文明成果"①。

2.文化自信的底气何在

一是源自中华优秀传统文化。习近平总书记在敦煌研究院座谈时指出，"敦煌文化展示了中华民族的文化自信"②。二是熔铸于革命文化和社会主义先进文化。如果说"源自"回答了文化何以自信的"历史之问"，那么"熔铸于"则回答了中华优秀传统文化"向何处去"的问题。中国共产党在领导革命、建设、改革中创造的革命文化和社会主义先进文化是中华优秀传统文化的凝聚和升华。这种文化走向既体现了中华优秀传统文化发展的连续性，又呈现出文化发展中质的变革。三是植根于中国特色社会主义伟大实践。"植根于"则是关于推动文化产生、继承、发展的动力和文化的源泉问题。中华优秀传统文化是我们先人处理人与自然、人与社会关系经验的精神升华，而我们的革命文化和社会主义先进文化则是中国近百年革命实践和社会主义建设经验的精神升华。

3.文化自信信什么

首先，文化自信是对中华优秀传统文化的自信。具体来说就是对中国历史和无数典籍中包含的丰富哲学智慧和政治智慧、丰富的治国理政理念的自信。

---

① 习近平：《在敦煌研究院座谈时的讲话》，《求是》2020 年第 3 期。
② 习近平：《在敦煌研究院座谈时的讲话》，《求是》2020 年第 3 期。

　　要坚定文化自信，不能只看到物、看到文化的载体，还要理解中华文化的深层内涵。无论是文物还是典籍，都只是文化的载体，文化的主体是人，而文化的灵魂是载体中的内在精神。中华民族创造的优秀传统文化是民族的根脉，根植在中国人内心，形成了中国人看待世界、看待社会、看待人生的独特价值体系、文化内涵和精神品质，这既是我们区别于其他国家和民族的根本特征，也铸就了中华民族一以贯之的文化自信。所以，我们的文化自信是对中国历史和无数典籍中蕴含着独特标识的中国精神、中国智慧、中国理念的自信，是对蕴含在物质文化中的中华民族的创造力和生命力的自信。

　　"站立在960万平方公里的广袤土地上，吸吮着中华民族漫长奋斗积累的文化养分，拥有13亿中国人民聚合的磅礴之力，我们走自己的路，具有无比广阔的舞台，具有无比深厚的历史底蕴，具有无比强大的前进定力，中国人民应该有这个信心，每一个中国人都应该有这个信心。"①

　　其次，文化自信是对中国革命斗争中创造的革命文化的自信。自信源于浴火淬炼、玉汝于成。中华文化之所以坚忍勇毅，就在于它有着经过血与火的考验、苦和难的磨砺，用无数先烈鲜血染红的精神底色。在28年的革命岁月中，中国共产党带领人民坚定信念、矢志不渝，历经磨难、绝处逢生，浴血奋战、敢于胜利，形成了以红船精神、井冈山精神、长征精神、延安精神、西柏坡精神等为代表的中国共产党人的精神谱系。正是有了在战火中淬炼出来的中国共产党人的精神谱系的引领，中国人民才无往而不胜、从胜利走向胜利，中华文化才熔铸了最坚韧的精神气质。

　　革命文化与我们的实际生活和实际斗争是紧密结合在一起的。由于不存在时代的隔膜，它们无须诠释、解读、争论、辨伪、考证，或各自立说，更容易为人民理解和接受。例如，《红色家书》《革命烈士诗抄》中一封封充满家国情怀的家书、一首首充满炽热革命激情的绝命诗，包含的杀身成仁、舍生取义、视死如归的精神，继承了中华优秀传统文化中移孝作忠的爱国主义精神，具有重要的现实教育意义。

---

① 《习近平谈治国理政》第2卷，外文出版社，2017，第339页。

最后，我们的文化自信是对社会主义先进文化的自信。社会主义先进文化植根于中华优秀传统文化，直接继承红船精神开创的革命文化，是基于中国特色社会主义建设实践的新的文化。如果说社会主义社会是人类社会发展的必经阶段，预示着人类发展的总方向，那么社会主义文化就是一种更具先进性的文化，是具有人类文化发展方向导向性的文化。所以，坚定文化自信必须繁荣发展社会主义先进文化。在当代中国，发展社会主义先进文化，必须在继承和发扬革命文化的同时，充分发掘以爱国主义为核心的民族精神和以改革创新为核心的时代精神。

（三）建设文化强国要推动中国文化走向世界

当前，建设文化强国，要按照"十四五"规划中文化建设的总体战略部署，不断深化文化体制改革，提高文化软实力，打破西方文化霸权，维护人类文化多样性，推动中国文化更好走向世界。

1. 不断深化文化体制改革，提高文化软实力

文化体制改革要坚持以人民为中心的创作导向。坚持以人民为中心的创作导向，必须深刻认识和把握好文艺与人民的辩证关系：一是人民需要文艺，二是文艺需要人民，三是文艺要热爱人民。必须清醒认识文艺的意识形态属性，始终坚持文艺为人民服务、为社会主义服务，不断推出反映时代新气象、讴歌人民新创造的文艺精品。

文化体制改革必须充分考虑我国国情和文化领域的意识形态特点。把文化与意识形态割裂开来甚至对立起来，借口繁荣文化、活跃学术而模糊原则界限，躲避思想舆论斗争，淡化文化的意识形态属性，是我们长期面对的严峻挑战。必须正确处理意识形态属性和产业属性、社会效益和经济效益的关系，牢记"始终坚持社会主义先进文化前进方向，始终把社会效益放在首位。无论改什么、怎么改，导向不能改，阵地不能丢"[1]。这是我们推动文化事业繁荣发展和文化产业加快发展必须坚守的根本原则。

---

[1] 《习近平关于总体国家安全观论述摘编》，中央文献出版社，2018，第105页。

2. 推动中国文化更好走向世界

首先，提升中华优秀传统文化的国际影响力。我们业已形成的符合中国国情的道路不能走偏，我国没有中断的 5000 多年文明更不能丢掉。要坚守中华文化立场、传承中华文化基因、展现中华审美风范，从中华民族的辉煌历史和国家发展的伟大成就中汲取精神力量，增强文化自信，增强讲好中国故事的底气。红色就是中国共产党、中华人民共和国最鲜亮的底色。

其次，进一步增强国际话语权。要着力推进国际传播能力建设，研究国外不同受众的习惯和特点，推进中国故事和中国声音的全球化表达、区域化表达、分众化表达，采用贴近不同区域、不同国家、不同群体受众的精准传播方式，多用外国民众听得到、听得懂、听得进的途径和方式，把我们想讲的和国外受众想听的结合起来。努力增强国际话语权，增强对外话语的创造力、感召力、公信力，增强国际传播的亲和力和实效性，更加充分更加鲜明地展现中国故事及其背后的思想力量和精神力量。创新对外宣传方式，加快构建中国话语和中国叙事体系，创新对外话语表达，用中国理论阐释中国实践，用中国实践升华中国理论，着力打造融通中外的新概念、新范畴、新表述。

最后，讲好中国故事。读懂今天的中国，必须读懂中国共产党。因此，要加强对中国共产党的宣传阐释，帮助国内外民众特别是国外民众认识到中国共产党是真正为中国人民谋幸福而奋斗的党，了解中国共产党为什么能，中国特色社会主义为什么好，马克思主义为什么行，中国化时代化的马克思主义为什么行。在此基础上讲好中国的故事、中国特色社会主义的故事、中国人民的故事，展示文明大国的形象、东方大国的形象、负责任大国的形象、社会主义大国的形象。

3. 做全人类共同价值的倡导者

当今世界，各国相互联系和依存的程度空前加深，全人类生活在互联互通的地球村，身处一个挑战层出不穷、风险日益增多的时代，前途命运休戚相关，必须从全人类的共同价值出发，携手应对全球性挑战。习近平总书记指出："我们要担负起凝聚共识的责任，坚守和弘扬全人类共同价值。各国历史、文化、制度、发展水平不尽相同，但各国人民都追求和平、发展、公平、正义、民主、自由的全人类共同价值。"① 中国率先举起全人类共同价值的旗帜，成为中国文化走出去的一个重要标志，彰显了中国始终做世界和平的建设者、全球发展的贡献者、国际秩序的维护者的决心和信心。

全人类共同价值尊重文明多样性，以承认多种价值观的差异和共存为前提，其内容既融合了中华优秀传统文化、革命文化、社会主义先进文化的精髓，又吸收了世界上其他国家和地区优秀文化的有益营养。它建立在对人类文明进步的坚定信念和不懈追求基础上，顺应人类社会发展进步的时代潮流，体现着价值观多样性中的共同性，体现着世界人民对美好生活的期待，体现着人类社会共同努力的前进方向，正在成为现代国际社会普遍认同的共同价值观。当今时代，"我们要本着对人类前途命运高度负责的态度，做全人类共同价值的倡导者，以宽广胸怀理解不同文明对价值内涵的认识，尊重不同国家人民对价值实现路径的探索，把全人类共同价值具体地、现实地体现到实现本国人民利益的实践中去"②。唯有如此，我们才能与世界各国一起努力构建人类命运共同体，共同建设更加美好的世界。

 理论思考

1. 经济全球化推动了不同民族文化的交流交融，也引发了不同思想文化观念的交锋。试用马克思主义的历史观和文化观分析当代世界文化发展的趋势，认清西方文化霸权主义的实质和危害。

2. 当今社会思潮复杂多变，请运用马克思主义观点和方法剖析错误社会思潮的本质，并思考如何提高政治鉴别力，不被错误社会思潮误导，增强社

① 习近平：《加强政党合作 共谋人民幸福——在中国共产党与世界政党领导人峰会上的主旨讲话》，人民出版社，2021，第 4 页。

② 习近平：《加强政党合作 共谋人民幸福——在中国共产党与世界政党领导人峰会上的主旨讲话》，人民出版社，2021，第 4 页。

会主义意识形态的价值共识。

　　3. 努力讲好中国故事、传播好中国声音，你有哪些建议？

 **重点阅读文献**

　　1. 《习近平对宣传思想文化工作作出重要指示强调 坚定文化自信秉持开放包容坚持守正创新 为全面建设社会主义现代化国家 全面推进中华民族伟大复兴 提供坚强思想保证强大精神力量有利文化条件》，《人民日报》2023 年 10 月 9 日。

　　2. 《习近平在文化传承发展座谈会上强调 担负起新的文化使命 努力建设中华民族现代文明》，《人民日报》2023 年 6 月 3 日。

　　3. 《习近平著作选读》第 1 卷，人民出版社，2023。

　　4. 《习近平谈治国理政》第 4 卷，外文出版社，2022。

专题五　"中国之制"成就"中国之治"

——当代社会问题论析

 专题摘要

当前，和平与发展仍然是时代主题，但国内外形势的不稳定性不确定性增加。放眼全球，百年变局和世纪疫情交织叠加，世界经济增长乏力，金融危机阴云不散，大国博弈日益激烈，地缘冲突风云再起，人们对未来既寄予期待又感到困惑。环顾国内，中华民族伟大复兴迎来更加光明的前景，但我国发展不平衡不充分问题仍然突出，建设社会主义现代化国家的任务艰巨繁重。社会治理的基本任务就是解决社会面临的突出问题，调整社会关系，引导社会心理，维护社会秩序，保持社会安定，促进社会进步。中国之治，是指新中国成立以来，中国共产党领导人民治理国家的中国治理体制和中国治理道路。中国之治体现着对解决人类面临的共同问题的中国智慧，更具有中国气派、中国特色、中国风格。新时代的中国不断推进社会治理创新、完善社会治理体系，以共建共治共享开创社会发展新局面，为解决世界性的当代社会问题贡献了中国智慧，提供了创新社会治理的中国方案。

 专题分析

本专题分为当代世界社会问题及原因分析、当代社会治理的探索、创新社会治理的中国方案三部分。在教学中可采用问题链的形式，以 10 个具体问题层层递进地展开讲解：当代世界是一个怎样的世界？当代世界社会问题有哪些集中表现？当代世界社会问题产生的主要原因是什么？何谓"社会治理"？当代世界各国社会治理的路径和经验有哪些？"西方之治"有什么问题？"中国之治"的思路与举措是什么？"中国之治"为什么能取得成功？"中国之治"的世界意义体现在哪里？自贸港建设背景下海南应如何做好社会治理工作？

一　当代世界社会问题及原因分析

（一）百年未有之大变局

当今世界正经历新一轮大发展大变革大调整，大国战略博弈全面加剧，国际体系和国际秩序深度调整，人类文明发展面临的新机遇新挑战层出不穷，不确定不稳定因素明显增多。基于对世界大势的敏锐洞察和深刻分析，以习近平同志为核心的党中央作出一个重大判断："当今世界正面临百年未有之大变局。"① 据美国《纽约邮报》报道，2023 年 6 月 25 日美国全国广播公司发布的一项民意调查显示，选民对美国的现状感到不满，74% 的人认为美国走上了错误道路，《纽约邮报》称这一比例惊人。民调显示美国社会悲观情绪弥漫。美国政客宣称的"优越感"并没有换来本国青年群体的制度自信，金钱政治、身份政治、政党对立、政治极化、社会撕裂、枪支暴力、种族矛盾、贫富分化等社会顽疾影响美国青年的发展和对未来的期待。

当今世界各个国家、各个地区都出现了不同程度、不同类型的社会问题，复杂多样的社会矛盾和问题使得社会建设与治理成为世界各国、各地区必须面对的共同课题。在当代，社会治理的基本任务就是解决社会面临的突出问题。

---

① 《习近平谈治国理政》第 3 卷，外文出版社，2020，第 460 页。

（二）当代世界社会问题的集中表现

1. 人口问题

人口是社会构成的基本要素，是社会生产和生活的基础。随着时代的飞速发展，人民生活水平有了质的提升，但人口老龄化问题却变得日益严重。近10年来，全球生育率持续走低，新生儿数量一年比一年少，若是持续下去，老年群体人数不断增加、年轻群体人数不断减少，劳动力便会不断减少，对经济社会的发展会造成一定的影响。从社会的角度来看，人口过多和过少都是不利于社会正常发展的。人口问题在不同国家的具体表现形式和程度有所不同，但其实质是人口再生产与物质资料再生产之间的比例关系失调，人口增长与经济社会发展水平、资源环境承载限度的关系失调。

当代人口问题主要表现在一些发展中国家人口规模过度增长和一些发达国家生育率低、人口老龄化严重等方面。发展中国家人口过度增长，导致就业困难、住房紧张和教育、医疗、养老资源紧缺；发达国家生育率低，人口老龄化严重，导致劳动力紧缺、社会负担加重、难以可持续发展。

随着经济社会发展和科技进步，世界各国就业问题日益突出。就业问题与人口问题密切相关。提升就业率在任何一个国家都是重中之重的课题，事关社会稳定。"据美国劳工部当地时间5月11日发布的数据，截至5月6日的一周，美国首次申请失业救济金的人数为26.4万人。"[①] 失业问题如果得不到及时有效解决，会严重影响一个国家的经济发展和社会稳定。

2. 贫富差距问题

在当代，贫富差距问题是一些国家出现社会危机和社会动荡最直接最主要的原因。美国联邦储备委员会发布的美国财富分布情况报告显示，截至2021年第二季度，收入最高的1%美国家庭总净资产为36.2万亿美元，自1989年有数据统计以来，首次超过占总数60%的中等收入家庭的总净资产

---

① 《美国上周26.4万人首次申领失业救济金 较前值增加2.2万人》，东方财富网，2023年5月11日，https://finance.eastmoney.com/a/202305112719236255.html。

（35.7 万亿美元）。据美国消费者新闻与商业频道当地时间 2021 年 10 月 18
日报道，美联储最新数据表明，美国最富有的 10% 人群现在拥有美国 89%
的股票和基金持有权。[①] 这说明财富越来越往"金字塔"顶端集中，这是美
国贫富差距继续拉大的信号。

　　贫困问题是贫富差距问题的突出表现。贫困问题不仅意味着一部分人收
入微薄，无法应对疾病或某种灾难带来的影响，而且意味着这些人发展能力
低下，甚至导致贫困代际延续。

　　一部人类文明发展的历史，就是与贫困作斗争的历史。纵览全球减贫
史，受经济社会发展水平、科技进步状况、思想道德观念演化的影响，人类
在不同的发展阶段，对贫困的内涵及其成因形成了不同的认知，因而在减贫
实践过程中制定了一系列富有时代意义的减贫举措与制度安排，推动全球减
贫不断前进，同时这也成为 2030 年可持续发展议程减贫目标下值得我们深
入挖掘的"富矿"。经过近 40 年的共同努力，全球贫困人口已经由 1981 年
的 19.16 亿人减少至 2019 年的 6.32 亿人，贫困发生率也已从 42.5% 降至
8.2%，年均下降 0.9 个百分点，国际社会也顺利实现联合国"千年发展目
标"（MDG）中提出的"2015 年全球绝对贫困人口要比 1990 年减少一半"
的目标，全球减贫效果可谓十分显著。[②] 但是在对全球减贫保持信心的同时，
也应该清醒地认识到全球减贫事业依旧面临以下挑战。新冠疫情发生后，各
国经济发展普遍受挫，全球经济下行风险增加，失业率高企，相对贫困群体
开始向绝对贫困滑落，贫困边缘群体生活水平降低到贫困线之下，本处于弱
势地位的绝对贫困群体生活环境进一步恶化，社会贫富差距继续拉大，全球
绝对贫困人口激增。此外，新冠疫情还对全球减贫合作形成冲击。作为国际
援助的重要主体，发达国家经济发展受到疫情的严重冲击，民粹主义抬头。

---

① 《美贫富差距继续加大 10% 人口拥有 89% 股票与基金》，央视网，2021 年 10 月 19 日，
https://finance.cctv.com/2021/10/19/ARTII4eAwHbqenC9TQdX5H64211019.shtml？spm＝0.PI
FF7XPw7Q3M.Ek3pi0y2R5jP.5。

② 《全球减贫历史、现状及其挑战》，人民论坛网，2021 年 4 月 20 日，http://www.rmlt.com.
cn/2021/0420/612197.shtml。

为缓解本国经济与社会矛盾，发达国家开始减少对发展中国家的经济援助，降低对国际减贫合作的支持力度。未来，全球减贫之路道阻且长。

3.社会稳定问题

频繁发生的社会冲突事件是社会动荡不安的主要表现。社会冲突引发社会动荡，不仅在一些欠发达国家发生大规模内乱，部分发达国家也频繁发生大规模的社会动乱事件。

2020年5月25日，非洲裔男子乔治·弗洛伊德遭白人警察肖万跪压致死，弗洛伊德"我无法呼吸"的哀求再一次将美国种族主义痼疾大曝于天下，由此引发的抗议浪潮席卷全美。美国《外交政策》杂志评论说，弗洛伊德事件再次揭开了美国长久以来存在的种族创伤，非洲裔在美国忍受了与其人口不成比例的贫困率、失业率和警察暴力。可见，美国根深蒂固的种族主义是一系列社会问题产生的根源。①

4.公共安全问题

公共安全问题指公共安全各领域发生的各类事故、灾害，极易造成民众恐慌忧虑、受灾受害，直接关系到每个人的生命安危、生活质量和安全感，危害社会稳定。特别是突发事件，杀伤力强，造成或者可能造成严重社会危害。例如，意大利、法国、德国、美国均出现过重大安全事故，日本福岛核事故影响至今。一些极端组织频频制造恐怖事件，造成重大人员、财产损失。

与失业、贫困、大规模社会无序流动等问题相交织，犯罪活动也出现一些新变化：极端犯罪案件时有发生，犯罪主体年轻化、犯罪行为有组织化特征更为明显，犯罪活动的影响越来越广，社会危害程度有所加重。

除此之外，当代世界各国日益关注的社会问题还有腐败问题、教育问题、道德问题、种族问题、暴力问题、青少年问题、环境污染问题、性别歧视问题等。

概括而言，当代世界各国面临的社会问题可以分为两类。第一类是各国

---

① 张梦旭：《美国种族歧视问题根深蒂固》，《人民日报》2021年9月6日。

自身原因导致的国内社会问题，如人口问题、贫富差距问题、社会稳定问题、公共安全问题、腐败问题、种族矛盾问题等；第二类则是大国博弈、国际政治经济秩序不公正不合理等国际因素引发的国内社会问题，如全球化问题、恐怖主义问题、霸权主义问题、非传统安全问题、难民潮问题、贫困问题、贸易摩擦问题等。这两类社会问题，成因不同，处理难度、治理对策也不一样。第一类问题，需要各国采取有效手段应对，可以通过制定社会政策、完善社会保障体系、完善社会服务、协调社会关系等来解决；第二类问题则较为复杂，不容易解决。这就说明，当代社会问题是复杂多样的，当代世界社会治理是艰巨而曲折的。许多由国际因素引发的问题不是单靠国内社会治理就能解决的。治理第二类社会问题的关键在于建立新型国际关系，各国平等互利和合作共赢，构建人类命运共同体。

（三）当代世界社会问题产生的原因

第一，生产力与生产关系的矛盾是当代世界社会问题产生的根本原因。生产力与生产关系、经济基础与上层建筑的矛盾运动是推动社会前进的根本动力。一旦生产力发展水平不能适应人类社会发展的需要，人类创造的物质和精神财富不能充分满足整个社会的需求，就会产生各种社会问题。在资本主义国家，生产资料私有制下的社会剥削和压迫，导致社会财富分配失衡，两极分化扩大，产生了一系列社会问题。而大多数发展中国家由于生产力发展水平不高，经济社会发展不平衡，在一定程度上忽视了社会建设，导致各种社会问题的出现。

第二，社会变革加速是当代社会问题产生的现实原因。我们身处在一个社会变革加速的时代，社会结构、社会机制、社会体制急剧变动，人类生产方式、生活方式、行为方式和交往方式深刻调整，既有的社会观念、行为规范、法律制度面临变化和挑战，经济全球化的深化也加大了社会问题和风险的蔓延。一些国家社会剥削、社会排斥、社会歧视等问题不断增多，对社会发展稳定构成严峻挑战和威胁。另外一些发达国家贸易保护主义有所抬头，使许多发展中国家经济雪上加霜，内外矛盾交织，对社会稳定构成威胁。

第三，不公正不合理的国际政治经济秩序是当代社会问题产生的直接原因。在经济全球化的今天，一些国家的社会问题的产生既与其国内矛盾密切相关，也与不公正不合理的国际政治经济秩序相关。少数发达国家主导现行国际政治经济秩序，危机产生时推脱责任，转嫁危机，加重了发展中国家的国内危机，使其社会矛盾激化、冲突加剧。

百年未有之大变局背景下，世界格局风云变幻，社会问题纷繁复杂。这些问题既有各国自身原因导致的社会问题，也有国际政治经济秩序不公正不合理等国际因素引发的社会问题。当代世界社会问题产生的原因也是多方面的，从根源上铲除这些社会问题产生的基础，是摆在世界各国特别是发展中国家面前的重大难题，而解决社会问题的过程就是社会治理的过程。

二 当代社会治理的探索

（一）何谓"社会治理"？

"治理"一词的基本含义是官方的或民间的公共管理组织在一个既定的范围内运用公共权威维持秩序满足公众的需要。治理的目的是在各种不同的制度关系中运用权力去引导、控制和规范公民的各种活动以最大限度地增进公共利益。所以，治理是一种公共管理活动和公共管理过程，它包括必要的公共权威、管理规则、治理机制和治理方式。对全球治理至今并没有一致的、明确的定义。类似的概念还有"世界政治的治理""国际治理""世界范围的治理""国际秩序的治理""全球秩序的治理"等。大体上说，所谓全球治理，指的是通过具有约束力的国际规制解决全球性的冲突、生态、人权、移民、毒品、走私、传染病等问题，以维持正常的国际政治经济秩序。

马克思认为，社会是人们交互活动的产物，社会是一个由各种社会要素组成的"能够变化并且经常处于变化过程中的有机体"①。在社会主义条件

---

① 《马克思恩格斯选集》第2卷，人民出版社，2012，第84页。

下，社会应该"给所有的人提供健康而有益的工作，给所有的人提供充裕的物质生活和闲暇时间，给所有的人提供真正的充分的自由"①。马克思在考察人类历史发展的诸阶段及其发展线索的基础上，深刻阐明了国家作为政治上层建筑的本质，猛烈地批判了资本主义国家作为资产阶级政治统治工具的真面目，提出了"两个必然"的历史规律，为推翻资本主义国家机器提供了理论基础。同时，马克思阐述了无产阶级专政国家治理主体如何构成、无产阶级专政国家的治理原则，为社会主义国家的建立与发展指明了方向。

马克思批判了资本主义理论家的"契约国家"论，也批判了以黑格尔为代表的将国家当作市民社会基础的唯心主义历史观，将国家的本质建立在历史唯物主义理论基础之上，强调国家奠基于一定的社会生产方式和交往方式之上。国家是随着生产资料私有制和剥削阶级的产生而诞生的，因此社会主义之前的国家"只是为了私有制才存在"。马克思认为国家的本质是"统治阶级的各个人借以实现其共同利益的形式"，是阶级统治的工具。② 国家最重要的职能与国家的本质相对应，是阶级统治职能。同时国家还有对内的管理职能和对外维护国家安全的职能，用以维系和巩固对内的阶级统治。当国家成为阶级统治的工具时，同时起着管理社会生活的作用；当国家在管理社会生活时，并没有失去其阶级统治的性质。马克思认为，无产阶级及其政党要"到处都努力争取全世界民主政党之间的团结和协调"，并在此基础上"到处都支持一切反对现存的社会制度和政治制度的革命运动"，暴力打碎资产阶级的国家机器，从而"使无产阶级上升为统治阶级"，建立无产阶级专政的国家和政府。③ 因此，无产阶级专政国家的治理主体是无产阶级及其政党。在巴黎公社的实践中，马克思认识到巴黎公社所建立的国家和政府是"人民群众获得社会解放的政治形式，这种政治形式代替了被人民群众的敌人用来压迫他们的假托的社会力量"④，人民群众在无产阶级专政的国家中也扮演着

---

① 《马克思恩格斯全集》第 28 卷，人民出版社，2018，第 652 页。
② 《马克思恩格斯文集》第 1 卷，人民出版社，2009，第 584 页。
③ 《马克思恩格斯文集》第 2 卷，人民出版社，2009，第 66、52 页。
④ 《马克思恩格斯文集》第 3 卷，人民出版社，2009，第 195 页。

治理主体的角色。因此，无产阶级的政权要遵从民主原则，无产阶级成为统治阶级之后，要"争得民主"，让每一个人获得民主政治权利。同时，无产阶级政权要实现个人自由和人类解放，通过消除阶级对立，让每个人在生产发展中逐步实现自由而全面的发展，从而建立自由人联合体的社会，正如马克思所说，"每个人的自由发展是一切人的自由发展的条件"①。马克思主义的社会建设思想，以唯物辩证法和唯物史观为基础，深刻揭示了当代社会问题产生的根源和解决社会问题的基本途径，为解决当代社会问题、推进社会建设提供了科学的世界观和方法论。

社会治理是以实现和维护人民的权利，特别是社会权利为核心，通过发挥政府、社会组织、市场主体、公民个人等多元主体的作用，积极解决和应对社会问题和社会风险，完善社会政策，增进人民福祉，化解社会矛盾，促进社会公平，促进社会包容与和谐发展的过程。

（二）当代世界各国社会治理的基本途径和基本经验

当代世界，许多国家为维护社会稳定和促进社会发展，不断调整和完善社会治理方式，在探索与本国相适应的社会治理模式方面积累了有益的经验。要创新社会治理，首先必须了解和把握世界各国在解决社会治理问题方面采取的有效措施，包括制定社会政策、完善社会保障体系、完善社会服务、协调社会关系等。

1. 制定社会政策

社会政策是针对社会问题由公共权力机关组织制定、颁布和实施的一系列法律、政策和规章制度，包括公共安全政策、劳动力市场政策、农业发展政策、医疗政策、义务教育政策等。一些国家在解决社会问题时，充分利用社会政策的灵活性，一旦出现社会热点问题或一些矛盾凸显，就在政策层面及时跟进，从而取得了较好的社会治理效果。

---

① 《马克思恩格斯文集》第2卷，人民出版社，2009，第53页。

2.完善社会保障体系

社会保障的作用在于保障全体社会成员的基本生存与生活需要，特别是保障公民在年老、疾病、伤残、失业、生育、遭遇灾害、面临生活困难时的特殊需要。现代社会保障体系包括三个组成部分：一是社会保险，主要包括医疗保险、养老保险、失业保险、家庭补贴等；二是社会救助，这是最低生活保障线；三是社会福利，使低收入者或某些特定人群能够享受某些权益。

3.完善社会服务

社会服务是政府和社会力量为了满足全体公民尤其是特殊困难群体的基本需求而提供的具有福利性质或基本保障性质的服务，包括公共服务、市场化服务、志愿服务等。享有基本公共服务是公民的基本权利，保障人人享有基本公共服务是政府的重要职责。

党的二十大报告强调，"健全基本公共服务体系，提高公共服务水平，增强均衡性和可及性"①。国家发展改革委等部门联合印发《国家基本公共服务标准（2023年版）》，这是自2021年《国家基本公共服务标准》发布实施以来的首次调整。基本公共服务标准是政府履行公共服务职责的重要依据。目前，中国基本公共服务标准体系建设已取得明显成效，涵盖国家、行业、地方和基层服务机构的基本公共服务标准制度框架搭建完成，原有的80项基本公共服务项目基本落实到位，为保障和改善民生发挥了积极作用。对于群众而言，国家基本公共服务标准明确了人民群众可以依法享有的基本公共服务事项，是一份服务事项清晰、服务标准明确的"福利单"，更是一份保障自身权益的"明白卡"。出台新版国家基本公共服务标准，意味着群众能享受到的福利水平更高了，得到的实惠更多了，得到的权益保障更全面了。

4.协调社会关系

协调好社会关系，可以为社会治理提供良好的环境，也有利于化解社会

---

① 习近平：《高举中国特色社会主义伟大旗帜 为全面建设社会主义现代化国家而团结奋斗——在中国共产党第二十次全国代表大会上的报告》，人民出版社，2022，第46页。

矛盾和社会纠纷,促进社会发展与稳定。多元参与、合作共治的理念逐渐成为各国共识,如重视政府与市场之外的第三方的作用,重视政府与非营利组织的协作,调动多方的积极性开展社会治理工作。

以劳资纠纷为例,在一些发达国家,工会周期性地与雇主协会就一系列涉及双方利益的问题进行协商、谈判。当谈判陷入僵局时,还可以由劳资双方或政府指定的第三方或政府直接出面调解、仲裁。

可见,健全社会治理体系,提升社会治理效能,越来越成为世界各国的共识。各国在社会治理过程中的做法虽不同,却也形成了一些普遍性、共识性的经验。

一是注重市场作用。发达国家在社会治理中特别注重运用经济手段,倾向于采用市场化方式调节社会关系,解决社会矛盾。

二是依靠法律制度。发达国家基于法治的社会治理有两大策略值得关注,其一是底线治理,其二是注重监管,不仅重视法律的制定,还注重法律的实施。

三是利用自治手段。民众具备较强的社会自治意识、较高的社会参与能力,既是社会自治的重要前提,也是培养公共精神的有效手段。发达国家在利用自治手段推进社会治理方面的实践和探索有三。首先,西方社会倡导的个人主义价值观具有两重性,当个人自我负责的责任意识较为突出、能压倒自私自利时,在一定程度上会有助于自治。其次,政府鼓励公民积极参与社会治理,自觉承担抵御各类风险的责任,有利于民众对所制定的社会政策予以理解和支持。最后,政府注重通过社会组织、社区治理体系建设来激发民众有效参与社会治理。

四是加强技术管理。公民个人信息的大范围快速查询、社会资源的跨系统跨区域整合调配、社会纠纷的大面积动态监控等科技手段,使社会治理的效率和精准度明显提升。

五是加强各方合作。国家内部的合作主要包括政府与非政府组织、公共机构与私人机构之间的合作,各国之间的合作就是共同构建人类命运共同体。

对当代世界，尤其是发达国家社会治理的理论、政策和手段，我们应辩证看待，既要看到其经验与良策，也要看到其不足与局限。

（三）西方发达国家社会治理的问题

第一，过度的自由化与市场化放大了市场经济的弊端，成为社会混乱的重要源头。市场化和自由化的环境一方面激发了社会各类主体的活力，另一方面也容易造成社会的混乱。资本市场的高速自由运转以及花样翻新的"金融创新"，使得社会财富"变幻莫测"，贫富差距急剧拉大。一些国家社会公共政策制定的出发点并没有真正落实到民生上，本质上仍然是为资本逐利服务的，受到市场强势主体特别是一些利益集团的影响。

第二，失控的政党政治竞争削弱了社会治理效能。一些政党为了赢得选举所作的承诺，最后往往都是空头支票；党派之间恶性竞争导致反对党为了反对而反对，最终政策悬而未决；无法从全局和长远出发为民众谋福利，导致某些社会领域治理的缺失。西方国家一些尖锐的社会问题长期得不到有效解决，不仅成为社会骚乱的根源，而且成为推进社会改革和创新社会治理的重大障碍。

第三，过度张扬的个人主义导致社会共识的缺失。个人主义是资本主义价值观的核心，而个人主义的过度张扬则成为社会治理的障碍。在极端个人主义的支配下，一些人把追求个人利益当作唯一目的，造成个人与国家、社会的对立。一些人片面追求思想、言论自由，阻碍社会共识的达成，损害社会和谐共存的基础，也制约了社会治理的实施成效。近年来，尽管深陷经济危机，一些西方国家仍维持较高的社会福利，财政赤字不断扩大；一些社会群体因福利降低或受损而出现极端行为，这也是导致一些西方国家出现民粹主义情绪和强烈排外倾向的重要原因。

西方国家的社会治理赤字，本质上与资本主义生产方式和社会制度密切相关，根源在于资本主义制度本身。只要资本的逐利本性得不到遏制，资本主义生产方式不彻底改变，西方社会治理危机就不可能得到根本解决。

三 创新社会治理的中国方案

天下大治既是古往今来无数治国者孜孜以求的理想，也是中国共产党带领中国人民矢志不渝的追寻。1957 年，毛泽东同志指出："我国的社会主义制度还刚刚建立，还没有完全建成，还不完全巩固。"[①] 1992 年，邓小平同志高瞻远瞩："恐怕再有三十年的时间，我们才会在各方面形成一整套更加成熟、更加定型的制度。"[②] 2019 年，习近平总书记庄严宣告："我们已经走出了建设中国特色社会主义制度的成功之路，只要我们沿着这条道路继续前进，就一定能够实现国家治理体系和治理能力现代化。"[③]

党的十八大以来，以习近平同志为核心的党中央依据社会主要矛盾的变化与党和国家事业的新目标，系统地构建了国家治理的理念，致力于推动国家治理体系和治理能力现代化，实现了马克思主义国家治理理论的当代发展。2012 年 11 月，党的十八大报告中使用的是"社会管理"一词，报告第七部分"在改善民生和创新管理中加强社会建设"强调："加强社会建设，是社会和谐稳定的重要保证。必须从维护最广大人民根本利益的高度，加快健全基本公共服务体系，加强和创新社会管理，推动社会主义和谐社会建设。"[④] 2013 年 11 月，党的十八届三中全会通过的《中共中央关于全面深化改革若干重大问题的决定》提出，全面深化改革的总目标是：完善和发展中国特色社会主义制度，推进国家治理体系和治理能力现代化。"社会治理"取代"社会管理"一词，并且专门用一节论述"创新社会治理体制"。由此，"社会治理"作为国家治理现代化的次级概念，成为广为流行的政策话语。社会管理、社会治理虽然只有一字之差，但其背后的理论、理念差异是

① 《毛泽东文集》第 7 卷，人民出版社，1999，第 214 页。
② 《邓小平文选》第 3 卷，人民出版社，1993，第 372 页。
③ 《习近平主持中央政治局第十七次集体学习并讲话》，中央政府门户网站，2019 年 9 月 24 日，https://www.gov.cn/xinwen/2019 – 09/24/content_5432784.htm。
④ 《胡锦涛文选》第 3 卷，人民出版社，2016，第 640 页。

巨大的。

（一）"中国之治"的思路与举措

中国创新社会治理的总体思路有六。第一，坚持以人民为中心，不断提升人民群众的获得感、幸福感、安全感。第二，坚持系统治理、依法治理、综合治理、源头治理相统一。在系统治理方面，以"五治"（政治、自治、法治、德治、智治）促"共治"；在依法治理方面，加强社会治理的法治保障，运用法治思维和法治方式化解社会矛盾；在综合治理方面，多方施策，多向使力，运用综合性手段解决社会问题；在源头治理方面，以预防为先、动态治理的形式实现治理环节迁移，把社会矛盾尽可能化解在基层和源头。第三，加强社会领域制度建设。遵循社会主义基本经济制度、根本政治制度以及社会主义核心价值观的要求，探索并建立具有自身特点的社会保障制度、公共安全制度、基层自治制度等。注重公平，着力解决地区差异大、碎片化问题，增强制度的协同、配套与一致性。第四，形成"党委领导、政府负责、民主协商、社会协同、公众参与、法治保障、科技支撑"七位一体的社会治理体系。我国社会治理由中国共产党领导，由政府组织和主导，吸纳社会组织和公众等多方面社会力量有序参与，对社会公共事务进行治理。第五，提高社会化、法治化、智能化、专业化水平。城市治理是国家治理体系和治理能力现代化的重要内容。一流城市要有一流治理，要注重在科学化、精细化、智能化上下功夫，既要善于运用现代科技手段实现智能化，又要通过绣花般的细心、耐心、巧心提高精细化水平，"绣"出城市的品质品牌。第六，注重中华优秀传统文化在社会治理中的运用。继承和借鉴隆礼重法、德主刑辅、正己修身、知行合一的智慧，提升社会治理整体效果。

中国创新社会治理的主要举措有以下几个方面。

一是坚守民生底线。在就业保障方面，保就业就是保民生，保障就业就是保障稳定收入，探索弹性就业制度；在教育保障方面，坚持优先发展教育事业，构建高质量教育体系；在住房保障方面，努力实现全体人民住有所居；在健康保障方面，将健康融入所有政策，人民共建共享。

二是突出治理重点。巩固拓展脱贫攻坚成果同乡村振兴有效衔接。脱贫攻坚战取得全面胜利后，以习近平同志为核心的党中央作出设立 5 年过渡期、实现巩固拓展脱贫攻坚成果同乡村振兴有效衔接的重大决策。经过各方共同努力，脱贫攻坚成果得到进一步巩固拓展，守住了不发生规模性返贫的底线，巩固拓展脱贫攻坚成果同乡村振兴有效衔接政策措施更加完善，推动乡村振兴有关工作取得新进展新成效。精准扶贫扶到点上、扶到根上，是贡献给世界减贫事业的中国智慧和中国方案。

加强网络治理，做到积极利用、科学发展、依法管理、确保安全。实施网络强国战略、国家大数据战略，采取"互联网＋"行动计划，深化国际合作，建立多边、民主、透明的国际互联网治理体系。

保障公共安全，坚持整体防范与专项打击相结合、重点整治与完善机制相结合、保障安全与服务民生相结合、人民群众参与与公共安全治理相结合，把平安中国建设放在更加突出的位置来谋划，确保人民安居乐业、社会安定有序、国家长治久安。

三是完善社会保障体系。我国基本建成了覆盖全民、城乡统筹、权责清晰、保障适度、可持续的多层次社会保障体系。在应对人口老龄化国家战略、加大社会保险保障力度、加强社会救助体系建设等方面取得一系列显著成就。

四是引导社会心理。促进社会形成良好舆论氛围和预期，使改善民生始终作为党和政府的工作方向，作为广大人民群众自身奋斗的目标。坚持从实际出发，既尽力而为，又量力而行。加强思想教育，引导公民自立自强自尊，努力促进人的全面发展。

（二）"中国之治"取得成功的原因

新中国成立 70 多年来，在中国共产党领导下，久经磨难的中华民族迎来了从站起来、富起来到强起来的伟大飞跃，创造了世所罕见的经济快速发展奇迹和社会长期稳定奇迹。实践证明，中国特色社会主义制度符合中国发展实际，具有显著优势，中国人民有能力、有智慧解决好自身的问题。

"中国之治"取得成功的原因有三。一是中国特色社会主义的制度优势。"中国之治"的成功在于"中国之制"。我国社会治理的一切工作和活动都是依照中国特色社会主义制度展开的。共同富裕、公共安全、均衡发展的趋势使社会矛盾能够得到及时化解，这是中国特色社会主义制度优越性的集中体现。二是坚持"人民至上"的社会治理理念。老百姓关心什么、期盼什么，改革就要抓住什么、推进什么，通过改革给人民群众带来更多获得感。三是坚持党的领导。这是我国能够实现社会治理创新的政治优势。注重发挥思想政治工作的优势，坚持党的群众路线，一切为了群众，一切依靠群众，实行群众自治的社会治理。与一些国家社会问题丛生、社会动荡不安形成鲜明对比的是，我国社会总体保持长期稳定局面，充分证明了以基层党组织为核心的基层治理模式是科学有效的，是代表人民群众最根本利益的。

中国创新社会治理的实践和成就，不仅为维护我国改革发展稳定、推动经济社会全面发展提供了良好的社会条件，还为世界上面临同类问题的国家提供了有益参考，特别是给一些发展中国家解决自身社会问题提供了新的路径选择。

（三）"中国之治"的世界意义

"中国之治"的制度范式与价值经验回应了各国人民追求平等合作、互利共赢的心愿诉求，具有鲜明的世界意义。

1. 逐步实现共同富裕

党的十九届六中全会审议通过的《中共中央关于党的百年奋斗重大成就和历史经验的决议》，重申中国特色社会主义新时代是"逐步实现全体人民共同富裕的时代"，在对习近平新时代中国特色社会主义思想的核心内容作进一步概括的"十个明确"中写入了"推动人的全面发展、全体人民共同富裕取得更为明显的实质性进展"的内容，并把"坚定不移走全体人民共同富裕道路"纳入"坚持人民至上"这条历史经验中的目标。党的二十大报告把实现全体人民共同富裕摆在更加重要的位置上，将其作为中国式现代化五大特征和本质要求之一，大会同意把逐步实现全体人民共同富裕写入党章。

马克思认为，人的发展离不开人的需要的满足。除了衣、食、住、行等自然的、物质的需求外，人作为社会存在物还拥有着社会性的需求，他们通过社会关系和社会交往来实现精神生活的完满。也就是说，人实现自身的发展，不仅需要在物质生活上得到满足，还需要在更高层次的精神生活上得到满足，这种需要的丰富性是人的本质的具体体现。与此同时，马克思还批判了资本主义私有制条件下人的需要的"异化"，资本主义将人的需要贬低为对物的占有和支配以及"粗陋的实际的需要"。在赫伯特·马尔库塞看来，这种畸形的需要导致了片面的单向度的人的出现，人被"富裕社会"所创造的各种商品化的需求所宰制，从而丧失了精神反思的能力和推动社会历史发展的可能。共同富裕的全面性，要求在内容上不仅要追求衣食住行等物质上的富裕，还要实现文化、娱乐等精神上的富裕，为的是满足人民日益增长的美好生活需要。在全面建成小康社会基础上，满足人民群众的美好生活需要更多地落脚于人民群众的获得感、幸福感、安全感等，即不断满足人民群众多样化、多层次、多方面的精神文化需求，让广大人民群众的获得感、幸福感、安全感更加充实、更有保障、更可持续。我们所要建立的共同富裕的社会也不仅是物质和精神产品充足的社会，更是一个由经济、政治、文化、社会以及生态文明等多方面内容共同组成、协调发展的完备的社会有机体。总之，共同富裕的社会是各领域充分发展、高度发达、自由流动、相互促进的社会，是文明和谐、团结有序、公平正义的社会。共同富裕不是平均主义，更不是无差别地在结果上"均贫富"，而是保障所有人都能够获得"致富"的能力。共同富裕的实现需要人人参与、共同奋斗，而非"等、靠、要"。物质和精神产品的极大丰富在根本上依赖于人的知识、技能和创新，只有做大蛋糕才能分好蛋糕。因此，在提高最低生活保障水平、兜住基本生活底线的基础上，共同富裕所要求和侧重的是保障每个人都有获得能力和提升能力的平等机会、向上流动和全面发展的平等机会，鼓励每个人凭借自身的能力以更加积极主动的精神状态来创造更加美好的生活。中国特色社会主义制度的优越性将随着共同富裕不断取得实质性进展而进一步彰显。

2. 促进人的全面发展

马克思主义关于人的自由而全面发展的思想，为当代社会建设和社会治理指明了前进方向。马克思恩格斯明确指出，在未来社会，"每个人的自由发展是一切人的自由发展的条件"①，并称这是"新社会的本质"。

我国社会治理坚持以人民为中心的发展思想，把增进人民福祉、促进人的全面发展作为一切工作的出发点和落脚点，这既是我国社会治理实践长期坚持的一条重要原则，也是可供他国借鉴的一条重要经验。

在共同富裕中实现所有人的自由全面发展。首先是所有人的发展。针对我国发展不平衡不充分问题仍然突出，城乡区域发展和收入分配差距较大的现状，共同富裕强调全体人民的富裕，让广大人民群众共享改革发展成果，一个人都不能少，一个地区都不能少，一个民族都不能少。其次是人的全面发展。针对人的发展的各层次、各方面的需要，共同富裕强调要使人民群众物质生活和精神生活都富裕，并在发展空间上不断推进经济、政治、社会、文化和生态文明"五位一体"高度综合协调发展。再次是人的自由自主发展。主体性的发挥是人的发展的根本动力，共同富裕不在于"输血"而是"造血"，强调持续提升人的致富能力和发展能力。幸福生活是奋斗出来的，需要增加人力资本投资，给更多人创造致富机会，形成人人参与、人人尽力、人人享有的发展环境，鼓励勤劳创新致富。最后是人的循序协调发展。由于区域、行业，乃至个体的禀赋差异，人的发展水平并不是整齐划一的。共同富裕强调循序渐进，在推进基本公共服务均等化的基础上尊重差异，通过合理的制度安排促进社会公平正义，尽力而为、量力而行，分阶段、分步骤逐渐实现均衡的共同富裕，缩小人的发展水平的差距。只有将新时代共同富裕观融入推进共同富裕的进程中并指导实践，才能更好地实现人的自由全面发展。

3. 正确处理共建共治共享的关系

社会治理的一个突出特征是主体多元、协同合作。我国的社会治理创新

---

① 《马克思恩格斯文集》第 2 卷，人民出版社，2009，第 53 页。

将共建共治共享统一起来，强调共建不仅是共享的实现途径，还是共治的重要基础。共建才能共享，共建的过程也是共享的过程，共享是共建、共治的目标取向。

实现共建共治共享，既需要强有力的组织领导，也需要群众的自觉自愿。我国注重把强有力的组织领导与群众自觉自愿统一起来，有效整合社会治理资源，形成社会治理合力。

我国社会治理最显著的特征和优势就是中国共产党的领导。一方面，中国共产党有强大的政治领导力、思想引领力、群众组织力、社会号召力；另一方面，在具体社会治理实践中，还要通过做好群众工作，尤其是群众的思想工作，让群众自觉自愿地接受和参与。

可见，中国的社会治理创新为其他发展中国家完善社会治理、解决社会治理难题提供了中国智慧和中国方案。

（四）自贸港建设背景下海南的社会治理工作

2020年6月1日，中共中央、国务院发布《海南自由贸易港建设总体方案》，这是党中央着眼于国际国内发展大局，为推动中国特色社会主义创新发展作出的一个重大战略决策，要求海南到2025年前实现全岛封关运作，"一线"放开、"二线"管住，初步建立以贸易自由和投资自由为重点的自由贸易港政策制度体系。于海南而言，深入推进全面深化改革开放，加快建设中国特色自贸港，需要有与之相匹配的风险防控体制和防控能力作支撑，这也对海南社会治理提出了更高的要求。

建设海南社会管理信息化平台是海南省委十二项制度创新的"一号工程"。因为随着海南自由贸易港建设的深入推进，社会治理、监管和风险防范必然面临新挑战。这一平台将切实提升海南社会管控和服务能力，对服务海南自由贸易试验区和中国特色自由贸易港建设大局具有重大意义，有效解决了"数据烟囱"和"信息孤岛"等问题。放得开，首先要管得住。探索建设中国特色自由贸易港对海南反走私工作提出了更高要求。为此，海南省制定印发《海南社会管理信息化平台资源整合共享工作方案》《海南社会管理信息化平台值班运维工作规范》《海南社会管理信息化平台市县级建设工作方案》等文件，建立起资源统筹共享机制，打破部门藩篱，推动全省上下实现政务数据"大融合"，既最大限度节约成本，又促进了政务工作效率大大提升。不仅仅是社管平台，在推进"智慧海南"建设过程中，海南省按照数据、人员、资金、管理、技术"五集中"要求，统筹建设全省电子政务基础设施，实施大数据整合共享，建设省数据大厅，设立省大数据管理机构，制定出台大数据条例，推动大数据应用，建成并投入使用了数十个重要的系统平台，在简化审批、加强监管、优政便民等方面取得显著成效。

可以说，这些项目的成功实施，为实现海南社会治理体系和治理能力现代化，服务自贸港建设奠定了基础。下一步，海南将继续以社管平台建设为抓手，力争建成全覆盖、无死角、安全可靠的社会管控体系，为实现"一线放开、二线管住"目标和营造法治化、国际化、便利化的营商环境打下坚实基础。

初心一如来时路，山高路远再启程。只有通过固根基、扬优势、补短板、强弱项等系统而又细致的功能性构建，才能更好地构建起系统完备、科学规范、运行有效的制度体系，实现社会治理体系和治理能力现代化。

正所谓"中国之制"成就"中国之治"。中国特色社会主义的国家制度优势是中国共产党人在实践中不断坚持和完善党的全面领导而获得的，是在不断推进马克思主义中国化的理论探索和实践创新进程中展开的，也是在为中国人民谋求自由解放和幸福生活的不懈努力中创造出来的，还是在带领中华民族从站起来、富起来到强起来的历史进程中表现和实现的。回眸来路，我国已经走出了社会治理创新的成功之路。放眼前程，中国特色社会主义制度体系必将日臻完善，为"中国之治"开辟更壮美航程，为"世界之治"增添更璀璨光辉。

 理论思考

1. 在世界百年未有之大变局的背景下，许多国家为了维护社会稳定、促进社会发展，不断调整和完善社会治理方式，请举例说明当代世界社会治理的途径有哪些？

2. 习近平总书记说："一个现代化的社会，应该既充满活力又拥有良好秩序，呈现出活力和秩序有机统一。"中国的社会治理有哪些经验？"中国之治"的世界意义体现在哪里？

3. 在未来的人生中，你如何为构建既充满活力又拥有良好秩序的现代化社会贡献自己的力量？

 重点阅读文献

1.《习近平谈治国理政》第 1 卷，外文出版社，2018。

2. 张蕴岭主编《百年大变局：世界与中国》，中共中央党校出版社，2019。

3. 俞可平主编《治理与善治》，社会科学文献出版社，2000。

4. 丁茂战主编《我国政府社会治理制度改革研究》，中国经济出版社，2009。

专题六　当代生态环境与中国生态文明

 专题摘要

　　生态环境恶化是当代人类面临的严重全球性问题。解决全球生态环境问题面临着利益、制度、技术、合作、观念等多方面因素的影响。人类要解决生态环境问题必须坚持将马克思主义关于人与自然关系的思想作为科学指导，并且把保护生态环境作为共同的时代责任，积极化解生态环境建设中的分歧与矛盾，携手共建地球美好家园。中国建设人与自然和谐共生的美丽中国取得举世瞩目的成就，为世界生态环境问题治理作出了重大贡献，同时，习近平生态文明思想为人类解决生态环境问题提供了中国智慧、中国方案。

 专题分析

　　在人类追求和平与发展的当代，与经济全球化深入发展和科学技术日新月异不协调的是，整个世界生态环境恶化的趋势没有得到根本扭转，保护生态环境越来越成为世界各国必须面对的全球性挑战，实现人与自然和谐共生成为需要国际社会共同努力完成的紧迫任务。面对这一严峻的时代挑战，国际社会虽然形成了一些基本共识，但是一些发达国家不愿意承担相应的责任和义务，发展中国家面临着经济发展与环境保护的双重挑战，保护和改善全球生态环境任重道远。

　　作为世界上最大的发展中国家，中国高度重视生态环境问题，明确提出绿色发展理念，大力推进生态文明建设和美丽中国建设，积极做全球生态文明建设的重要参与者、贡献者、引领者，为推动建设一个清洁美丽的世界提供中国方案，在构建人与自然生命共同体中贡献中国智慧。党的二十大报告指出："我们要推进美丽中国建设，坚持山水林田湖草沙一体化保护和系统治理，统筹产业结构调整、污染治理、生态保护、应对气候变化，协同推进降碳、减污、扩绿、增长，推进生态优先、节约集约、绿色低碳发展。"① 在党的二十大精神的指引下，我国生态文明建设必将取得更大的成就。

　　海南是国家生态文明试验区。2018 年 4 月 11 日至 13 日，习近平总书记在海南考察时强调："要把保护生态环境作为海南发展的根本立足点，牢固树立绿水青山就是金山银山的理念，像对待生命一样对待这一片海上绿洲和这一汪湛蓝海水，努力在建设社会主义生态文明方面作出更大成绩。"② 海南热带雨林国家公园是 2021 年我国首批设立的 5 个国家公园之一。2022 年 4 月 10 日至 13 日，习近平总书记考察了海南热带雨林国家公园。他深入五指山片区，沿木栈道步行察看公园生态环境，不时停下脚步，询问树木生长、水源涵养、动植物资源保护等情况。习近平总书记指出，"海南要坚持生态立省不动摇，把生态文明建设作为重中之重，对热带雨林实行严格保护，实现生态保护、绿色发展、民生改善相统一，向世界展示中国国家公园建设和生物多样性保护的丰硕成果"③。"要扎实推进国家生态文明试验区建设。热带雨林国家公园是国宝，是水库、粮库、钱库，更是碳库，要充分认识其对

①　习近平：《高举中国特色社会主义伟大旗帜 为全面建设社会主义现代化国家而团结奋斗——在中国共产党第二十次全国代表大会上的报告》，人民出版社，2022，第 50 页。
②　《海南：生态立省，为子孙后代留下"绿色银行"》，中国网，2018 年 6 月 13 日，http://news.china.com.cn/2018－06/13/content_52155536.htm。
③　《习近平在海南考察：解放思想开拓创新团结奋斗攻坚克难 加快建设具有世界影响力的中国特色自由贸易港》，中央政府门户网站，2022 年 4 月 13 日，https://www.gov.cn/xinwen/2022－04/13/content_5685109.htm? jump＝true。

国家的战略意义，努力结出累累硕果。"① 近年来，海南省围绕落实《国家生态文明试验区（海南）实施方案》，谋划实施标志性项目，引领绿色投资和消费，取得显著成效。例如，新能源汽车保有量占比稳居全国"第一方阵"；"禁塑"实施全国首部法规、实施首年取得良好开局；装配式建筑应用量连年翻番；"六水共治"2022 年初正式启动。海南省重点领域绿色低碳转型发展成效显著。

历史和实践深刻表明，当代生态环境问题的根源是资本主义制度，解决当代生态危机的根本出路是社会主义制度和社会主义生态文明。坚持人与自然和谐共生，构建公平合理、合作共赢的全球环境治理体系，是解决当代生态环境问题的迫切需要。

一 生态环境问题是人类面临的共同挑战

生态环境是人类赖以生存的前提和基础。面对生态环境挑战，人类是一荣俱荣、一损俱损的命运共同体。但由于利益的根本因素，世界各国在解决全球生态环境问题上难以形成共识，因此解决全球生态环境问题面临着很多难以克服的障碍。保护地球家园必须坚持将马克思主义科学理论作为指导。

（一）生态环境恶化是当代人类面临的全球性问题

生态环境恶化是人类文明进入工业文明时代以来日益凸显的一个严重全球性问题。在工业文明时代之前，人类对自然的认识和改造的能力有限，因此对自然总体上是心存敬畏的，崇拜自然、顺应自然。进入工业文明时代以来，资本在追求巨大物质财富的同时，也加速了对自然资源的攫取，严重破坏了地球生态系统平衡，人与自然深层次矛盾日益显现。近年来，生物多样性丧失、荒漠化加剧、极端气候事件频发，给人类生存和发

---

① 《习近平在海南考察：解放思想开拓创新团结奋斗坚克克难 加快建设具有世界影响力的中国特色自由贸易港》，中央政府门户网站，2022 年 4 月 13 日，https://www.gov.cn/xinwen/2022－04/13/content_5685109. htm？jump = true。

展带来严峻挑战。

生态环境持续恶化并呈现出新特点。21世纪初，联合国发布的《千年生态系统评估报告》指出，人类赖以生存的生态系统有60%正处于不断退化状态，支撑能力正在减弱，并警告未来50年内这种退化还将继续。2019年5月，联合国发布的《生物多样性和生态系统服务全球评估报告》显示，如今在全世界800万个物种中，有100万个正因人类活动而遭受灭绝的威胁，再次为全球生物多样性保护敲响了警钟。当代生态环境问题呈现出一些新特点：一是破坏范围和影响日益加大——超出某个国家或某个地区的范围，关系到整个人类社会的生存和发展；二是人对自然的破坏加重——过度开采资源、工业和生活垃圾污染、化工产品滥用、有害物质排放等人为原因造成的环境问题更加突出；三是生态环境问题快速向发展中国家蔓延——发达国家对外转移污染产业，发展中国家因发展压力和历史欠账巨大而被迫过度开发，产生了严重的叠加效应。

生态环境风险凸显。20世纪十大环境公害事件仅仅是冰山一角。从20世纪十大环境公害事件中我们能够得到深刻的启示：保护环境就是保护我们人类自己。生态环境风险主要有以下五个特点。第一，当代世界的生态环境风险具有高度的多样性、复杂性和破坏性。生态环境风险成为世界和平与发展、社会进步与繁荣的重大威胁。第二，生态环境风险与社会稳定密切相关。不少地方的环境恶化已经成为地区局势动荡和社会关系紧张的重要原因，而环境问题一旦与民族问题、种族问题结合起来，就会成为非常复杂和敏感的社会安全问题。第三，生态环境问题与贫困问题紧密相连。发展中国家往往陷入"贫困—盲目开发—环境退化—更贫困"的恶性循环。生态环境问题往往会制约贫困群体持续脱贫。第四，当今世界由生态环境问题引发的国际政治、军事、经济、科技等方面冲突与摩擦的比例日益升高，已成为影响国际安全的一大隐患。自然资源的短缺和不可再生性，增加了为争夺自然资源而发生冲突的可能性；国际贸易中的绿色贸易壁垒，加剧了不同国家和地区间的纠纷；环境的退化，造成大量难民流离失所，加剧了地区不稳定局势。第五，有效防范和处置生态环境风险，需要高度重视生态环境安全问题。生态环境安全，是指构成人类生存与发展条件的自然生成性环境资源，主要是水、土、物种、气候的安全。总之，构建人与自然和谐共生的生态安全，既是人类生存与发展的最基本需求，也是一个国家安全体系的重要组成部分，与经济安全、社会安全、国防安全等密切相关。

当今世界，无论是发达国家还是发展中国家，都仍然面临严重的生态环境问题。有些人可能误以为发达国家已经解决了生态环境问题，实则不然，发达国家虽然取得了环境治理的显著成就，但是仍然面临大气污染、水污染、海洋污染、极端气候等环境问题。以欧美等发达国家为代表的现代化发展模式是资本主导的发展模式，核心是追求剩余价值的持续增长和物质财富的过度积累，后果必然是对自然的索取日益加剧，对生态环境的破坏日益加重。而且发达国家生态环境的部分恢复，是以全球资源和生态环境为支撑的，是以世界上大多数发展中国家的生态环境恶化为代价的。全球生态危机在资本主义框架内无法得到彻底解决。在对待环境保护问题上，一些西方国家执行双重标准，必然加大生态环境保护与治理的难度。

发展中国家面临的生态环境问题更严重。一些发展中国家为了尽快改变经济落后面貌，存在片面追求经济增长、忽视甚至牺牲生态环境保护的倾向；资金不足、技术落后等造成发展中国家没有足够的能力保护好生态环境；发达国家将落后产业转移到发展中国家，转嫁污染，也致使其生态恶化。1991年12月12日，时任世界银行副总裁兼首席经济学家的萨默斯给他的同事们发了一份备忘录，后来这份备忘录流传到了公共媒体当中，引起了一场轩然大波。他在备忘录中谈到世界银行鼓励将更多的污染工业转移到欠发达国家，因为"污染所导致的健康损害应该发生在成本最低，也就是工资最低的国家"，萨默斯在赤裸裸地为发达国家资本代言的同时，暴露了发达资本主义国家包藏着在资本全球化进程中转移污染产业的祸心。马克思说："资本来到世间，从头到脚，每个毛孔都滴着血和肮脏的东西。"① 这不仅表现为资本原始积累时期的殖民主义，还表现为资本全球化时期的生态殖民主

① 《马克思恩格斯选集》第2卷，人民出版社，2012，第297页。

义——将有害人体健康和生态环境的生产转移到欠发达国家。

纵观人类发展的历史，生态环境问题的产生有非常复杂的思想因素和社会历史根源。

首先，从思想因素的层面来分析生态环境问题产生的原因。哲学是时代精神的精华，哲学关于自然与人的关系的认识往往成为人类改造世界的指导思想。生态危机的出现，明显不是自然出了问题，而是人类关于人与自然的关系认识出现了问题，并由此导致作用于自然的实践方式出了问题。在近代以前，大多数民族的自然观并不是人统治自然、凌驾自然。古希腊是有机自然观，认为大自然是一个有生命的、有灵魂的生命体，而人是大自然中的一部分，人虽然从大自然中走出来了，但人的生存必须依赖大自然。到伽利略、笛卡尔，古典有机自然观就变成了二元对立的机械自然观。胡塞尔指出，整个现代社会的哲学基础存在的问题，"人们可以说，作为实在的自我封闭的物体世界的自然观是通过伽利略才第一次宣告产生的。……此后不久，二元论在笛卡尔那里产生了。我们现在必须弄清楚，把自然理解为隔绝的、在实在方面和理论方面自我封闭的物体这种新观念很快引起的整个世界观的彻底变化。可以说，世界被分裂为二：自然世界和心灵世界"①。胡塞尔认为古典自然观到近代发生转向，伽利略、笛卡尔等开始将人的世界与自然的世界分裂，自然被看成一个僵死的、没有生命的世界，人可以对自然为所欲为。人本来是"自然之子"，但工业文明却妄图把人异化成自然的主人，要去征服统治自然、凌驾于自然之上。

其次，从社会历史因素的层面分析生态危机产生的原因。造成当代生态危机的真正社会历史根源是资本、资本逻辑、资本主义制度。什么是资本？马克思曾经在《资本论》中作出明确的解释："资本不是物，而是一定的、社会的、属于一定历史社会形态的生产关系。"② 马克思强调资本是特定历史时代的社会关系和社会存在方式。为什么说资本是造成生态危机的真正根

———————————

① 〔德〕埃德蒙德·胡塞尔：《欧洲科学危机和超验现象学》，张庆熊译，上海译文出版社，2005，第78页。

② 《马克思恩格斯文集》第7卷，人民出版社，2009，第922页。

源？必须从剖析作为一种社会存在物的资本的基本属性入手。

资本在运动过程中奉行两个基本原则，即效用原则和增殖原则。效用原则在一定意义上也可说成资本的"金钱原则"。资本眼中的效用就是能赚钱，资本把世界上的一切都与金钱联系在一起，把世界上的一切都转变成能赚钱的机器。人类按照资本的效用原则来看待自然界，自然界就仅仅是有用性的某种具体体现者。确切地说，它只是由以资本为核心构成的普遍的效用关系网上的一个环节而已。如果说在资本成为时代的原则之前，人类对自然界还有崇拜的心理，那么自此以后，自然界就成了"人的对象""真正的有用物"，它不再被认为是一种"自为的力量"而获取人的崇拜了。在资本成为时代的原则之后，人们也在不断地探索自然界的独立规律的理论认识，但其目的无非使之更好地"服从于人的需要"，即更好地履行工具的功能。自然界本身对人类所具有的重要的生态价值已经被资本的效用原则完全消解了。这就是资本与自然界对立的效用原则。

资本的效用原则使自然界丧失了自身的价值而成了一种单纯的工具，而与效用原则连在一起的是资本的增殖原则。资本的增殖原则与资本的效用原则内在相通，资本的增殖原则使自然界的工具化越来越严重。资本追求的是无限的增殖，从而它对自然的利用也是无止境的。资本主义生产的经营者通过各种手段诱使消费者去消费那些实际上他们并不真正需要的消费品，而且消费得越多越好。处于这种状态下的消费者并不是为了满足自己的真实需要而进行消费，而只是充当了一种消费机器，为了消费而消费。大量生产是对人们真实需要的背离，而大量消费同样是对人们真实需要的背离。因此，资本的增殖是建立在无止境地利用自然资源和无止境地向自然界投放垃圾的基础之上的，而自然界的许多资源是不可再生的，自然界接收废品、垃圾的空间客观上也是有限的，这样就必然产生资本主义生产和消费无限扩大与自然界有限的承载能力之间的尖锐矛盾。生态问题说到底是一个社会制度的问题，即奉行资本逻辑的资本主义制度造成了人类生态环境的严重恶化。人类文明和地球生命的进程是否具有可持续性，这并不是取决于这些可怕的发展趋势能否放缓，而是取决于能否使这种趋势发生逆转。资本主义制度造成了生态破坏和环境污染，它不可能逆转这种破坏和污染的趋势，它所能做的是尽量把这种破坏和污染转移到广大发展中国家。

总之，生态危机是资本主义社会内在的、根本性的危机，这一危机是与这一制度本身紧紧联系在一起的。所以，"资本本质上是反生态的，要解决生态危机根本的出路就是消灭资本，推翻资本主义制度"①。指望依靠西方资本主义的政要带领全球人民走出这一危机，无疑是不切实际的空想。

（二）解决生态环境问题的主要障碍

生态环境问题的产生有着深刻的社会现实背景和历史根源，这就决定了解决全球生态环境问题面临着利益、制度、技术、合作、观念等多方面的障碍，而且这些障碍相互交织、相互作用，使得解决全球生态环境问题任重道远。

第一，利益固化的障碍。生态文明建设关乎人类未来，建设绿色家园是人类的共同梦想，保护生态环境、应对气候变化需要世界各国同舟共济、共同努力，任何一国都无法置身事外、独善其身。但是，少数发达国家为了维护其霸权地位，固守有利于本国利益的生产方式和生活标准，成为解决生态环境问题的重大障碍。例如，美国坚持美国利益优先，认为减少温室气体排放将会影响美国经济发展，一直拒绝批准《京都议定书》，在签署《巴黎协定》的过程中也是反复无常；美国等西方国家曾经承诺到 2020 年每年要给发展中国家提供至少 1000 亿美元气候资金，用于控制气候变化，但实际上许诺的多数国家根本没有兑现诺言；发展中国家急需发达国家提供生态环境治理的技术支持，很多发达国家往往也是光说不练，口惠而实不至。这些都表明，发达国家囿于本国利益，不但不会积极承担全球生态环境治理的责任，而且会在生态环境问题上对发展中国家发难，由此形成利益固化的藩篱，难以形成各国携手解决全球生态环境问题的历史合力。

---

① 陈学明：《对生态文明建设中的若干问题的认识》，载中国人学学会组编《生态文明与人的发展》，现代教育出版社，2013，第 9 页。

第二，制度的藩篱。资本主义制度本身就是造成生态环境问题的社会制度，发达资本主义国家不是要真正解决生态环境问题，而是要奉行本国利益优先，将生态环境问题转移到发展中国家，导致全球生态环境问题越来越恶化。这是解决生态环境问题的最根本的制度障碍。随着经济全球化和世界上各个国家市场经济的发展，生态环境问题也面临着市场经济的制度藩篱。撇开社会制度因素的影响，市场经济由于自身的逐利性、自发性、滞后性等特征，会造成市场经济主体的谋利行为不考虑、不反映环境成本和代价，总是试图逃避环境保护法的惩治，追求实现利润最大化。生态环境和资源往往属于公共财产，破坏生态环境、浪费资源将会给他人和社会带来外部不经济性，却可以降低生产者的边际私人成本和增加消费者的边际私人效应。换句话说，对于外部性的生态环境和资源问题来说，市场机制是不起作用的，另外市场机制往往只能反映眼前和局部利益，难以维护长远和整体利益，因此市场经济难以解决可持续发展的问题。

第三，科技"双刃剑"。科技对人类文明的发展是把"双刃剑"，对生态环境也是把"双刃剑"。人类借助科技理性增强认识和改造自然的能力的同时，也因为科技理性变得狂妄自大，妄图征服统治自然。科学技术的研发本身也存在矛盾性，主要表现在三个方面：科学技术的研发对经济社会发展有推动作用，却可能对生态环境造成严重破坏；先进且环保的科学技术往往在推广运用中面临成本高、短期无利可图的现实问题，很多发展中国家和发展中的群体需要先进且环保的科学技术却消费不起；还有一些前沿科学技术对生态环境的影响是不可预料和不确定的。如何充分发挥科学技术对人类文明进步和生态环境保护的积极作用，规避科技的消极作用，是个难题。

第四，合作障碍。造成环境破坏的相关各方在立场、能力等方面有差异，特别是缺乏共同认可的利益分配机制，因此往往难以在生态环境保护方面达成协议。或者即使有了协议也会在执行中走样，产生"搭便车"现象，如美国近年来一系列开环境治理"倒车"的行为，包括曾经正式退出《巴黎协定》、撤销多项环境政策、怠于履行国际义务、缺席多领域多边环境条约、妨碍多边环境进程等；再如日本政府不顾全球公众反对，强行推进排放核污水。这些行为都极大地损害了全球环境治理的公平、效率和成效。当然，合作障碍归根结底也是利益固化的障碍，少数发达资本主义国家将一国之私利凌驾于人类整体利益之上，不仅不积极承担生态环境治理的责任和履行应尽义务，而且破坏生态环境治理的国际合作。

第五，观念障碍。在探究生态环境问题的根源时，有些人认为生态危机的根源在于人们关于自然的观念出了问题，从而企图单纯通过道德改革、建立生态伦理来解决环境问题；有些人认为生态危机的根源在于科学技术不发达，从而企图单纯通过发展科学技术来解决环境问题；还有些人认为生态危机的根源在于市场化不彻底，从而企图单纯通过把自然市场化、资本化来解决环境问题。这些观念都没有揭示生态环境问题产生的真正社会历史根源，因此指出的实践路径也必然南辕北辙。再从国家对生态环境的观念来看，多数发达国家长期存在本国优先的固有观念，总是把本国发展的环境成本转嫁给发展中国家；发展中国家则存在为追求眼前的经济增长而片面发展的倾向，靠较低的环境门槛来吸引资本粗放式投资，在"效率优先"或"先发展、后治理"等借口下破坏环境。解决生态环境问题，世界各国必须树立正确的观念：环境权益既是个体权益也是集体权益，既是代内权益也是代际权益，既是主权权益也是国际权益。

（三）保护地球家园必须坚持科学理论指导

马克思主义关于人与自然关系的思想，超越了"人类中心主义"和"自然中心主义"的抽象争论，是认识和解决当代生态环境问题的科学指南。

1. 马克思主义关于人与自然关系的思想

马克思恩格斯在批判资本主义的经典著作——《1844 年经济学哲学手稿》《德意志意识形态》《资本论》《自然辩证法》——中深刻阐述了关于人与自然关系的基本思想。马克思主义经典作家对资本主义的生态批判，真正揭示了全球生态环境问题的社会历史根源。

第一，与人的活动相联系的自然观。马克思主义认为自然界是人类社会存在的客观前提和基础，人化自然永远只是自然界的一部分。"人的肉体生活和精神生活同自然界相联系，不外是说自然界同自身相联系，因为人是自然界的一部分"①，这表明人来自自然界、依赖自然界，人与自然密不可分。同时，人通过劳动等实践活动改造自然、影响自然。"劳动首先是人和自然之间的过程，是人以自身的活动来中介、调整和控制人和自然之间的物质变换的过程"②，"人创造环境，同样，环境也创造人"③。所以，人与自然（环境）的关系就是"人对人来说作为自然界的存在以及自然界对人来说作为人的存在"④，人类的命运与自然环境的状况永远是不可分割的，自然的发展（自然史）是对人来说的生成过程，与人类的发展（人类史）相互制约、相互作用。

第二，生态环境恶化是自然界"报复"人类的表现。马克思主义认为自然规律是不可违背的，"不以伟大的自然规律为依据的人类计划，只会带来灾难"⑤，"我们不要过分陶醉于我们人类对自然界的胜利。对于每一次这样的胜利，自然界都对我们进行报复"⑥。恩格斯还强调："因此我们每走一步都要记住：我们决不像征服者统治异族人那样支配自然界，决不像站在自然界之外的人似的去支配自然界——相反，我们连同我们的肉、血和头脑都是属于自然界和存在于自然界之中的；我们对自然界的整个支配作用，就在于我们比其他一切生物强，能够认识和正确运用自然规律。"⑦ 可是，尽管马克思恩格斯早在工业文明时代之初就洞见了自然规律的客观性和不可违背性，并对人类提出了忠告，但人类仍然陶醉于征服自然的这种成就，不仅争先恐后开发现在的自然，还肆无忌惮地预支未来的自然，而"未能预见的作用占据优势，未能控制的力量比有计划运用的力量强大得多"⑧。这种剧烈"透

---

① 《马克思恩格斯文集》第 1 卷，人民出版社，2009，第 161 页。
② 《马克思恩格斯选集》第 2 卷，人民出版社，2012，第 169 页。
③ 《马克思恩格斯文集》第 1 卷，人民出版社，2009，第 545 页。
④ 《马克思恩格斯文集》第 1 卷，人民出版社，2009，第 196 页。
⑤ 《马克思恩格斯全集》第 31 卷，人民出版社，1972，第 251 页。
⑥ 《马克思恩格斯选集》第 3 卷，人民出版社，2012，第 998 页。
⑦ 《马克思恩格斯文集》第 9 卷，人民出版社，2009，第 560 页。
⑧ 《马克思恩格斯文集》第 9 卷，人民出版社，2009，第 422 页。

支"的积累效果严重破坏了自然界和人类社会之间的生态平衡。

第三，生态环境问题的根源与解决生态环境问题的前景。马克思主义批判资本主义生产劳动异化和生产无限扩张的本性，导致人与自然之间两极对立。"只有在资本主义制度下自然界才真正是人的对象，真正是有用物；它不再被认为是自为的力量；而对自然界的独立规律的理论认识本身不过表现为狡猾，其目的是使自然界（不管是作为消费品，还是作为生产资料）服从于人的需要。"① "私有制使我们变得如此愚蠢而片面，以致一个对象，只有当它为我们拥有的时候，就是说，当它对我们来说作为资本而存在，或者它被我们直接占有，被我们吃、喝、穿、住等等的时候，简言之，在它被我们使用的时候，才是我们的。……一切肉体的和精神的感觉都被这一切感觉的单纯异化即拥有的感觉所代替。"② 这些观点实质上阐述了资本的效用原则，资本把自然界只看作资本实现增殖的工具或者对象，而自然自身对人类具有的重要生态价值在资本的效用原则面前不值一提。列宁揭示了资本主义必然造成的对自然资源的争夺，"资本主义愈发达，原料愈感缺乏，竞争和追逐全世界原料产地的斗争愈尖锐，抢占殖民地的斗争也就愈激烈"③。马克思主义认为，消灭私有制才能实现"人类与自然的和解以及人类本身的和解"④，扬弃了私有制的社会"是人同自然界的完成了的本质的统一，是自然界的真正复活，是人的实现了的自然主义和自然界的实现了的人道主义"⑤。所以，消除生态危机最根本的途径是消灭私有制，消灭资本主义制度，建立共产主义社会。

总之，人类可以认识自然、改造自然，但绝不能凌驾于自然之上。人靠自然界生活，人类活动必须遵循自然规律，合理利用自然资源，保护和优化生态环境，坚持可持续发展，探索走出一条人与自然和谐共生的发展道路。

---

① 《马克思恩格斯文集》第 8 卷，人民出版社，2009，第 90 页。
② 《马克思恩格斯全集》第 3 卷，人民出版社，2002，第 303 页。
③ 《列宁全集》第 27 卷，人民出版社，2017，第 395 页。
④ 《马克思恩格斯文集》第 1 卷，人民出版社，2009，第 63 页。
⑤ 《马克思恩格斯文集》第 1 卷，人民出版社，2009，第 187 页。

2. 马克思主义指明了人类解决生态环境问题的方向

除了对人与自然关系的辩证剖析外，马克思主义理论中还包含着丰富的生态环境思想，深刻揭示出生态环境问题并不单纯是人与自然的关系问题，而是有着深层次的社会根源，是人与人之间关系的问题，是人与社会之间关系的问题，根本上是社会制度和现代化道路的选择问题。

以"人类中心主义"和消费主义为特征的西方生产生活方式，一方面造成了自然环境的污染和破坏，另一方面造成了人的片面化发展和单向度生存。西方社会是物欲横流的社会，消费了大量的自然资源。

围绕人的自由全面发展，转变现有生活方式，在保障人的合理的物质需求的前提下，引导人们从对物质的不合理需求转向对高尚精神的追求，就可以更科学地处理好人与自然的关系，维护良好的生态环境。

总之，自然是人类"永远的共同财产"，只能以符合全人类共同利益的形式来管理。解决生态危机、维护生态环境的根本途径在于，对资本主义生产方式和社会制度的完全变革，创造一种新的生产方式、建立一种新的社会制度。这种新的生产方式、新的社会制度就是社会主义和共产主义。

二 人类共同的时代责任

保护生态环境，建设清洁美丽的世界，是人类共同的时代责任。要解决生态环境问题，需要进一步深入研究生态环境问题，在实践中探索保护生态环境的可行之路；要消除生态环境建设中的分歧，加强环境治理领域的合作共赢，携手共建地球美好家园。

（一）国际上对生态环境问题的探索与实践

自资本主义造成人类生态环境日益恶化以来，国际上对生态环境问题的理论探索和实践变革应运而生，为解决全球生态环境问题作出了一定的历史性贡献，但未能扭转全球生态环境恶化的严重趋势。

1. 对生态环境问题的理论探究

20 世纪开始，国外相继提出西方环境伦理学、生态学马克思主义、可持续发展理论等生态学理论，在思想意识层面引起人们对环境保护问题越来越广泛的关注。

西方环境伦理学创立于 20 世纪初期到中期，兴起于 20 世纪 50 年代，并深入发展至今。西方环境伦理学的主要代表人物及著作，包括美国蕾切尔·卡逊的《寂静的春天》、美国奥尔多·利奥波德的《沙乡年鉴》、澳大利亚彼得·辛格的《动物的解放》、法国阿尔贝特·施韦泽的《敬畏生命》、美国霍尔姆斯·罗尔斯顿的《哲学走向荒野》以及《环境伦理学：大自然的价值以及人对大自然的义务》、日本岩佐茂的《环境的思想与伦理》等。西方环境伦理学主要提出生命平等论和生态整体论。生命平等论的代表人物是施韦泽，他认为，"善是保存生命，促进生命，使可发展的生命实现其最高价值。恶则是毁灭生命，伤害生命，压制生命的发展。这是必然的、普遍的、绝对的伦理原理"①。生态整体论的主要代表人物是利奥波德与罗尔斯顿。利奥波德提出大地理论，他认为，"当一个事物有助于保护生物共同体的和谐、稳定和美丽的时候，它就是正确的，当它走向反面时，就是错误的"②。罗尔斯顿建立起较为完整的环境伦理学体系，被誉为"环境伦理学之父"，其在生态系统和伦理学方面提出客观的自然内在价值论，认为"自然系统的创造性是价值之母；大自然的所有创造物，就其作为自然创造性之实现而言，皆具有价值"③。难能可贵的是，他积极地把理论推向实践，使理论在实践中发挥重大作用。

生态学马克思主义是当代国外马克思主义中最有影响的思潮之一。生态学马克思主义的主要代表人物及著作，包括德国阿尔弗莱德·施密特的《马

---

① 〔法〕阿尔贝特·施韦泽：《敬畏生命五十年来的基本论述》，陈泽环译，上海社会科学院出版社，2003，第 107 页。
② 〔美〕奥尔多·利奥波德：《沙乡年鉴》，侯文蕙译，吉林人民出版社，1997，第 213 页。
③ 〔美〕霍尔姆斯·罗尔斯顿：《环境伦理学》，杨通进译，许广明校，中国社会科学出版社，2000，第 270 页。

克思的自然概念》、美国约翰·贝拉米·福斯特的《马克思的生态学》和《生态危机与资本主义》、美国詹姆斯·奥康纳的《自然的理由——生态学马克思主义研究》等。生态学马克思主义从资本主义生产方式与生态危机的联系上对资本主义进行系统批判，他们不约而同地提出了这样的论断：如今撼动资本主义统治的不是资本主义生产方式引起的经济危机而是生态危机，同时，阶级主体因为生态议题而非劳资矛盾自主联合起来对抗资本主义。这些理论探究的主要观点集中在：尊重生态规律与发展资本主义是相互矛盾的；环境问题是资本主义各种矛盾的集中体现；资本主义自身无法解决全球性的生态环境问题。

在人类面临严重生态危机的背景下，20世纪60年代以来，西方理论界开始对传统的发展观念及发展模式进行批判、反思，试图探索新的发展理论和模式。于是，可持续发展理论应运而生。可持续发展理论萌芽于1972年联合国通过的《人类环境宣言》。1987年，世界环境与发展委员会发表了题为《我们共同的未来》的著名报告，对可持续发展作出了明确的定义：可持续发展是既满足当代人的需要，又不对后代满足其自身需要的能力构成危害的发展。可持续发展理论以发展为中心，以公平与和谐为条件，实现人与自然可持续发展。2019年，第四届联合国环境大会在肯尼亚召开，大会主题是"寻找创新解决方案，以应对环境挑战并实现可持续的消费和生产"。会议期间，联合国环境规划署发布包括新版《全球环境展望》在内的系列研究报告。会议提出，生态环境问题已经从人类外部生存环境问题转变为人类生存的内在需要问题，已经从经济发展的成本问题转变为经济发展的方式问题，已经从区域性问题转变为真正的全球性问题。

上述理论反映了西方国家的学者不断深化对生态环境问题的认识，尽管这些理论未能如马克思主义那样深刻揭示生态环境问题的制度根源、社会历史根源，但也充分反映了全球生态危机的严峻现实，并且启发人类越来越认识到保护生态环境的迫切性重要性。

2. 积极应对生态环境问题

随着生态环境问题日益凸显，在世界范围内相继掀起了声势浩大的生态环境保护运动，绿色新政、绿色增长、绿色革命逐步成为一种时代潮流。

2008 年联合国气候变化大会提出"绿色新政"新概念。此后，世界各国纷纷制定和推进一系列以循环经济、低碳经济为核心的"绿色新政"。美国实施节能增效、开发新能源、应对气候变化；欧盟大力发展绿色经济，提高能源使用效率；日本推出《绿色增长战略》，广泛培育环保产业；韩国提出《国家绿色增长战略（至 2050 年）》。

但是，迄今为止，人类扭转全球生态环境恶化的努力总体上成效不大。其主要原因是西方大国缺乏政治意愿和实质性行动；各国协调行动不够，承担相应责任不力；对生态环境污染问题的严峻性、危害性认识不够，存在侥幸心理。

（二）生态环境建设中的分歧与斗争

2021 年 10 月 13 日，外交部发言人赵立坚在例行记者会上答问时说，《生物多样性公约》共有 196 个缔约方，但有 1 个国家在签署该公约近 30 年后仍未批准，且未宣布有批约的计划，那就是美国。美国以《生物多样性公约》将"本国商业利益置于危险之中""增加财政负担"等原因拒绝予以批准，游离于全球生物多样性保护合作体系之外。美国 VOX 新闻网刊文称美国缺席《生物多样性公约》损害了全球避免生物灭绝的努力，拥有巨大环境影响的美国正在阻碍全球生物多样性保护工作。

在生物多样性上毫无国际合作积极性的美国为何不缺席气候变化问题？选择性缺席的背后，美国有哪些利益上的顾虑和考量？任何一个国家加入国际公约以后，都要承担相应的国际义务。美国奉行美国利益优先战略，不愿意承担国际义务，不愿意为全球共同利益而让渡甚至牺牲自己的利益。这是美国缺席《生物多样性公约》的根本原因。

美国拒不批准《生物多样性公约》不仅严重破坏了全球生物多样性保护的大计，还让美国自己尝到了恶果，这是国际领域关于生态环境保护分歧与斗争的突出表现。

1. 分歧与斗争的表现、根源

分歧与斗争主要表现在以下三个方面。

第一，发达国家的基本主张是要发展中国家承担更多的国际义务，采取的主要措施是把环境成本转嫁到发展中国家和地区。例如，在过去的十几年里，全球电子垃圾总量的90%都被倾销到发展中国家，使许多发展中国家逐渐沦为非法电子垃圾的回收站。发展中国家则希望发达国家能够在遏制环境污染、保护生态环境方面承担应有的国际责任和义务。

第二，发达国家主张提出对发展中国家具有约束力的减排目标值。发展中国家则认为发达国家应承担应有责任，其温室气体减排目标应该更为激进。例如，2021年11月，《联合国气候变化框架公约》第二十六次缔约方大会在英国格拉斯哥举行，会场内外有一种声音显得尤其迫切，那就是国际社会尤其是众多发展中国家强烈呼吁发达国家兑现承诺、履行应对气候变化应负的责任。

第三，发达国家是生物遗传资源的使用方，极力想维持廉价使用遗传资源并从中获得巨大商业利益的有利地位。发展中国家则是生物遗传资源的提供国，但因生物技术落后难以从提供的生物遗传资源中获得更多利益。

分歧与斗争的根源有二。一是发达国家和发展中国家对承担全球环境治理责任的认识存在分歧；二是一些国家处于要生存还是要生态的两难境地，在生态环境治理方面不能采取坚决的行动。这些分歧与斗争实质上是不同国家利益的分化和对立。

2. 解决分歧与斗争的基本思路

首先，要处理好生态环境保护与经济社会发展的关系。只有转变传统的经济发展方式，实现高质量发展，才能做到经济社会发展和生态环境保护相互促进、辩证统一。从生态环境问题的源头看，发达国家应该承担更多的责任，对发展中国家开展更有效的援助，更注重履行全球生态环境保护的义务。

其次，要处理好生态环境与科学技术的关系。科学技术既是生态环境问题产生的原因，也是解决问题的出路，关键在于掌握科学技术的主体的价值导向、运用科学技术的社会制度的根本性质。

最后，要处理好生态环境与人的自由全面发展的关系。良好的生态环境是人自由全面发展的前提条件和基本需求，人的自由全面发展是生态环境得以根本改善的基础。

（三）携手共建地球美好家园

第一，坚持历史与现实相统一的原则。解决生态环境问题，既要重视历史原因，也要重视现实前提，包括人口控制、社会公正、国际合作与全球治理，还要兼顾长远的环境权益。

第二，坚持可持续发展的原则。在现阶段，对于许多发展中国家来说，发达国家提出某些过高的环境要求既是不合适的也是不合理的。但是，发展中国家也不能因此不承担任何责任，而是要在力所能及的范围内，根据自身情况采取措施，为促进全球可持续发展作出积极贡献。在保护生态环境方面，人类应当树立尊重自然、顺应自然、保护自然的理念，规范生产、分配、交换和消费等行为，把自身利益、他人利益与社会利益统一起来，把局部利益与整体利益、短期利益与长远利益统一起来，既要实现"代际公平"，即实现当代人与后代人的生态福利共享，又要实现"代内公平"，即穷人（国）和富人（国）拥有平等的生存权、发展权和环境受益权。在解决生态环境问题方面，不仅要构建人与自然的和谐关系，还要重视通过制度保障、社会督促、伦理规范、舆论导向来促进社会和谐。

第三，坚持"共同但有区别的责任"的原则。1992 年，《联合国气候变化框架公约》第四条正式明确了"共同但有区别的责任"这一原则，意指从国际法角度确认各国际主体在生态环境和气候变化方面应担负的国际责任，即划分"共同责任"和"区别责任"。2021 年 4 月 22 日，国家主席习近平在北京以视频方式出席领导人气候峰会，并发表题为《共同构建人与自然生命共同体》的重要讲话，指出，"坚持共同但有区别的责任原则。共同但有区别的责任原则是全球气候治理的基石。发展中国家面临抗击疫情、发展经济、应对气候变化等多重挑战。我们要充分肯定发展中国家应对气候变化所作贡献，照顾其特殊困难和关切。发达国家应该展现更大雄心和行动，同时切实帮助发展中国家提高应对气候变化的能力和韧性，为发展中国家提供资金、技术、能力建设等方面支持，避免设置绿色贸易壁垒，帮助他们加速绿色低碳转型"①。科学研究表明，全球气候变暖是温室气体累积排放的结果。二氧化碳可以在大气中残留很长时间，即便是数百年前排放的温室气体依然在影响今天的地球气候。目前全球面临的气候变化问题，主要是发达国家在工业化过程中无约束的排放造成的，发达国家对此负有历史责任。发展中国家面临发展经济、改善民生、保护环境等多重任务，应对气候变化的能力有限。2021 年 10 月 28 日，联合国贸发会议发布的《2021 年贸易和发展报告》指出，发展中国家因气候灾害所遭受的经济损失已是高收入国家的 3 倍。发展中国家历史排放少，但损失却更大。

总之，要坚持多边主义进行环境治理。多边主义的思想要义就是国际上的事由大家共同商量着办，世界前途命运由各国共同掌握；要携手合作、持之以恒、重信守诺；不要相互指责、朝令夕改、言而无信。2015 年 9 月，第七十届联合国大会通过《2030 年可持续发展议程》的成果文件，此即联合国 2030 年可持续发展议程。该议程提出 17 个可持续发展目标，旨在解决社会、经济和环境三个维度的问题，让全球走上可持续发展的道路。中国是最先对"联合国 2030 年可持续发展议程"作出庄严承诺的国家之一，并率先制定了《中国落实 2030 年可持续发展议程国别方案》。2021 年 11 月 5 日，中国在太原卫星发射中心用长征六号运载火箭成功将广目地球科学卫星（又称"可持续发展科学卫星 1 号"）发射升空。这是全球首颗专门服务"联合国 2030 年可持续发展议程"的科学卫星。"可持续发展科学卫星 1 号"旨在实现"人类活动痕迹"的精细刻画，服务全球 SDGs（可持续发展目标）的实现，为表征人与自然交互作用的指标研究提供支撑。

---

① 《共同构建人与自然生命共同体——在"领导人气候峰会"上的讲话》，中央政府门户网站，2021 年 4 月 22 日，https://www.gov.cn/gongbao/content/2021/content_5605101.htm。

三 建设美丽中国及对世界的贡献

社会主义现代化是人与自然和谐共生的现代化,既要创造更多物质财富和精神财富以满足人民日益增长的美好生活需要,也要提供更多优质生态产品以满足人民日益增长的优美生态环境需要。

(一)建设美丽中国取得重大进展

党的二十大报告总结了党的十八大以来我国生态文明建设取得的显著成就:"我们坚持绿水青山就是金山银山的理念,坚持山水林田湖草沙一体化保护和系统治理,全方位、全地域、全过程加强生态环境保护,生态文明制度体系更加健全,污染防治攻坚向纵深推进,绿色、循环、低碳发展迈出坚实步伐,生态环境保护发生历史性、转折性、全局性变化,我们的祖国天更蓝、山更绿、水更清。"[1] 在 2023 年 7 月的全国生态环境保护大会上,习近平总书记再次总结党的十八大以来我国生态文明建设取得的成就,他指出:"党的十八大以来,我们把生态文明建设作为关系中华民族永续发展的根本大计,开展了一系列开创性工作,决心之大、力度之大、成效之大前所未有,生态文明建设从理论到实践都发生了历史性、转折性、全局性变化,美丽中国建设迈出重大步伐。"[2]

生态文明建设的具体成效主要体现在以下七个方面。

第一,全面推进生态文明建设和体制改革。生态文明体制的改革,促进全社会树立尊重自然、顺应自然、保护自然的理念;树立发展和保护相统一的理念;树立绿水青山就是金山银山的理念;树立自然价值和自然资本的理

---

[1] 习近平:《高举中国特色社会主义伟大旗帜 为全面建设社会主义现代化国家而团结奋斗——在中国共产党第二十次全国代表大会上的报告》,人民出版社,2022,第 11 页。

[2] 《习近平在全国生态环境保护大会上强调:全面推进美丽中国建设 加快推进人与自然和谐共生的现代化》,中央政府门户网站,2023 年 7 月 18 日,https://www.gov.cn/yaowen/liebiao/202307/content_6892793.htm?type=9。

念；树立空间均衡的理念；树立山水林田湖草是一个生命共同体的理念。到
2020 年，我国万元工业增加值用水量比 2015 年下降 23%；非化石能源占一
次能源消费比重达到 34%；森林覆盖率达到 37%；草原综合植被覆盖度达
到 85% 以上；城市人均公园绿地面积达到 14 平方米。

第二，实施大气、水、土壤、固废污染防治计划。比如，近几年海南加
大污染防治力度，环境质量得到非常明显的改善。海南省政府出台一系列政
策措施来防治污染，推进污染减排。例如，在大气污染排放的控制方面，严
格控制 PM2.5 的排放；在水的治理方面，坚决治理黑臭水体，加大城市污水
的无害化处理；在土壤污染的防治方面，严格控制污染物侵入土壤生态系
统，包括化肥农药的减量使用，大力推进有机农业的健康发展等。

第三，推进了长江保护修复攻坚战与黄河流域生态保护和高质量发展。
长江流域的相关省份都出台了相应的保护策略和政策举措，国家发展改革
委、住房和城乡建设部印发了《"十四五"期间黄河流域城镇污水垃圾处理
实施方案》。长江、黄河两岸的很多黑臭水体已经被治理干净，长江、黄河
生态保护与高质量发展达到新水平。

第四，初步建立以国家公园为主体的自然保护地体系。2019 年 6 月，中
共中央办公厅、国务院办公厅印发了《关于建立以国家公园为主体的自然保
护地体系的指导意见》。2021 年第一批 5 个国家公园设立，分别是三江源国
家公园、大熊猫国家公园、东北虎豹国家公园、海南热带雨林国家公园、武
夷山国家公园，保护面积达 23 万平方千米。

第五，系统加强生态环境保护基础设施建设，提高保护和监督绩效。比
如，现在无论是城市还是乡镇，都建起了许多地埋式生态化污水处理厂，为
污水处理、保护水的生态提供了完善的设施。很多城市沿着河道加强了河道
生态区建设，如海口就沿着美舍河建设了凤翔湿地公园、美舍河带状公园
等。加强环保监督问责有力保护了生态环境。2018 年以来，海南省委连续 5
年在全省部署开展习近平总书记 "4·13" 重要讲话精神贯彻落实情况监督
检查，聚焦党中央关于海南全面深化改革开放的决策部署，把生态环境保护
作为监督检查的重中之重，对履职不力的领导干部严肃问责，对涉及生态环

境保护的腐败案件从严查处，有力地保护了海南生态环境。

第六，低碳发展迈出坚实的步伐，提出碳达峰和碳中和的目标。2020年9月22日，国家主席习近平在第七十五届联合国大会一般性辩论上发表重要讲话提出："中国将提高国家自主贡献力度，采取更加有力的政策和措施，二氧化碳排放力争于2030年前达到峰值，努力争取2060年前实现碳中和。"[①]　2022年1月24日，习近平总书记在主持中共十九届中央政治局第三十六次集体学习时指出："实现'双碳'目标，不是别人让我们做，而是我们自己必须要做。我国已进入新发展阶段，推进'双碳'工作是破解资源环境约束突出问题、实现可持续发展的迫切需要，是顺应技术进步趋势、推动经济结构转型升级的迫切需要，是满足人民群众日益增长的优美生态环境需求、促进人与自然和谐共生的迫切需要，是主动担当大国责任、推动构建人类命运共同体的迫切需要。"[②]　"双碳"目标成为牵引我国生态文明建设的重要引擎。

第七，产业结构得到调整，产业布局更加科学。我国出台了一系列政策，鼓励满足人民美好生活需要和推动高质量发展的技术装备产业和行业发展，限制工艺技术落后的产业发展，淘汰不符合相关法律法规、不具备安全生产条件、严重浪费资源、污染环境的工艺技术装备和产品生产。

我国生态环境保护的生动实践表明，生态环境保护和经济社会发展是辩证统一、相辅相成的，建设生态文明、推动绿色低碳循环发展，不仅可以满足人民日益增长的优美生态环境需要，而且可以推动实现更高质量、更有效率、更加公平、更可持续、更为安全的发展，走出一条生产发展、生活富裕、生态良好的文明发展道路。

近年来，海南生态文明建设成就也很突出。2022年4月11日下午，习近平总书记在海南热带雨林国家公园五指山片区考察时叮嘱道："热带雨林国家公园是国宝，是水库、粮库、钱库，更是碳库，要充分认识其对国家

---

① 习近平：《习近平在联合国成立75周年系列高级别会议上的讲话》，人民出版社，2020，第10页。

② 《习近平谈治国理政》第4卷，外文出版社，2022，第371~372页。

的战略意义，努力结出累累硕果。"① 从 "良好生态环境是最公平的公共产品，是最普惠的民生福祉"② 到 "党中央决定，支持海南建设国家生态文明试验区，鼓励海南省走出一条人与自然和谐发展的路子，为全国生态文明建设探索经验"③，再到 "海南要坚持生态立省不动摇，把生态文明建设作为重中之重"④。回顾党的十八大以来习近平总书记在海南考察时的讲话，"生态" 是每次都会提及的关键词。新时代，海南实行了最严格的生态环境保护制度，坚持生态优先、绿色发展，先后推出热带雨林国家公园建设、清洁能源岛和清洁能源汽车推广、"禁塑"、装配式建筑应用和推广、"六水共治" 攻坚战五项标志性工程，全面推动国家生态文明试验区建设，保护好海南的绿水青山。近年来，海南热带雨林国家公园共发现了尖峰水玉杯等 9 个植物新种，珍稀物种保护成效显著，习近平总书记关心的海南长臂猿种群数量已增加到 36 只。

尽管党的十八大以来我国生态文明建设取得了显著成就，但建设美丽中国任重道远。当前，我国生态环境面临的突出问题主要表现在以下方面：生态退化依然严重，资源利用依然粗放，环境污染形势依然严峻，农业面源污染依然较高，消费浪费现象触目惊心。具体来讲，我们现在面临的大气污染、水污染、酸雨、臭氧空洞、全球气候变暖、珊瑚礁生态系统破坏等问题仍然比较严重。海南虽然生态文明建设成就突出，但也面临严重的生态环境问题，主要包括：热带森林退化；三大海洋系统退化，包括红树林退化、珊瑚白化、西部海草床基本消失；人造岛引起生态破坏，拆岛也可能对生态环境造成更严重的破坏或者加剧海洋的污染；微塑料污染很严重，如海水样品

---

① 《习近平在海南考察：解放思想开拓创新团结奋斗攻坚克难 加快建设具有世界影响力的中国特色自由贸易港》，中央政府门户网站，2022 年 4 月 13 日，https://www.gov.cn/xinwen/2022－04/13/content_5685109.htm? jump = true。
② 《十八大以来重要文献选编》（中），中央文献出版社，2016，第 493 页。
③ 习近平：《在庆祝海南建省办经济特区 30 周年大会上的讲话》，人民出版社，2018，第 17 页。
④ 《习近平在海南考察：解放思想开拓创新团结奋斗攻坚克难 加快建设具有世界影响力的中国特色自由贸易港》，中央政府门户网站，2022 年 4 月 13 日，https://www.gov.cn/xinwen/2022－04/13/content_5685109.htm? jump = true。

中清澜港口微塑料浓度最高，沉积物样品在潭门港发现的浓度最高，此外，微塑料会被鱼类捕食，进一步随食物链传递而威胁人类健康。生态文明建设不是一蹴而就的事业，必须坚持不懈、久久为功，始终把生态文明建设贯穿经济社会建设的全过程和各方面。

推进生态文明建设要坚持以科学指导思想为行动指南。党的二十大报告中推进生态文明建设的具体举措主要有：加快发展方式绿色转型；深入推进环境污染防治；提升生态系统多样性、稳定性、持续性；积极稳妥推进碳达峰碳中和。[①] 在 2023 年 7 月的全国生态环境保护大会上，习近平总书记指出，总结新时代十年的实践经验，分析当前面临的新情况新问题，继续推进生态文明建设，必须以新时代中国特色社会主义生态文明思想为指导，正确处理几个重大关系：一是高质量发展和高水平保护的关系；二是重点攻坚和协同治理的关系；三是自然恢复和人工修复的关系；四是外部约束和内生动力的关系；五是"双碳"承诺和自主行动的关系。[②] 上述生态文明建设的指导思想必将进一步推进美丽中国建设。

（二）解决生态环境问题的中国智慧

党的十八大以来，在生态环境保护问题上，以习近平同志为核心的党中央深刻总结我国生态文明建设的经验教训，不断深化对人与自然和谐共生关系的认识，形成了以习近平生态文明思想为核心的全面系统的生态文明观。

习近平生态文明思想内涵主要为"十个坚持"：坚持党对生态文明建设的全面领导；坚持生态兴则文明兴；坚持人与自然和谐共生；坚持绿水青山就是金山银山；坚持良好生态环境是最普惠的民生福祉；坚持绿色发展是发展观的深刻革命；坚持统筹山水林田湖草沙系统治理；坚持用最严格制度最

[①]　习近平：《高举中国特色社会主义伟大旗帜 为全面建设社会主义现代化国家而团结奋斗——在中国共产党第二十次全国代表大会上的报告》，人民出版社，2022，第 50～51 页。

[②]　《习近平在全国生态环境保护大会上强调：全面推进美丽中国建设 加快推进人与自然和谐共生的现代化》，中央政府门户网站，2023 年 7 月 18 日，https://www.gov.cn/yaowen/liebiao/202307/content_6892793.htm？type＝9。

严密法治保护生态环境；坚持把建设美丽中国转化为全体人民自觉行动；坚持共谋全球生态文明建设之路。

习近平生态文明思想的核心要义，系统阐明了为什么建设生态文明、建设什么样的生态文明以及怎样建设生态文明。

1. 为什么建设生态文明

第一，生态优劣关系文明兴衰。"生态兴则文明兴，生态衰则文明衰"①，深刻回答了坚持生态文明建设的历史依据。生态环境是人类生存和发展的根基，生态环境变化直接影响文明兴衰演替。古埃及文明和古巴比伦文明，都有过灿烂辉煌的时刻，但因为生态环境破坏和长期战乱等原因而陷入衰落的境地。中华文明历经5000多年而灿烂不息的一个重要原因在于，"绵延五千多年的中华文明孕育着丰富的生态文化"②，"天人合一""道法自然""万物各得其和以生，各得其养以成"等丰富的生态智慧至今仍然影响着人们对待自然的态度和方式。今天，我们更要深刻认识到生态文明是关系中华民族永续发展的千年大计。

第二，良好生态环境是最普惠的民生福祉。2013年4月10日，习近平总书记在海南考察工作结束时说："良好生态环境是最公平的公共产品，是最普惠的民生福祉。"③"良好生态环境是最普惠的民生福祉"深刻回答了新时代生态文明建设的宗旨要求，体现了以人民为中心的执政理念和根本政治立场。环境就是民生，青山就是美丽，蓝天也是幸福。发展经济是为了民生，保护生态环境同样也是为了民生。必须坚持以人民为中心的发展思想，坚持生态惠民、生态利民、生态为民，坚决打好污染防治攻坚战，重点解决损害群众健康的突出环境问题，还老百姓蓝天白云、繁星闪烁，清水绿岸、鱼翔浅底，鸟语花香、田园风光。例如，广西壮族自治区柳州市多年来以治理环境为着力点，经过多年治理，从曾经的酸雨之都成为2020年国家地表

---

① 《习近平谈治国理政》第3卷，外文出版社，2020，第374页。
② 习近平：《论把握新发展阶段、贯彻新发展理念、构建新发展格局》，中央文献出版社，2021，第246页。
③ 《习近平关于社会主义生态文明建设论述摘编》，中央文献出版社，2017，第4页。

水考核第一名，实现了经济社会发展和生态环境保护的统筹推进，真正体现了以人民为中心的发展思想。

2. 建设什么样的生态文明

第一，绿水青山就是金山银山。2005 年 8 月 15 日，时任浙江省委书记的习近平同志考察湖州市安吉县天荒坪镇余村，首次提出"绿水青山就是金山银山"科学论断。绿水青山就是金山银山，阐明了经济社会发展和生态环境保护的关系，揭示了保护生态环境就是保护生产力、改善生态环境就是发展生产力的道理。保护生态环境就是保护自然价值和增值自然资本，就是保护经济社会发展潜力和后劲。因此，我们应该树立和贯彻新发展理念，处理好经济社会发展与生态环境保护的关系，推动形成绿色发展方式和生活方式，努力实现经济社会发展和生态环境保护协同共进。

第二，人与自然和谐共生。中华民族自古就讲"天人合一""道法自然"。自然是人类生存发展的基础，人类只能尊重自然、顺应自然、保护自然。当人类合理利用、友好保护自然时，自然的回报常常是慷慨的；当人类无序开发、粗暴掠夺自然时，自然的惩罚必然是无情的。人类对大自然的伤害最终会伤及人类自身，这是无法抗拒的规律。在整个发展过程中，我们都要坚持节约优先、保护优先、自然恢复为主的方针，要像保护眼睛一样保护生态环境，像对待生命一样对待生态环境，让群众望得见山、看得见水、记得住乡愁，让自然生态美景永驻人间，还自然以宁静、和谐、美丽。

3. 怎样建设生态文明

第一，坚持党对生态文明建设的全面领导。党政军民学，东西南北中，党是领导一切的。中国共产党的领导是中国特色社会主义最本质的特征和中国特色社会主义制度的最大优势。2023 年 7 月，习近平总书记在全国生态环境保护大会上强调，"建设美丽中国是全面建设社会主义现代化国家的重要目标，必须坚持和加强党的全面领导。党中央、国务院近期将对全面推进美丽中国建设作出系统部署。各地区各部门要不断增强责任感、使命感，不折不扣贯彻落实党中央决策部署。地方各级党委和政府要坚决扛起美丽中国建设的政治责任，抓紧研究制定地方党政领导干部生态环境保护责任制，建立覆盖全面、权责一致、奖惩分明、环环相扣的责任体系。相关部门要认真落实生态文明建设责任清单，强化分工负责，加强协调联动，形成齐抓共管的强大合力"①。在全面建设社会主义现代化国家的新征程上继续推进生态文明建设，离不开党的坚强有力的领导。

第二，坚持绿色发展是发展观的深刻革命。这是回答新时代生态文明建设的战略路径。绿色是生命的象征，是大自然的底色，更是美好生活的基础、人民群众的期盼。要加快形成绿色发展方式和绿色生活方式。"十四五"时期，我国生态文明建设以降碳为重点战略目标。降碳是破解资源环境约束突出问题、实现高质量发展的需要；是生态环境源头质量、环境质量根本改善的需要；是减缓气候变化不利影响的需要；是保护生物多样性的需要。习近平总书记在 2023 年全国生态环境保护大会上强调："要积极稳妥推进碳达峰碳中和，坚持全国统筹、节约优先、双轮驱动、内外畅通、防范风险的原则，落实好碳达峰碳中和'1 + N'政策体系，构建清洁低碳安全高效的能源体系，加快构建新型电力系统，提升国家油气安全保障能力。"②

第三，坚持统筹山水林田湖草沙系统治理。生态是统一的自然系统，是各种自然要素相互依存实现循环的有机链条。人的命脉在田，田的命脉在水，水的命脉在山，山的命脉在土，土的命脉在林和草，这个生命共同体是人类生存发展的物质基础。如果种树的只管种树、治水的只管治水、护田的单纯护田，很容易顾此失彼，最终造成生态的系统性破坏。习近平总书记在 2023 年全国生态环境保护大会上强调，要正确处理"自然恢复和人工修复的关系，要坚持山水林田湖草沙一体化保护和系统治理，构建从山顶到海洋的保护治理大格局，综合运用自然恢复和人工修复两种手段，因地因时制

---

① 《习近平在全国生态环境保护大会上强调：全面推进美丽中国建设 加快推进人与自然和谐共生的现代化》，中央政府门户网站，2023 年 7 月 18 日，https://www.gov.cn/yaowen/liebiao/202307/content_6892793.htm？type＝9。

② 《习近平在全国生态环境保护大会上强调：全面推进美丽中国建设 加快推进人与自然和谐共生的现代化》，中央政府门户网站，2023 年 7 月 18 日，https://www.gov.cn/yaowen/liebiao/202307/content_6892793.htm？type＝9。

宜、分区分类施策，努力找到生态保护修复的最佳解决方案"①。

第四，坚持用最严格制度最严密法治保护生态环境。我们只有采取最严厉的措施、实行最严格的制度，才能从根本上扭转生态环境恶化的总态势，实现生态环境的发展目标。习近平总书记曾经强调，"在生态环境保护问题上，就是要不能越雷池一步，否则就应该受到惩罚"②。生态红线就是国家生态安全的底线和生命线，必须始终坚守，即严守资源消耗上限、环境质量底线、生态保护红线，将各类开发活动限制在资源环境承载能力之内。习近平总书记在 2023 年全国生态环境保护大会上强调："要强化法治保障，统筹推进生态环境、资源能源等领域相关法律制度修订，实施最严格的地上地下、陆海统筹、区域联动的生态环境治理制度，全面实行排污许可制，完善自然资源资产管理制度体系，健全国土空间用途管制制度。"③ 要继续发挥中央生态环境保护督察利剑作用，开展环境保护督察。

第五，坚持把建设美丽中国转化为全体人民自觉行动。习近平总书记在 2023 年全国生态环境保护大会上强调，要正确处理"外部约束和内生动力的关系，要始终坚持用最严格制度最严密法治保护生态环境，保持常态化外部压力，同时要激发起全社会共同呵护生态环境的内生动力"④。生态文明是人民群众共同参与、共同建设、共同享有的事业，要汇聚建设美丽中国的全社会力量，要使每个人都成为生态环境的保护者、建设者、受益者。应加快形成绿色生活方式，增强全民节约意识、环保意识、生态意识，培养生态道德和行为习惯，开展全民绿色行动，形成文明健康的生活风尚。

---

① 《习近平在全国生态环境保护大会上强调：全面推进美丽中国建设 加快推进人与自然和谐共生的现代化》，中央政府门户网站，2023 年 7 月 18 日，https://www.gov.cn/yaowen/liebiao/202307/content_6892793.htm？type＝9。

② 《习近平关于社会主义生态文明建设论述摘编》，中央文献出版社，2017，第 99 页。

③ 《习近平在全国生态环境保护大会上强调：全面推进美丽中国建设 加快推进人与自然和谐共生的现代化》，中央政府门户网站，2023 年 7 月 18 日，https://www.gov.cn/yaowen/liebiao/202307/content_6892793.htm？type＝9。

④ 《习近平在全国生态环境保护大会上强调：全面推进美丽中国建设 加快推进人与自然和谐共生的现代化》，中央政府门户网站，2023 年 7 月 18 日，https://www.gov.cn/yaowen/liebiao/202307/content_6892793.htm？type＝9。

第六，坚持共谋全球生态文明建设之路。我国已成为全球生态文明建设的重要参与者、贡献者、引领者，主张加快构筑尊崇自然、绿色发展的生态体系，共建清洁美丽的世界。我国坚持环境友好，引导应对气候变化国际合作，推进"一带一路"建设，让生态文明的理念和实践造福共建"一带一路"国家人民。在共谋生态文明建设之路的同时，也要注重坚持独立自主。习近平总书记在 2023 年全国生态环境保护大会上强调，要正确处理"'双碳'承诺和自主行动的关系，我们承诺的'双碳'目标是确定不移的，但达到这一目标的路径和方式、节奏和力度则应该而且必须由我们自己作主，决不受他人左右"①。

习近平生态文明思想对现代西方环境理论的超越主要体现在以下三个方面。其一，"人与自然是生命共同体"的重要理念对现代西方环境理论的超越。"人与自然是生命共同体"的重要理念科学揭示了人与自然之间、自然物之间的辩证统一关系，从本体论层面回答了新时代我国生态文明建设的根据和价值等重要问题，实现了对现代西方环境理论的超越。其二，"绿水青山就是金山银山"的重要理念对现代西方环境理论的超越。"绿水青山就是金山银山"的重要理念，从认识论、方法论层面阐明了怎样在保护中发展、在发展中保护的问题，指明了实现人与自然和谐共生的路径和方法。其三，"共建地球生命共同体"的重要理念对现代西方环境理论的超越。习近平生态文明思想站在构建人类命运共同体的高度，提出生态文明建设关乎人类未来，建设绿色家园是人类的共同梦想，保护生态环境、应对气候变化需要世界各国同舟共济、共同努力，任何一国都无法置身事外、独善其身。这从全球生态文明建设和生态环境治理的维度超越了现代西方环境理论。

（三）美丽中国与美好世界

2021 年 7 月 1 日，习近平总书记在庆祝中国共产党成立 100 周年大会上

---

① 《习近平在全国生态环境保护大会上强调：全面推进美丽中国建设 加快推进人与自然和谐共生的现代化》，中央政府门户网站，2023 年 7 月 18 日，https://www.gov.cn/yaowen/liebiao/202307/content_6892793.htm？type＝9。

的讲话中指出："我们坚持和发展中国特色社会主义，推动物质文明、政治文明、精神文明、社会文明、生态文明协调发展，创造了中国式现代化新道路，创造了人类文明新形态。"[1] 党的二十大报告中，习近平总书记再次强调中国式现代化本质要求之一是人与自然和谐共生的现代化。只有坚定不移走生产发展、生活富裕、生态良好的文明发展道路，才能够建成美丽中国，为建设美好世界作出中国贡献。

在国内改革发展稳定任务艰巨繁重的重要时期，我国于 2020 年正式宣布将力争 2030 年前实现碳达峰、2060 年前实现碳中和。这是中国基于推动构建人类命运共同体的责任担当和实现可持续发展的内在要求作出的重大战略决策。实现"双碳"目标，意味着中国温室气体减排的难度和力度都要比发达国家大得多。发达国家应减少的是"奢侈排放"，而中国则是最大限度地克制"生存和发展排放"。对于中国这个世界上最大的发展中国家而言，保护好本国的生态环境，就是对世界生态文明建设的重大贡献。

中国在解决国内生态环境问题的同时，也积极参与全球环境治理，作出了"绿色贡献"。中国的生态文明建设理念和经验正在为全世界可持续发展提供重要借鉴。例如，联合国环境规划署盛赞中国是全球沙漠治理的典范。2017 年 9 月，在内蒙古召开的《联合国防治荒漠化公约》第十三次缔约方大会上，在中国的推动下形成了"一带一路"防治荒漠化合作机制。面对气候变化等给人类生存和发展带来的严峻挑战，中国与合作伙伴们一道推动高质量共建"一带一路"，一个又一个绿色项目助力当地发展，为推进全球环境治理作出了实实在在的贡献，为美丽地球家园系上了展现人与自然和谐共生理念的"绿"丝带。

中国在全球生态环境治理方面坚持"共同但有区别的责任"原则、公平原则和各自能力原则，坚定维护多边主义，坚决维护本国发展利益。只要世界各国秉持人类命运共同体理念，积极参与全球环境治理，为全球提供更多生态产品，积极推动全球可持续发展同舟共济、守望相助，共谋人与自然和

---

[1]　习近平:《在庆祝中国共产党成立 100 周年大会上的讲话》，人民出版社，2021，第 13~14 页。

谐共生之道，人类必将能够应对全球生态环境保护面临的各种严峻挑战，把一个清洁美丽的世界留给子孙后代。

 理论思考

1. 请运用马克思主义基本原理分析当代人类面临生态环境问题的多重根源。

2. 遵循"共同但有区别的责任"原则，发达国家应尽快拿出诚意补偿环境欠债，发展中国家也要审时度势减少环境损害，但落实这个原则，从观念到行动困难重重。你认为怎样才能走出这个困境？

3. 对于我们这样一个拥有 14 亿多人口的发展中国家而言，探索走出一条符合本国国情的生态文明建设道路十分重要。结合你的专业知识，思考进一步推进我国生态文明建设的有效途径和方法。

重点阅读文献

1.《习近平关于社会主义生态文明建设论述摘编》，中央文献出版社，2017。

2.《习近平生态文明思想学习纲要》，学习出版社、人民出版社，2022。

3. 郇庆治主编《马克思主义生态学论丛》，中国环境出版集团，2021。

专题七　科技创新推动科技强国建设 为人类文明进步提供不竭动力

 专题摘要

科技立则民族立，科技强则国家强。科学技术是人类的伟大创造性活动，科技创新是人类社会发展的重要引擎，是提高社会生产力、提升国际竞争力、增强综合国力、保障国家安全的战略支撑，也是应对全球性挑战的有力武器。当今世界，科技创新在经济社会发展中的作用更加凸显。以科技创新推动可持续发展，成为解决一些重要全球性问题的必由之路。当前，新一轮科技革命和产业变革突飞猛进，科技创新广度显著加大、深度显著加深、速度显著加快、精度显著加强。面对新一轮科技革命带来的挑战和机遇，必须把科技自立自强作为国家发展的战略支撑，面向世界科技前沿、面向经济主战场、面向国家重大需求、面向人民生命健康，坚持把科技创新摆在国家发展全局的核心位置，把科技自立自强作为国家发展的战略支撑，深入实施科教兴国战略、人才强国战略、创新驱动发展战略，完善国家创新体系，掌握全球科技竞争先机，实现高水平科技自立自强，加快建设科技强国，向第二个百年奋斗目标迈进，为实现中华民族伟大复兴的中国梦提供强有力的战略支撑。

专题分析

自人类进入文明时代起，科学技术的发展日益显示出其对生产力、经济及社会的巨大推动作用。科技探索的每一次进步，不仅拓展人类认知疆界，还为经济社会发展带来强大动力。历史经验表明，科技革命总是能够深刻改变世界发展格局。16世纪以来，人类社会进入前所未有的创新活跃期，几百年里，人类在科学技术方面取得的创新成果超过过去几千年的总和。特别是18世纪以来，几次重大科技革命带来机械化、电气化、自动化、信息化等多次产业革命，极大地提高了人类认识自然、利用自然的能力和社会生产力水平，世界发展面貌和格局随之深刻改变。包括我国在内的一些国家抓住科技革命的难得机遇，实现了经济实力、科技实力、国防实力的迅速增强，以及综合国力的快速提升。可以说，科学技术从来没有像今天这样影响着国家的前途命运，也从来没有像今天这样指数级地影响着我们的经济社会变革。党的十八大以来，习近平总书记多次在讲话中强调科学技术是引领经济社会不断发展的重要驱动力，并指出"科技是国之利器，国家赖之以强，企业赖之以赢，人民生活赖之以好。中国要强，中国人民生活要好，必须有强大科技"①。可以说，科技突破的速度和新技术产业化的程度，决定着国家的创造力，进而决定着国家的实力和竞争力。

新时代如何适应新一轮科技革命、科研范式的发展变化和组织变革，立足我国现实状况，发挥中国特色社会主义制度优势，通过加强科技创新促进世界科技强国建设，为人类文明进步提供不竭动力，成为我们在新时代必然面临的新课题。

一　新时代赋予中国建设世界科技强国的内涵与使命

习近平总书记在党的十九大报告中指出，"经过长期努力，中国特色社

---

① 习近平：《为建设世界科技强国而奋斗：在全国科技创新大会、两院院士大会、中国科协第九次全国代表大会上的讲话》，人民出版社，2016，第6页。

会主义进入了新时代，这是我国发展新的历史方位"①。这是对一个国家发展历史方位的高度概括，既肯定了我国过去 5 年的工作成果，又道明我国发生的历史性变革。从中国发展的历史长河来看，这是在新的历史条件下不断夺取新时代中国特色社会主义伟大胜利、建设社会主义现代化国家的时代；从全球的文化空间上看，这是全国各族人民团结一心、积极创造、逐步实现全体人民共同富裕、中华儿女奋力实现中华民族伟大复兴中国梦的时代；从国际交流上看，这也是我国为人类作出更大贡献的时代。在这样的现实背景下，我国开启了建设世界科技强国的新征程。新时代赋予我国建设世界科技强国全新的、更深刻的内涵与使命。

（一）世界科技强国的内涵及特征

什么是世界科技强国？代表性的观点有以下四种。

一是把科技作为经济社会发展的核心来看待，认为科技强国应该在科技强的基础上推动国家综合实力强，即科技强国是能够集中和汇聚自身及全球科技创新资源要素，形成重大科学研究成果和先进技术，使之成为经济社会等快速发展的核心驱动力，从而实现国家核心竞争力和综合国力跃居世界先进行列的国家。

二是强调基础研究、工程技术、科学思维的研究，并关注科研范式的重要性，认为科技强国是指在基础科学研究中取得全球引领性的科学发现和原始创新成果，在工程和技术领域掌握关键核心技术，在科学思维方面提出具有国际影响力的科学方法和科学范式，科技创新与经济社会发展良性互动、互为促进、协同发展。

三是从科技自身、科技支撑国家发展、科技提升国际影响力来解构科技强国，认为科技强国包含三个维度：科技创造力，即具有领先的科学发现能力和坚实的技术创新能力，能够通过不断取得原创性科技成果，确保技术始

---

① 习近平：《决胜全面建成小康社会 夺取新时代中国特色社会主义伟大胜利——在中国共产党第十九次全国代表大会上的报告》，人民出版社，2017，第 10 页。

终处于世界先进水平；科技支撑力，即通过科技创新实现国家经济实力的提升和社会福利的增进，提升国家核心竞争力；科技影响力，即科技强国既有能力塑造区域和国际环境，也能够在超越其所在地区更大范围内明确自身利益。

四是从科技创新与经济、社会之间的关系来看待科技强国，认为科技强国意味着我国要成为世界主要科学中心和创新高地。判断一个国家是否成为科技强国有三个重要标志。第一，具有引领世界的科技创新能力。产生影响世界科技发展和文明进步的重大原创性成果与国际顶尖水平的科学大师，拥有世界一流高校、科研机构、创新型企业和高水平创新基地，成为全球高端创新人才的聚集地。第二，建成高水平的创新型经济。劳动生产率、社会生产力提高主要依靠科技进步和全面创新，经济发展质量高、产业核心竞争力强。第三，建成富有活力的创新型社会。科技和人才成为国力强盛最重要的战略资源，创新成为政策制定和制度安排的核心因素，尊重知识、崇尚创新、保护产权、包容多元成为全社会的共同理念和价值导向。

上述这些观点都认为科技强国是一个科技与经济社会良性循环、相互促进的关系，科技和创新能力强助推整个国家强，是其基本逻辑。很明显，科技强国必然是创新型国家，但是比创新型国家更高一级，是创新型国家的高级形式。其"高"主要体现在：一是科技创新能力更强，尤其是科学原创能力更强；二是经济体量更大、综合国力更强，也即科技与经济社会的互动更好；三是科技发展更均衡，没有明显的领域缺陷。综合来看，世界科技强国是指科技原创水平高、创新引领能力强、发展领域均衡，同时经济实力、综合国力、世界影响力强的国家。

（二）建设世界科技强国是新时代赋予中国的重要使命

科技是国之利器，社会生产力发展和综合国力提高，最终取决于科技创新。创新是引领发展的第一动力，科技是第一生产力。党的十九届五中全会指出，"坚持创新在我国现代化建设全局中的核心地位，把科技自立自强作为国家发展的战略支撑，面向世界科技前沿、面向经济主战场、面向国家重大需求、面向人民生命健康，深入实施科教兴国战略、人才强国战略、创新驱动发展战略，完善国家创新体系，加快建设科技强国"①。"十四五"时期是我国全面建成小康社会、实现第一个百年奋斗目标之后，乘势而上开启全面建设社会主义现代化国家新征程、向第二个百年奋斗目标进军的第一个五年。辩证认识和把握国内外大势，统筹中华民族伟大复兴战略全局和世界百年未有之大变局，必须大力提升科技创新能力，加快建设科技强国。因此，"十四五"时期，我国经济社会发展要以推动高质量发展为主题，加快构建新发展格局，更加需要以科技创新推动世界科技强国建设。

第一，科技创新是推动高质量发展的重要支撑。建设现代化经济体系，推动质量变革、效率变革、动力变革，都离不开科技创新的支撑。科技创新可以改变资源的组合方式，提高资源的利用效率，放大生产要素的效用；可以建立起新技术、新产品、新服务等新优势，提高产业、产品的竞争力；可以实现绿色发展，实现产业的升级和经济的可持续发展；可以推出更多涉及民生的科技创新成果，更好地满足人民对美好生活的向往；等等。实践证明，以大数据、云计算、物联网、人工智能等为代表的信息技术，对提升资源配置效率、催生新的经济形态、推动高质量发展具有重要作用。

第二，科技创新是构建新发展格局和经济社会高质量发展的重要支撑。构建新发展格局要坚持供给侧结构性改革这个战略方向，扭住扩大内需这个战略基点，形成需求牵引供给、供给创造需求的更高水平动态平衡。无论是畅通国内大循环，还是促进国内国际双循环，都离不开科技创新。大力推进科技创新及其他各方面创新，有利于加快推进数字经济、智能制造、生命健康、新材料等战略性新兴产业，形成新的增长点、增长极，有利于打通生产、分配、流通、消费等各个环节，逐步形成以国内大循环为主体、国内国际双循环相互促进的新发展格局，培育新形势下我国参与国际合作和竞争新优势。构建以国内大循环为主体、国内国际双循环相互促进的新发展格局是

① 《十九大以来重要文献选编》（中），中央文献出版社，2021，第793页。

应对复杂国际环境变化的重要战略选择，只有通过科技创新实现高水平科技自立自强、关键核心技术自主可控，才能支撑国内大循环经济体系的正常运行，保障新发展格局的建立，同时，只有通过科技创新实现高水平科技自立自强才能推动经济社会高质量发展，创造高品质的物质生活条件，满足人民对美好生活的追求和需要。

第三，科技创新是总体国家安全的重要保障。总体国家安全包括政治安全、国土安全、军事安全、经济安全、科技安全等相互依赖、相互促进的十一个方面，科技在社会发展中的基础地位和关键作用决定了科技安全是总体国家安全的重要基础和保障，只有通过科技创新实现高水平科技自立自强，才能真正保障总体国家安全。

第四，科技创新是实现中华民族伟大复兴的重要基础和保证。实现中华民族伟大复兴，需要实现经济、政治、社会、国防和科技等全方位的高度发展，科技的高度发展又是实现经济发展、社会进步、国防强大以及国家目标的重要基础。"科技立则国家立，科技强则国家强"，如果科技的发展受制于人，那么中华民族伟大复兴就无从谈起。

第五，科技创新是构建"人类命运共同体"、彰显大国责任和担当的力量源泉。构建人类命运共同体，既是人类社会健康发展的客观要求，也是中国贡献给世界人民的中国智慧和中国方案。倡导构建"人类命运共同体"以推进人类社会健康发展，体现大国责任和担当，需要强大科技经济实力。推进科技创新，实现高水平科技自立自强可以提高我国科技经济"势能"，为向更多国家和人民转化科技经济"动能"积蓄力量，科学辩证地处理好"独立自主"与"对外开放"的关系。

二　科技创新成为当代世界竞争的关键领域

今天，新一轮科技革命和产业变革正处在实现重大突破的历史关口。习近平总书记深刻指出，"科学技术从来没有像今天这样深刻影响着国家前途命运，从来没有像今天这样深刻影响着人民生活福祉"①。环顾全球，科技创新广度显著加大，深度显著加深，速度显著加快，精度显著加强。以人工智能、量子信息、移动通信、物联网、区块链为代表的新一代信息技术加速突破应用，以合成生物学、基因编辑、脑科学、再生医学等为代表的生命科学领域孕育新的变革，融合机器人、数字化、新材料的先进制造技术正在加速推进制造业向智能化、服务化、绿色化转型，以清洁高效可持续为目标的能源技术加速发展将引发全球能源变革，空间和海洋技术正在拓展人类生存发展的新疆域。科技变革带来历史性机遇，抓住机遇需要各国展现智慧、付诸行动。世界经济复苏面临严峻挑战，充分发挥科技为人类服务的关键作用，具有更加突出的现实紧迫性。

（一）科技创新是中国应对激烈国际竞争的战略支撑

当前科学技术已经成为第一生产力。邓小平指出："马克思讲过科学技术是生产力，这是非常正确的，现在看来这样说可能不够，恐怕是第一生产力。"② 科学技术是第一生产力，主要是指科学技术越来越成为生产力中第一位的决定性因素。科学技术发展突飞猛进，极大地推动了生产力发展和社会进步，创造了空前丰富的物质文化财富。科技进步和创新越来越成为先进生产力的集中体现和主要标志。解决世界各国共同面临的资源、环境、人口等重大问题都离不开科学技术的进步。

未来 5 年将是全球新一轮科技革命从蓄势待发到产业化竞争的关键期，也是中国新旧发展动能转换的关键期。科技创新和高科技产业成为国际竞争博弈的焦点。政府、社会治理模式面临着新技术的再武装、再装备和再改造。新一轮科技革命和产业变革正在重构全球创新版图、重塑全球经济结构，科技创新成为国际战略博弈的主要战场，围绕科技制高点的竞争空前激烈。在此背景下，世界各主要国家纷纷出台新的创新战略，国际科技竞争空

---

① 习近平：《在中国科学院第十九次院士大会、中国工程院第十四次院士大会上的讲话》，人民出版社，2018，第 7 页。
② 《邓小平文选》第 3 卷，人民出版社，1993，第 275 页。

前激烈。国际科技竞争本是常态,良性竞争既让本国发展得更快更强,也促进世界共同进步。然而,一段时间以来,个别国家为垄断自身科技优势,不惜泛化国家安全概念,对其他国家科技发展进行遏制打压,把科技问题政治化、武器化,执意打造所谓"小院高墙""平行体系",在关键核心技术方面设置壁垒,阻挠他国发展。这些做法违背科技发展规律,损害全球共同利益,也影响到了中国的稳定发展。面对日益复杂激烈的国际竞争环境,中国时常在关键核心技术方面受制于人,造成这些问题的重要原因之一就是我国科技基础的支撑保障能力不足。要摆脱关键核心技术卡脖子的被动局面,就必须继续坚持发扬自力更生、艰苦奋斗的精神,加大科技创新力度,实现科技自立自强。

(二)科技创新是中国实现科技自立自强、建设社会主义现代化国家的战略支撑

科技自立自强是指在新的历史阶段下强调要靠自主创新把国家发展和国家安全的主动权掌握在自己手里,贯彻新发展理念,构建新发展格局,以推动高质量发展和实现社会主义现代化的远景目标。综合分析国内外形势,当前和今后一个时期,我国发展仍然处于重要战略机遇期,但机遇和挑战都有新的发展变化。从内部看,中国科技事业发展面临由"量大"到"质强"及构建新发展格局的迫切需求;从外部看,中国面临着新一轮科技革命和产业变革快速演进、以美国为首的西方国家的科技封锁、逆全球化思潮的兴起、乌克兰危机带来的世界秩序的变化等。因此,"自立"可理解为自主创新,国家发展的安全、可控、可持续发展;"自强"可理解为创新的高质量高水平,科技引领能力和原始创新能力的极大提升。坚持实现科技自立自强,是中国抢抓新一轮科技革命和产业变革战略机遇的关键,是中国成为世界科学中心和创新高地、跻身全球一流的科技创新型国家行列的战略举措,是促进实现高质量发展、加快建设社会主义现代化国家的必然要求。

科技创新支撑引领迈向全面建设社会主义现代化国家新征程。首先,科技创新支撑引领着国家安全发展,这是全面建设社会主义现代化国家的前提

条件。面对深刻变化的外部环境，加强国家安全体系和能力建设，确保国家经济安全，保障人民生命安全，维护社会稳定和安全，都需要科技创新作支撑。其次，科技创新支撑引领全面建设社会主义现代化，这是全面建设社会主义现代化国家的总体目标。科技创新支撑引领着经济现代化，支撑引领着基本实现新型工业化、信息化、城镇化、农业现代化，建成现代化经济体系；科技创新支撑引领着社会现代化，人民平等参与、平等发展权利得到充分保障，基本建成法治社会；科技创新支撑引领着政治现代化，基本实现国家治理体系和治理能力现代化；科技创新支撑引领着文化现代化，建成文化强国、教育强国、人才强国，国民素质和社会文明程度达到新高度，国家文化软实力显著增强；科技创新支撑引领着生态文明建设，广泛形成绿色生产生活方式，碳排放达峰后稳中有降，生态环境根本好转，美丽中国建设目标基本实现。最后，科技创新支撑引领着国防和军队现代化，这是全面建设社会主义现代化国家的重要保障。通过科技创新实现科技强军是新时代推动科技发展的题中应有之义，是加快国防机械化、信息化、智能化融合发展，优化国防科技工业布局的根本支撑和引领力量。

（三）科技创新是推动世界经济发展、应对全球性挑战的战略支撑

世界经济稳定发展需要科技创新提供动力源泉。历史经验表明，世界经济长远发展的动力源自科技创新。体制机制变革释放出的活力和创造力，科技进步造就的新产业和新产品，是历次重大危机后世界经济走出困境、实现复苏的根本。国际货币基金组织总裁格奥尔基耶娃指出，当前世界经济增长势头正在放缓，不确定性和风险上升，各国经济都面临艰难的"障碍赛"。要跨越种种发展障碍，必须向科技创新要答案。

应对全球性挑战需要科技创新提供有力武器。面对气候变化、环境恶化、重大自然灾害频发、能源资源短缺、粮食安全等一系列全球性挑战，当今世界同样需要依靠科技创新找到有效应对途径。妥善把握科技变革的"双刃剑"效应，本身也是当今时代一大全球性挑战，需要各国未雨绸缪、加强协调，共同加强全球科技治理。

人类社会正站在历史的十字路口，唯有加强全球科技创新合作，充分发挥科技撬动经济社会发展的杠杆作用，才能将创造未来的主动权牢牢握在自己手中。

三　当代科技创新的世界大势与中国优势

当今世界正处于百年未有之大变局，新一轮科技革命和产业变革深入发展，国际力量对比深刻调整，和平与发展仍然是时代的主题，人类命运共同体理念深入人心，同时国际环境日趋复杂，不稳定性不确定性明显增加。我们必须对世界发展格局和形势，以及我国面临的国际环境进行科学分析，只有这样才能精准把握当前乃至今后世界科技创新大势。

（一）当代世界科技创新大势日趋复杂

纵观人类历史，科技创新在世界发展、人类进步中发挥着极为重要的作用。当今世界百年未有之大变局加速演进，国际环境错综复杂，世界经济陷入低迷期，全球产业链供应链面临重塑，不稳定性不确定性明显增加。在世界百年未有之大变局下，国际环境的复杂性、不稳定性、不确定性成为新常态，相应地，科技创新世界大势将趋于复杂化。

1. 当代科技创新的发展特征和趋势

一是当代科学技术加速融合发展。加速和融合是当代科技的两大发展态势，主导着其发展走向，具体体现在四个方面。

第一，当代科学技术加速发展，主要表现为科技投入加大、科学技术日益交叉融合、知识生产不断增多以及科技转化周期不断缩短等。以科技成果从开发到普及间隔为例，电话走进美国家庭花费了 60 年，互联网仅耗时 5 年。第三次科技革命之后，科技转化进一步加快，很多新科学理论被迅速应用，如从电磁理论到无线电技术。

第二，当代科学技术一体化发展，主要表现为科学技术化、技术科学化、技术产业化、科学技术与社会一体化等。科学技术化增强了科学的实践性，反映了科学转化效率的提高。技术科学化有助于技术跳出"经验主义"窠臼，让看似神秘的独门技艺能够被推广，增加惠及度。同时，科学和技术融合也催生了新的科技形式，譬如"技性科学"。

第三，当代科学和技术交叉融合，主要表现为交叉科学群和新技术群的出现。当代科技发展呈现分化和融合两大趋势，一方面是学科的日益细分，另一方面是学科的交叉碰撞。两种趋势对立统一，成为主导科技发展的基本旋律。交叉科学群一般以领域命名，如系统科学、量子科学。新技术群一般以核心技术命名，如先进制造技术群、人工智能技术群。

第四，自然和人文社会科学交叉融合，主要表现为科学文化和人文文化、自然科学和人文社会科学的融合。今天，自然科学常为人文社会科学提供工具和方法，而后者则常为前者规划目标、提出问题。而且，两者的融合还直接产生一些新的研究方向。

二是当代科学技术竞争日趋激烈。当前，新一轮科技革命和产业变革呈现叠加态势，推动科技创新进入密集期和活跃期，引发了以颠覆性技术频出、新产业新业态涌现、生产力和生产关系调整为主要标志的科技新态势。这种科技新态势本质是科技竞争的日趋激烈，具体体现在三个方面。

第一，科技创新战略在综合国力竞争中的地位日益提高。大战略服务大需求。面对激烈竞争，各国纷纷出台极具动员力的科技创新战略。例如，美国的"星球大战"计划、日本的"振兴科学技术政策大纲"、德国的"高技术战略2020"、欧共体的"地平线2020"规划等，都反映了对科技的高度重视和战略规划。

第二，发达国家在高技术领域仍占据明显优势，新兴市场国家和发展中国家竞争力不断提升。传统优势国家的老而弥坚和后发国家的强势崛起之间正在相互碰撞，守护旧格局和塑造新格局的博弈日趋激烈。这种竞争主要聚焦谁能在新兴产业中拥有更多的核心技术、谁能成为新兴业态的行业标准。

第三，把科技创新作为国家战略，积极投入"大科学工程""大科学计划"。"大科学工程"是指大规模集中人、财、物资源的基础性和前沿性研究工程，如阿波罗工程、超级计算机工程等。同理，"大科学计划"也反映了类似逻辑，如人类基因图谱研究计划等。上述项目既可以汇聚人才、设备和经费等科学资源，也可以构筑学术平台或学术高地，如国家实验室、科学中心等。

三是新一轮科技革命蓄势待发。科技革命是对科技全面性、根本性的变革。历史上，我们已经历三次科技革命，分别以蒸汽、电气和信息为核心元素。目前，以大数据、人工智能、新型材料、空间探索等为主要代表的先进技术蓬勃发展，正在点燃新一轮科技革命，即"第四次科技革命"。具体来说，新一轮科技革命呈现出以下特点。

第一，新一轮科技革命以多个学科发展为支点，形成了体系化的动力机制与协同结构。新一轮科技革命以信息科技为先导，以新材料科技为基础，以新能源科技为动力，以海洋科技为内拓，以空间科技为外延，以生命科技为重点。

第二，新一轮科技革命通过促进科技与产业融合，深化国际分工，改变人类生产与生活方式，体现出"历史的有力杠杆"。目前，以数字化、网络化、智能化为特征，一批战略性新兴产业集群逐渐形成，进一步细化了产业分工，使得产品、零件和工艺等更加细致的分工方式不断出现。

第三，新一轮科技革命促使全球网络空间和现实空间深度融合，使得国家间"技术鸿沟"和"数字鸿沟"持续拉大。随着科技发展，技术和信息逐渐成长为重要的生产要素。由于不同国家对这些要素的掌握、应用和创新能力存在差异，数字全球化的过程也是各国极度分化，引发剧烈技术鸿沟和数字鸿沟的过程。

2. 当代科技创新使世界大势趋于复杂化

16世纪以来，世界发生了多次科技革命，一些国家抓住科技革命的难得机遇，经济实力、科技实力、国防实力迅速增强，综合国力快速提升。历史经验表明，科技革命总是能够深刻影响世界格局。在一定意义上说，科技实力决定着世界经济政治力量对比的变化，也决定着各国各民族的前途命运。因此，蓄势待发的新一轮科技革命将对世界经济结构和竞争格局产生重大影响，引起国际经济政治关系的深刻变化，促进国际经济分工结构的深刻调整。

第一，当代科技创新将使国际科技创新力量对比深刻调整。国际贸易摩擦和新冠疫情使得国际产业链、供应链深受影响甚至出现断裂，全球价值链面临重构，各国都在积极寻找推动新一轮经济发展的新引擎，科技创新推动全球价值链重构的作用越来越大。未来拥有较强科研发展能力、较高自主创新能力的国家，能够向科技产业链、全球价值链的上游攀升，在国际科技创新格局中的地位将不断提高。

第二，科技创新国际合作始终是发展大趋势。随着全球产业分工的不断加强，科技的闭门创新已经不再适合当今以及未来世界的发展，科技创新需要汇聚更广泛的智慧和力量。人类社会正站在历史的十字路口，唯有加强全球科技创新合作，充分发挥科技撬动经济社会发展的杠杆作用，才能将创造未来的主动权牢牢握在手中。

3. 科技创新酝酿着新一轮科技革命，给世界各国带来新机遇和挑战

当前，全球科技创新空前密集活跃，世界各国争相调整、适应，抓紧实施必要改革。新时代的中国迎来新一轮科技革命和产业变革同中国转变发展方式的历史性交汇期，既面临着千载难逢的历史机遇，又面临着差距拉大的严峻挑战。有的历史性交汇期可能产生同频共振，有的历史性交汇期可能擦肩而过。要顺应时代潮流，坚持把创新作为引领发展的第一动力，加快实施创新驱动发展战略，抓住实现国家现代化、实现民族复兴的历史机遇。

第一，新一轮科技革命为世界各国带来良好发展机遇。科技革命是对科技全面性、根本性的变革。历史上，我们已经历三次科技革命，分别以蒸汽、电气和信息为核心元素。目前，以大数据、人工智能、新型材料、空间探索等为主要代表的先进技术蓬勃发展，正在点燃新一轮科技革命，即"第四次科技革命"。具体来说，新一轮科技革命是以信息科技为先导，以新材料科技为基础，以新能源科技为动力，以海洋科技为内拓，以空间科技为外延，以生命科技为重点，通过促进科技与产业融合、深化国际分工，使全球网络空间和现实空间深度融合的深刻革命，将推动人类进入"人机物"三元融合的万物智能互联时代。能否抓住机遇，在科学技术领域赢得更大的主动权，是世界各国都必须思考的重大课题。科技革命促使各个领域不断实现科技创新的重大突破，加快应用正在重塑全球经济结构，并使产业和经济竞争的赛场发生转换，帮助国家充分把握新一轮科技革命和产业变革的重大机遇，通过科技创新的优势实现对新规则的制定，牢牢掌握科技竞争的主动权，进而在国际竞争中占据优势。

第二，新一轮科技革命也对当代世界提出严峻挑战。一方面，新科技革命使得国家间"技术鸿沟"和"数字鸿沟"持续拉大、极度分化，引发剧烈"技术鸿沟"和"数字鸿沟"，加剧全球发展的不平衡。同时，围绕网络、海洋、太空、极地四大"全球公地"，各国角逐新边疆主导权与规则制定权的斗争愈演愈烈，国家间不均衡发展在加剧，全球发展面临网络空间与现实空间深度融合的挑战，发展中国家都将面临"推长板"与"补短板"的双重挑战。例如，在 3D 打印、5G 通信、可植入技术、人工智能、大数据、共享经济、数字医疗、先进制造等新兴领域，成功建立了面向未来的国际准则的国家和地区将获得巨大经济和财政收益。再如，科技发达国家在技术领域处于优势，而低收入国家原本的廉价劳动力优势也可能为新技术带来的改变所打破，这将进一步拉大全球不同发展程度国家间的差距。另一方面，科技进步在带来生产方式、生活方式及思维方式重要变革的同时，也给当代社会带来伦理方面的挑战，其中最大的挑战就是技术失控和责任主体模糊问题。技术一旦失控，就会给人类生存和生活带来巨大威胁。在新兴科技的伦理规约挑战中，技术设计的美好愿望与技术后果的失控是主要矛盾，人们往往陷入既想通过技术转变升级生产方式和生活方式，又不想让技术进入非技术领域的两难选择。

面对上述机遇和挑战，世界各国争相制定实施各种科技发展规划，以适应科技创新发展新趋势。例如，美国先后颁布《2019 年安全可信通信网络法案》《宽带数据法》《2020 年安全 5G 及以后法案》《2020—2030 年国家流感疫苗现代化战略》等，以帮助其能在科技创新领域保持竞争优势。再比如，欧盟委员会于 2013 年底批准实施"地平线 2020"规划，这是一项期限为 7 年、预算总额约为 770 亿欧元的科研规划方案，也是第七个欧盟科研框架计划之后的主要科研规划。根据"地平线 2020"规划，欧盟委员会建议成员国将研发经费在国内生产总值中所占比例从现在的 2% 左右增至 2020 年的 3% 。2020 年，德国相继发布《国家生物经济战略》和《国家氢战略》，修订新的《人工智能战略》，促进"创新与结构转型"。在应对新冠疫情的经济复苏计划中，德国规划了约 500 亿欧元的科研创新和卫生资金投入，将科研发展的重点落在数字化与技术主权、医药研究和气候保护科技等领域。

（二）中国要发挥自身优势把握科技创新机遇

在近代，由于国内外各种原因，我国屡次与科技革命失之交臂，从世界强国变为任人欺凌的半殖民地半封建国家，我们的民族经历了一个多世纪列强侵略、战乱不止、社会动荡、人民流离失所的深重苦难。在那个国家积贫积弱的年代，多少怀抱科学救国、教育救国理想的人报国无门，留下了深深的遗憾。因此，在革命、建设、改革各个历史时期，中国共产党都高度重视科技事业。从革命时期高度重视知识分子工作，到新中国成立后吹响"向科学进军"的号角，再到改革开放提出"科学技术是第一生产力"的论断；从进入新世纪深入实施知识创新工程、科教兴国战略、人才强国战略，不断完善国家创新体系、建设创新型国家，到党的十八大后提出创新是第一动力、全面实施创新驱动发展战略、建设世界科技强国，科技事业在党和人民事业中始终具有十分重要的战略地位、发挥了十分重要的战略作用。经过新中国成立以来特别是改革开放以来的不懈努力，我国科技整体能力持续提升，一些重要领域跻身世界先进行列，某些前沿方向开始进入并行、领跑阶段，正在从量的积累迈向质的飞跃、从点的突破迈向系统能力的提升。

1. 中国科技创新取得新的历史性成就

第一，基础研究和原始创新取得重要进展。基础研究整体实力显著加强，化学、材料、物理、工程等学科整体水平明显提升。在量子信息、干细胞、脑科学等前沿方向上取得一批重大原创成果。成功组织了一批重大基础研究任务，"嫦娥五号"实现地外天体采样返回，"天问一号"开启火星探测，"怀柔一号"引力波暴高能电磁对应体全天监测器卫星成功发射，"慧眼号"直接测量到迄今宇宙最强磁场，500 米口径球面射电望远镜首次发现毫秒脉冲星，新一代"人造太阳"首次放电，"雪龙2"号首航南极，76个光子的量子计算原型机"九章"、62比特可编程超导量子计算原型机"祖冲之号"成功问世。散裂中子源等一批具有国际一流水平的重大科技基础设施通过验收。

第二，战略高技术领域取得新跨越。在深海、深空、深地、深蓝等领域积极抢占科技制高点。"海斗一号"完成万米海试，"奋斗者"号成功坐底，北斗卫星导航系统全面开通，中国空间站天和核心舱成功发射，"长征五号"遥三运载火箭成功发射，世界最强流深地核天体物理加速器成功出束，"神威·太湖之光"超级计算机首次实现千万核心并行第一性原理计算模拟，"墨子号"实现无中继千公里级量子密钥分发。"天鲲号"首次试航成功。"国和一号"和"华龙一号"三代核电技术取得新突破。

第三，高端产业取得新突破。C919大飞机准备运营，时速600千米高速磁浮试验样车成功试跑，最大直径盾构机顺利始发。北京大兴国际机场正式投运，港珠澳大桥开通运营。智能制造取得长足进步，人工智能、数字经济蓬勃发展，图像识别、语音识别走在全球前列，5G移动通信技术率先实现规模化应用。新能源汽车加快发展。消费级无人机占据一半以上的全球市场。甲醇制烯烃技术持续创新带动了我国煤制烯烃产业快速发展。

第四，科技在新冠疫情防控中发挥了重要作用。科技界为党和政府科学应对疫情提供了科技和决策支撑。成功分离出世界上首个新冠病毒毒株，完成病毒基因组测序，开发一批临床救治药物、检测设备和试剂，研发应用多款疫苗，科技在控制传染、病毒溯源、疾病救治、疫苗和药物研发、复工复产等方面提供了有力支撑，打了一场成功的科技抗疫战。

第五，民生科技领域取得显著成效。医用重离子加速器、磁共振、彩超、CT等高端医疗装备国产化替代取得重大进展。运用科技手段构建精准扶贫新模式，为贫困地区培育科技产业、培养科技人才，科技在打赢脱贫攻坚战中发挥了重要作用。煤炭清洁高效燃烧、钢铁多污染物超低排放控制等多项关键技术推广应用，促进了空气质量改善。2022年我国的新能源汽车产销量达到688.7万辆，全球的销量占比超过60%，连续8年稳居全球新能源汽车产销第一①；2023 年由于新能源汽车的带动，我国的汽车出口量超过了日本，首次跃居世界第一②。我国并网风电和光伏发电合计装机规模从 2022 年底的 7.6 亿千瓦，达到 2023 年底的 10.5 亿千瓦，突破 10 亿千瓦大关，同比增长 38.6%，占总装机容量比重为 36%；风电装机连续 14 年位居全球第一，光伏发电装机连续多年位居全球第一。③

第六，国防科技创新取得重大成就。国防科技有力支撑重大武器装备研制发展，首艘国产航母下水，第五代战机歼－20 正式服役。东风－17 弹道导弹研制成功，我国在高超音速武器方面走在前列。

2. 中国科技创新积累的后发优势

科技浩瀚无垠，探索永无止境。我国科技事业起步晚、起点低，从白手起家到成就举世瞩目，70 多年来，一代又一代中国人自力更生、艰苦奋斗，敢于走别人没有走过的路，推动科技事业从无到有、从小到大，走出一条独立自主、自力更生的中国特色自主创新道路。当前，科技创新作为推动国家科技进步的强大引擎，已经成为国际战略博弈的主要战场。

随着新一轮科技革命和产业变革深入发展，科技创新活动不断突破地域、组织、技术的界限，演化为创新体系的竞争，创新战略竞争在综合国力竞争中的地位日益提高。当前，中国已由高速增长阶段转向高质量发展阶段，既有良好发展机遇，也面临严峻复杂挑战。因此，中国要打造世界主要科学中心和创新高地，实现建设社会主义现代化国家和民族复兴的伟大目标，就必须始终坚持把科技自立自强作为国家发展的战略支撑，充分利用现有优势，大力发展科学技术，围绕国家战略需求，聚焦推进科技治理体系和治理能力现代化，强化国家战略科技力量，大幅提升科技攻关体系化能力，在若干重要领域形成竞争优势、赢得战略主动。

①《工信部：我国新能源汽车产销连续 8 年位居世界第一》，光明网，2023 年 3 月 1 日，https://m. gmw. cn/baijia/2023－03/01/1303298743. html。
②《我国汽车出口，首次跃居全球第一》，《人民日报》（海外版）2024 年 2 月 5 日。
③《预计今年底装机规模首次超煤电 新能源发展进入关键节点》，央广网，2024 年 4 月 2 日，https://news. cnr. cn/native/gd/20240402/t20240402_526649063. shtml。

第一，中国的科技创新更具开放性、交流性、合作性。中国的科技创新从来都不是封闭式的创新，改革开放 40 多年来，始终秉持开放合作理念，对推动中国科技创新发挥了重要作用。中国一直强调以全球视野谋划科技创新，积极融入世界创新体系。今后，中国的科技创新和发展越来越离不开世界，世界的科技发展也越来越需要中国。随着我国科技创新的法律政策环境进一步优化，知识产权保护进一步加强，中国将成为全球科技创新的热土。

第二，中国在世界科技创新格局中的地位将不断提高。中国在高铁、高端装备制造业等领域已经位居世界前列，随着我国创新驱动发展战略的实施，中国自主科研创新能力得到了更快发展，有望在某些领域的科技创新中领先世界，将产业作为科技创新运用和推广的载体，抢占国际中高端产业链。

第三，中国要发挥自身优势把握科技创新机遇。党的十九届五中全会指出，"实行高水平对外开放，开拓合作共赢新局面。坚持实施更大范围、更宽领域、更深层次对外开放，依托我国大市场优势，促进国际合作，实现互利共赢"①，这就要求我们继续贯彻落实新发展理念，更加重视科技自主创新，特别是原发性科技创新。近年来，"墨子号"量子科学实验卫星首次实现千公里级基于纠缠的量子密钥分发，以 5G 为代表的新一代数字技术成为缓解疫情冲击、带动经济增长的重要因素，全球都能够获得北斗系统高质量的导航、定位和授时服务，大国重器举世瞩目。随着国际贸易摩擦更为频繁，逆全球化沉渣泛起，全球产品供应链受到人为阻挠，特别是以美国为代表的西方发达国家对以我国为代表的新兴经济体以及发展中国家实施高新技术断供政策。为此，我国更加重视本国科技自主创新，梳理"卡脖子"清单，将其列为科技创新清单，因为关键核心技术要不来、买不到。只有不断增强中国科技自主创新意识，积极学习借鉴国际先进经验，同时向世界分享更多的中国科技创新成果，才能在应对全球化挑战中贡献更多的中国智慧。

---

① 《十九大以来重要文献选编》（中），中央文献出版社，2021，第 807 页。

四　推动科技强国建设的战略路径

党的二十大提出到 2035 年建成科技强国的目标。科技强国是社会主义现代化国家建设之基、发展之核、安全之要。建设世界科技强国可以有效支撑我国现代化建设，是中华民族伟大复兴的重要组成部分，有利于推动我国构筑全球创新资源和创新人才高地。在新一轮科技革命和产业变革重构全球创新版图、重塑全球经济结构的时代背景下，科学技术从来没有像今天这样深刻影响着国家前途命运，从来没有像今天这样深刻影响着人民幸福安康，要实现全面建设社会主义现代化国家的伟大目标，以中国式现代化全面推进中华民族伟大复兴，就必须具有强大的科技实力和创新能力。

只有紧紧抓住和利用好新一轮科技革命和产业变革的机遇，积极应对，才能"弯道超车"。只有坚持党的全面领导，充分调动一切积极因素，广泛团结一切可以团结的力量，形成科技创新推动发展的强大合力，发挥体制优势，才能掌握全球科技竞争先机，前瞻性地对中国的科技创新进行顶层设计、系统集成和精准施策，使中国在开路超车的新赛事中崛起，让中国成为政策与市场聚焦的世界科技创新"人才集聚地""资源富集地""政策洼地""制度高地"。

（一）继续坚持加强党对科技事业的全面领导，为加快建设科技强国提供战略指引

新中国成立 70 多年来，我国在科技事业发展方面取得了辉煌成就，最根本的原因在于坚持党的领导。习近平总书记强调，"我们坚持党对科技事业的领导，健全党对科技工作的领导体制，发挥党的领导政治优势，深化对创新发展规律、科技管理规律、人才成长规律的认识，抓重大、抓尖端、抓基础，为我国科技事业发展提供了坚强政治保证"①。历史经验表明，中国共

---

① 习近平：《在中国科学院第十九次院士大会、中国工程院第十四次院士大会上的讲话》，人民出版社，2018，第 2 页。

产党在领导科技事业发展过程中，牵头制定科技发展战略规划，组织重点科研项目攻关，在服务保障科技人员等方面都显示出显著的领导和组织优势，中国共产党领导是充分发挥社会主义集中力量办大事这一制度优势的前提条件。中国共产党通过加强政治引领和优化顶层设计，使得科技发展战略的实施兼具方向性和灵活性；坚持党的全面领导，坚持和完善党领导经济社会发展的体制机制，坚持重视科技创新主体，优化科技创新生态环境，是科技创新发展的根本保证。

加快建设科技强国首先需要坚持和加强党对科技事业领导，以党的坚强领导力保障科技工作的高效执行力。第一，坚持"全国一盘棋"，健全党对科技工作的领导体制，按照党中央的决策部署来推进科技发展战略谋划、科技政策制定和落实等各项工作，激发科技界创新热情，凝聚全社会创新力量。第二，把习近平总书记关于科技创新的重要论述转化为科技惠民的政策实践，以"人民美好生活需要"的现实问题为切入点，加强医药、食品、环境等基础领域的科研攻关，将科研成果应用于人民生活。完善支撑公共服务的科技研发和应用体系，为教育、医疗、养老、住房等民生领域的精准普惠服务提供技术保障。第三，增强党中央在推进区域协调发展战略中的政治引领作用，处理好中央和地方关系，使各地区立足自身优势和产业发展需求，合理布局区域性科技创新，支持有条件的地方建设区域科技创新中心，缩小中西部与东部的数字鸿沟、技术鸿沟，解决地区差距、城乡差距、收入分配差距等突出问题。

（二）把握新一轮科技革命的战略机遇，围绕"四个面向"部署推动重点领域科技创新

党的十八大以来，习近平总书记多次阐述科技自立自强在我国经济、社会进步中的作用。他强调，"以推动重大科技项目为抓手，打通'最后一公里'，拆除阻碍产业化的'篱笆墙'，疏通应用基础研究和产业化连接的快车道，促进创新链和产业链精准对接，加快科研成果从样品到产品再到商品

的转化，把科技成果充分应用到现代化事业中去"①。纵观全球科技强国的发展历程，顺应科技革命的潮流往往直接决定了产业转型升级的方向。当前，要以智能制造为主攻方向推动产业技术变革和优化升级，推动制造业产业模式和企业形态根本性转变，以"鼎新"带动"革故"，以增量带动存量，促进我国产业迈向全球价值链中高端。因此，科技自立自强对于抢占产业变革先机和推动经济高质量发展具有战略作用。

科技发展始终要面向世界科技前沿、面向经济主战场、面向国家重大需求、面向人民生命健康，前瞻布局关系国家根本和全局的重点领域科技创新。基础研究是科技创新的源头，我们要更加注重基础研究，完善基础学科布局，推动基础学科与应用学科均衡协调发展。同时，要瞄准未来科技和产业发展的制高点，优化财政科技投入、加大基础研究财政投入力度、优化支出结构，形成持续稳定的投入机制。

（三）健全新型举国体制，完善国家创新体系，打赢关键核心技术攻坚战

习近平总书记强调，集中力量办大事是"我们成就事业的重要法宝"，"过去我们取得重大科技突破依靠这一法宝，今天我们推进科技创新跨越也要依靠这一法宝"。② 党中央提出要健全社会主义市场经济条件下新型举国体制，对完善科技创新体制机制作出具体部署。我国科技创新已步入跟踪和并跑、领跑并存的新阶段，急需布局一批体量更大、学科交叉融合、综合集成的国家实验室、国家工程研究中心等承载国家使命的科研机构。打赢关键核心技术攻坚战必须下好基础研究的"先手棋"，强化国家战略科技力量，锻造一支体现国家意志、服务国家需求、代表国家水平的"国家队"。第一，优化国家创新体系结构。加快国家重点实验室的重组，以国家使命和创新绩效导向建立国家实验室体系。第二，加强协同创新能力建设，建立完善企业

---

① 《习近平谈治国理政》第 3 卷，外文出版社，2020，第 249 页。
② 《习近平著作选读》第 1 卷，人民出版社，2023，第 496 页。

参与科技决策、承担重大科技任务等相关机制和政策。支持企业组建创新联合体，有效突破产业共性与关键技术，优化产业创新生态。第三，优化国家战略科技力量空间布局，支持北京、上海、粤港澳大湾区国际科技创新中心建设，推动京津冀、长三角、珠三角等重点区域率先实现高质量发展，带动国家自主创新示范区、高新区等重点区域高质量发展。

（四）完善国家科技治理体系，激发各类人才创新活力

在新的历史起点上，加快建设科技强国，需要围绕实现高水平自立自强，深化科技体制改革，完善国家科技治理体系。第一，推动科技创新力量布局、要素配置、人才队伍体系化协同化，坚决破除影响和制约科技核心竞争力提升的体制机制障碍，着力完善评价制度等基础改革。第二，加强和改进全面深化改革的顶层设计，明确企业、高校、科研院所在创新链不同环节的功能定位，发挥企业"出题者"作用，加快构建龙头企业牵头、高校院所支撑、各创新主体相互协同的创新联合体，提高科技成果转移转化成效。第三，加快科技行政部门的职能从研发管理向创新服务转变，加强对重大科研项目的政策引导，为企业提供更精准的指导和服务。加快建设世界科技强国，关键是要建设一支规模宏大、结构合理、素质优良的创新人才队伍。习近平总书记强调，"要建立让科研人员把主要精力放在科研上的保障机制，让科技人员把主要精力投入科技创新和研发活动"[①]。各级党委和政府要充分尊重人才，加强对科研活动的科学管理和服务保障，在全社会营造尊重劳动、尊重知识、尊重人才、尊重创造的环境，构筑集聚全球优秀人才的科研创新高地。

（五）参与全球治理，为构建人类命运共同体作出更大科技贡献

科学技术是人类共同的财富，应该广泛造福全人类，人类面临的共同挑战需要各国携手应对。党的十八大以来，我国秉持人类命运共同体理念，扩

---

① 《习近平著作选读》第 2 卷，人民出版社，2023，第 475 页。

大科技领域开放合作，主动融入全球科技创新网络，继续积极牵头组织发起国际大科学计划和大科学工程。实施更加开放包容、互惠共享的国际科技合作战略，在坚持把自己的事情办好、持续提升科技自主创新能力的同时，以更加开放的思维和举措推进国际科技交流合作，在开放合作中提升自身科技创新能力。科技实力既决定着世界政治经济力量对比的变化，也决定着各国各民族的前途命运。踏上第二个百年奋斗目标的奋进之路，要正确认识错综复杂的国际形势，踊跃占据世界科技和产业发展的高地，推进构建人类命运共同体。保护知识产权就是保护创新。国际局势复杂严峻，科技创新和知识产权已成为大国博弈的重要筹码，我们要在加强国际科技交流合作的进程中，深度参与全球知识产权治理，做好海外知识产权布局与保护，全面提升中国科技在全球创新格局和知识产权国际事务中的地位和影响力，提出中国标准、形成中国示范、贡献中国智慧，做到习近平总书记所指出的"让中国科技为推动构建人类命运共同体作出更大贡献！"①

（六）充分发挥海南自贸港"国家重大战略服务保障区"作用

自 2018 年习近平总书记发表"4·13"重要讲话以来，特别是《海南自由贸易港建设总体方案》发布迄今，海南坚定实施创新驱动发展战略，始终坚持把科技创新摆在自贸港建设的关键位置，以科技创新赋能高质量发展，围绕"陆""海""空"三个层面打造科技创新高地，持续为国家重大战略服务保障区建设提供科技支持。

陆，即"南繁"。海南围绕"一城两基地三园"布局，成立海南省崖州湾种子实验室，全力推进"南繁硅谷"建设，打造国家南繁科研育种基地和全球动植物种质资源引进中转基地"两地"，形成作物、畜禽、水产三类现代种业产业园将硅谷育种创新成果有效转化、带动产业发展的重要平台。南繁基地现已成为中国农业科技创新和新品种选育的"孵化器"和"加速器"、全国种业力量最大集聚地、最知名种业科研打卡地。据海南省南繁管

---

① 《习近平著作选读》第 2 卷，人民出版社，2023，第 474 页。

理局统计，每年有来自全国29个省（区、市）、超过800家"育、繁、推"种业单位、超8000名科技人员在海南从事南繁育制种工作，每年有超过300万份的育种材料及品种进入南繁区。新中国成立以来育成的近3万个农作物新品种，70%以上经历了南繁加代和选育。

海，即"深海"。近年来，海南立足海洋强省建设目标，发挥资源优势，围绕推动海洋科技实现高水平自立自强，集聚优势资源加强原创性、引领性科技攻关，重点布局"一市、一城、一港（三亚市、三亚崖州湾科技城、南山港）"，努力在深海探测、深海开发方面掌握关键核心技术，推进重大项目建设，发展"深蓝"特色产业，打造深海科技新高地。一方面稳步推进深海科技基础设施、深海科技创新平台建设，已建立运行省部共建"南海海洋资源利用国家重点实验室"、深海技术创新中心、崖州湾实验室，成功布设海底原位科学实验站，"奋斗者"号创全国载人深潜纪录，万米潜次和人数跃居世界首位；另一方面加快南海油气资源勘探开发，已经建设好我国首个自营1500米深水大气田"深海一号"并正式投产，引领我国油气开发迈入"超深水时代"。

空，即"航天"。依托文昌航天发射场，海南加快建设航天城科技创新公共平台，推进建设航天技术创新研究院，加快围绕发展火箭链、卫星链、数据链布局重大的科技创新平台，打造空间科技创新战略高地。先后引进中国科学院空天信息研究院在三亚设立"中国科学院空天信息研究院海南研究院"中国航天科技集团、航天科工集团、中国星网等科技创新资源，协助省委军民融合办和文昌市启动建设航天城起步区、航天超算中心暨航天大数据产业集群项目，推进与中国科学院力学所、文昌市政府共同签订战略合作协议，发挥力学所在航天科技领域的资源等优势，助推文昌国际航天城建设。截至2023年2月底，文昌航天发射场已执行20余次航天发射任务。

海南将继续发挥自身优势，在南繁、深海和航天领域下好科技创新"先手棋"，加快布局"陆海空"三大未来产业，深度融入和服务保障粮食安全、海洋强国、航天强国等重大战略，加快打造科技创新高地，持续为国家重大战略服务保障区建设贡献自贸港力量。

　　科技创新永无止境，科技创新的前景鼓舞人心。展望未来，作为世界科技强国的中国将同国际社会一道，超越疆域局限和人为藩篱，共同推进科技开放合作，共享科技创新成果，为人类文明进步提供不竭动力，共创人类更加美好的未来。

理论思考

　　1. 如何看待新科技革命带来的社会变革与人类生活变化？

　　2. 相比以往科技革命，新一轮科技革命具有哪些新特征？

　　3. 如何理解新一轮科技革命给中国带来的机遇与挑战和实施创新驱动发展战略的重大意义？

重点阅读文献

　　1.《中华人民共和国国民经济和社会发展第十四个五年规划和 2035 年远景目标纲要》，人民出版社，2021。

　　2. 习近平：《为建设世界科技强国而奋斗——在全国科技创新大会、两院院士大会、中国科协第九次全国代表大会上的讲话》，人民出版社，2016。

　　3. 习近平：《在中国科学院第十九次院士大会、中国工程院第十四次院士大会上的讲话》，人民出版社，2018。

　　4. 习近平：《在中国科学院第二十次院士大会、中国工程院第十五次院士大会、中国科协第十次全国代表大会上的讲话》，人民出版社，2021。

专题八 危机与救赎：审视当代资本主义

 专题摘要

　　对当代资本主义本质的认识和把握，既是重大理论问题，也是重大现实问题。资本主义在经济全球化不断深入发展以及世界百年未有之大变局的背景下发生了一系列新变化。要坚持以习近平新时代中国特色社会主义思想为指导，辩证而全面地认识资本主义的进化形态、发展趋势、时代特点；准确把握资本主义经济危机产生的时代背景、社会历史条件及其形成和发展的具体过程，以及当代新表征，深刻理解经济危机爆发的根本原因和经济危机产生的影响；充分认识当代资本主义所面临的系统困境，分析造成资本主义系统困境的原因，对当代资本主义进行批判性的反思；科学认识当代资本主义的新变化新特征，分析其不可克服的固有矛盾，揭示其必然被社会主义所取代的历史趋势，从更为广阔的视野认清人类社会的发展方向，坚定中国特色社会主义的道路自信、理论自信、制度自信、文化自信。

 专题分析

　　2018 年 4 月 13 日，习近平总书记在庆祝海南建省办经济特区 30 周年的大会上郑重宣布，党中央决定支持"海南全岛建设自由贸易试验区，支持海南逐步探索、稳步推进中国特色自由贸易港建设"[①]。在国际政治经济格局发

　　[①] 习近平：《在庆祝海南建省办经济特区 30 周年大会上的讲话》，人民出版社，2018，第 11 页。

生深刻调整、世界进入动荡变革期的大背景下，党中央决定在海南高质量高标准建设自由贸易港，对标世界最高水平的开放形态，将海南打造成引领我国新时代对外开放的鲜明旗帜和重要开放门户。党的十八大以来，在以习近平同志为核心的党中央坚强领导下，我国顺应经济全球化大势，坚定不移推进高水平对外开放，积极融入世界经济，对外开放取得了一系列突破性进展和标志性成果。外贸发展成就斐然，引进外资和对外投资发展成果显著，全方位对外开放格局加快形成，自由贸易试验区和自由贸易港建设稳步推进，全球经济合作网络持续拓展。面对世界百年未有之大变局加速演进、世界经济复苏动力不足等态势，中国正在不断以自身新发展为世界提供新机遇，推动建设开放型世界经济。

　　反观资本主义世界，在国际金融危机的拖累下，近年来美欧主要国家推进全球化的意愿减弱，形成了一股"逆全球化"思潮，且其逐渐升级为一些国家的国家意志和政府政策。从历史的角度来看，西方现代物质文明和制度文明正是建立在推动经济全球化向前发展的基础上的，西方发达国家是经济全球化的最大受益者。那么，为什么恰恰在西方发达国家出现了"逆全球化"思潮呢？"逆全球化"思潮泛滥的背后是否隐藏着资本主义的危机与困境？资本主义是否能够通过所谓的"调整"或"修复"完成"自我救赎"？这需要我们运用历史唯物主义视角，从资本主义生产方式及其运行逻辑入手，观察世界百年未有之大变局中的当代资本主义，探究当代资本主义的系统困境及其成因。

一　变与不变：世界百年未有之大变局中的当代资本主义

　　当代资本主义已经发展到什么样的程度？出现了哪些新变化？这是必须回答的重大理论与现实问题。如果对这些重大理论与现实问题缺乏科学的认识和判断，就很难正确地认识和判断当前的国际形势和世界格局，就很难制定开展国际斗争和推动国内发展的正确战略策略。习近平总书记指出："世界格局正处在加快演变的历史进程之中，产生了大量深刻复杂的现实问题，提出了大量亟待回答的理论课题。这就需要我们加强对当代资本主义的研究，分析把握其出现的各种变化及其本质，深化对资本主义和国际政治经济关系深刻复杂变化的规律性认识。"[1]

（一）从自由垄断资本主义到国际金融垄断资本主义

随着经济全球化特别是新一轮科技革命的发展，社会化大生产在世界范围内迅速展开，生产、贸易、消费和资本的全球化日益推进，经济金融化、金融全球化日益强化，推动了垄断资本在世界范围内的不断扩张。资本主义在"二战"后虽然仍然保持着垄断特征，但是已经从商品垄断转向了资本垄断，转向的时间大体是"二战"结束到 20 世纪八九十年代。在苏联解体、东欧剧变之后，当代资本主义又由资本垄断发展到国际金融垄断。当代资本主义的经济基础是国际金融资本垄断，当前正处于国际金融垄断资本主义时期，帝国主义也进入了一个新的发展时期，成为新型帝国主义。[2] 其表现特征有以下三个。

1. 垄断资本主义向世界范围的拓展

国际金融资本垄断成为当代资本主义最突出、最鲜明、最主要的特征。金融资本垄断是发达资本主义国家剥夺全世界的最重要的手段。资本输出，特别是金融垄断资本输出成为国际金融资本垄断向外扩张发展的主要形式。金融垄断资本具有极强的流动性，天然具有跨国资本特性。20 世纪 70 年代以来，在全球化的进程中，在新自由主义思想的影响下，西方发达资本主义国家，首先是美国加快了金融资本聚集、集中、垄断的速度。特别是进入 21 世纪，资本主义的一个最鲜明特征就是金融垄断资本越来越国际化，国际金融资本垄断的世界性统治地位逐渐确立。金融垄断资本在世界经济中占据主导地位，一方面造成国际金融垄断资本主义的经济更加虚拟化，国际金融市场日益扩大，金融衍生工具迅速发展；另一方面使得发展中国家越加贫困，

---

① 《习近平谈治国理政》第 2 卷，外文出版社，2017，第 66 页。
② 王伟光：《国际金融垄断资本主义是垄断资本主义的最新发展，是新型帝国主义》，《社会科学战线》2022 年第 8 期。

受到国际金融危机的冲击，受到国际金融资本垄断的控制。资本的本性是不断实现自身的增殖和扩张，国际金融垄断资本主义在全球化运动中不断推进国际投资、国际贸易、国际信贷，不断增殖、不断积累、不断聚集，在经济全球化中越发起着决定性作用。

2.跨国公司进行国际联盟的趋势加剧

第二次世界大战后，资本输出有三个新特点：一是输出规模和速度都远远超过战前；二是在私人资本输出的同时，国家垄断资本输出的比重显著增加；三是跨国公司的作用愈加突出。国家垄断资本输出的目的有两个：其一，为私人垄断资本开拓国际市场，支持和推动私人垄断资本输出和商品输出；其二，借助资本输出实现对发展中国家经济和政治的控制，以新殖民主义代替旧殖民主义。在发达国家达成上述第二个目的的过程中，跨国公司起到了巨大的作用。跨国公司将生产资本输出和借贷资本输出结合起来，造成了发展中国家在生产和资金上依赖于发达国家，使利润通过跨国公司的内部贸易、债务的利息等方式流向发达国家。国际金融资本垄断的载体是巨型的跨国公司，在当代资本主义国家中，几乎所有大的公司都是跨国性的，都将在全球的发展作为自己追求的目标。它们不仅寻求在国内的垄断地位，而且寻求在国际上的垄断地位。这些巨型跨国公司垄断了全球绝大部分市场份额，成为全球垄断寡头。这些巨型跨国公司，是当前世界经济中集生产、贸易、投资、金融、技术开发和技术转让以及其他服务为一体的最主要的经济实体。巨型跨国公司通过投资社会化、生产一体化、管理信息化和网络化等控制着全球的技术、资本、生产、销售和市场，决定着整个世界经济的导向和秩序。这些巨型跨国公司一般具有实行全球战略、规模庞大、实力雄厚、结构复杂、实行一体化管理，以一个行业为主、多元化经营等特征。由于实施多元化经营战略，现代垄断组织对市场的垄断是全方位的、全领域的。它由流通领域的垄断发展为生产和流通的一体化垄断，由单一产品或部门的联合发展为许多产品或部门的联合，由"横向"的联合或独占发展为"纵向"的联合或独占。

瑞士苏黎世联邦技术学校的专家在对逾4.3万家公司的数据进行分析

后，得出全球近半数的财富掌控于 147 家彼此间存在千丝万缕联系的跨国公司手中的结论。参与该课题研究的瑞士学者詹姆斯·格拉特费尔德指出，这相当于不到 1% 的公司控制着整个网络 40% 的财富。其中大多数为金融机构，进入榜单前 20 名的就有巴克莱银行、摩根大通银行、高盛公司、美林公司、摩根士丹利、瑞士银行、德意志银行等。

3. 金融垄断资本逐步占据主导地位

经济的金融化和金融市场的国际化成为当代资本主义发展的重要趋势。随着经济全球化的发展，对外直接投资成为国际投资的主要形式，金融资本越来越成为推动当代资本主义发展的主要力量，对世界经济的垄断进一步加强。金融资本作为银行资本和工业资本的统一体，必然与实体经济有着紧密关联，它通过资本借贷方式获取超额利润，通过利息形式瓜分产业部门的剩余价值。反过来说，实体经济要在生产经营、上市融资等方面开展活动，也必须依靠金融资本的支持。但是，在当代资本主义社会，随着金融衍生品的不断分化扩张，虚拟经济也可能凌驾于实体经济之上，并且站在主导地位对资本进行控制以追求更大的剩余价值，金融垄断资本已经可以在不完全依赖产业资本的情况下，从金融市场直接获取垄断利润，表现出独立化、自由化等特征。特别是在经济全球化的条件下，世界各国股票、证券、期货、外汇、商品等市场密切联系，金融垄断资本越出国界，利用金融、信用工具介入市场，不断制造金融衍生产品，通过各种手段操控股价涨跌，就能获取巨额利润，实现对全球资本再生产过程的控制和对剩余价值的全球掠夺。

以美国为例，其国际金融垄断资本力量依靠美国政府强力维护和推行得到进一步加强，加速在全世界的扩张，华尔街势力深嵌美国政治，加大了全球化力度，取得了资本主义世界体系的主导地位，获得了绝对统治权，从工业资本主义演变成金融资本主义。在美国国内，美国的国际金融垄断资本已经从企业的生产和经营领域扩展到整个经济生活、政治生活，在取得对工业、货币、商业活动的控制之后，又扩展到政府运作和普通人民的日常生活。在国际上，美国国际金融垄断资本把大量剩余资本向金融领域和海外转移，推动国际金融垄断资本主义发展，剩余价值的生产和实现已经全面的国际化了。

（二）当代资本主义经济危机的"变与不变"

习近平总书记指出："就从国际金融危机看，许多西方国家经济持续低迷、两极分化加剧、社会矛盾加深，说明资本主义固有的生产社会化和生产资料私人占有之间的矛盾依然存在，但表现形式、存在特点有所不同。"① 我们应该对当代资本主义经济危机进行深刻分析。

1. 当代资本主义经济危机的"老问题"与"新花样"

资本主义世界分别于1857年、1929年、1973年和2008年爆发了较大规模的经济危机。尽管经济危机是资本主义发展、演变过程中的周期性问题，但始于2008年的国际金融危机持续发酵，资本主义世界不仅未能摆脱经济困境，而且面临着前所未有的混沌与挑战。2008年国际金融危机在发生实质、根本矛盾、基本特点、发展阶段等方面与传统周期性经济危机有相似的老问题，但又展现出与传统周期性经济危机不同的新特征。

在辩证看待"变"与"不变"之前，我们先对2008年国际金融危机进行简要分析。21世纪初，美国纳斯达克指数大幅度下跌，意味着美国经济增长失去了高新技术产业这个经济引擎。为防止美国经济大幅度下滑，防止经济危机爆发，美国临时将房地产产业打造成美国的经济引擎。为扩大房地产产业的生产，美国对房地产产业实施积极的金融支持政策；为扩大住房需求，美国实施积极引导居民按揭贷款购房的政策。在房地产市场，能付得起首付、有稳定收入的贷款购房者是优质的贷款人，而付不起首付、没有固定收入的贷款购房者是次级贷款人。但是在美国，次级贷款人却是住房需求最大的群体。于是美国推出了零首付的贷款购房政策，而零首付的贷款购房意味着每月的偿还额度非常高，同时意味着次级贷款人还是买不起住房。为此美国又推出了2—28年的贷款购房计划，这个贷款计划是：贷款人零首付贷

---

① 习近平：《在哲学社会科学工作座谈会上的讲话》，人民出版社，2016，第14页。

款购房，贷款期限是 30 年，前 2 年不需要还贷，后 28 年还贷。这样，美国最买不起住房的人都能买得起住房了，住房需求不断扩大，住房价格不断高涨，从而房地产商在利润的驱动下大规模增加住房供给。然而随着次级贷款人 2 年不用偿还贷款的美好时光结束，次级贷款人的贷款违约成为普遍现象，房地产市场最终崩盘，房地产市场崩盘又导致金融市场崩盘。由此可见，引起 2008 年国际金融危机的主要原因是，房地产市场的生产严重超过有支付能力的需求，从而引发生产过剩的危机，最终蔓延到金融领域。

通过深入分析，其实不难发现，2008 年国际金融危机是资本主义发展过程中不可避免的老问题造成的。其一，危机的发生实质未变，它仍然有生产相对过剩这一传统周期性经济危机固有的本质特征。通过考察 2008 年国际金融危机发现，虽然当下全球化态势和世界经济与以往相比发生了较大变化，但产能过剩和有效需求不足的矛盾仍然是主要矛盾。其二，危机爆发的根源未变，它仍然是由生产社会化和生产资料私人占有之间的矛盾累积到无法自我调适而导致的。金融资本家们为获得高额利润，致力于推行各种金融衍生品，加深了资本的社会化程度，但资本却集中到金融领域。这导致社会供需平衡被打破，金融泡沫、不良信贷率攀升，资本主义基本矛盾逐渐激化。其三，危机爆发后的周期阶段性未变，经济危机周期性爆发，而周期内部的资本主义再生产也有一个危机、萧条、复苏、繁荣的阶段。危机爆发前，社会经济发展表象繁荣，经济预期乐观。此次危机爆发前，美国经济年均增长率达到了 3.5%，失业率和通胀率持续下降。2008 年国际金融危机爆发，欧美面临长达 10 多年的经济衰退和调整。危机爆发既是一个经济发展周期的终点，也是下一个经济发展周期的起点。但同时，2008 年国际金融危机又表现出了新特征。其一，金融化特征明显。此次金融危机发生于由新自由主义主导的金融资本全球化时期，新自由主义国家政策与金融资本利益结合，金融资本迅猛发展，导致金融投机行为频发，大量过剩金融产品出现，进而引起金融市场的供需结构失衡，市场矛盾加剧。其二，世界性特征明显。危机波及国家多，涉及区域广。随着金融资本推动的全球化进程的加快，资本变成国际资本，国际化进程不断深入，各国被纳入资本的国际生产链条中，金融资本的国际化趋势加强。本次危机最先发生于美国，随后席卷世界各国的金融市场，美国、欧洲、日本等主要发达国家和地区相继爆发危机，发展中国家也受到不同程度的冲击。其三，复苏乏力特征明显。危机的爆发过程，实际上也是资本主义周期性再生产的过程。通常而言，危机是一个相对短暂的阶段。然而，2008 年国际金融危机爆发至今，在长达 10 多年的时间里，世界经济复苏乏力，各种问题错综复杂。

2. 当代资本主义经济危机的"旧病根"与"新领域"

当代资本主义危机已成为由金融危机传导而引发的政治、经济、社会等领域问题相互交织的危机，从传统相对独立的局部性危机转变为错综复杂的系统性危机。

在经济领域，结构性经济危机日益突出，生产过剩与生产不足并存。结构性经济危机于 20 世纪下半叶逐渐形成并在最近 20 年频繁出现，具体是指由于不同生产部门、生产性企业和非生产性企业等之间的平衡比例被打破，经济内在稳定增长的机制受到阻碍而形成的经济危机，它表现为有些部门生产过剩、有些部门生产不足。以美国为例，自去工业化出现后，传统的冶炼、纺织、橡胶等部门生产萎靡不振，而像集成电路、电子信息等高科技部门生产势头迅猛。持续时间长、生产要素在不同部门的门槛约束高、资产专用性强等致使结构性经济危机的影响恶劣，导致所有应对之策都需以较强的阵痛为代价。另外，结构性经济危机往往会与传统周期性经济危机相融合，致使绝对过剩和相对过剩并行发生作用，极大地加剧了结构性经济危机的恶劣影响。

在政治领域，选举民主危机不断加深，公民政治冷漠存在并持续扩展。资本主义民主本质上是少数人的民主、金钱的民主。在权力和金钱控制的美国政治生活中，选举早就异化成了各政党、族裔、社会阶层、利益集团之间权力较量和利益博弈的政治工具，有理性的公民早已对参加选举丧失了兴趣，但权势阶层仍然乐此不疲地进行着这一"民主游戏"，各取所需地从中谋取自己的私利。以美国大选为例，可谓一届比一届"贵"。据统计，2012年大选花费超过 60 亿美元，2016 年大选花费大约为 70 亿美元，而 2020 年更是"烧"出了新高度：美国无党派研究机构响应政治中心（CRP）公布的报告显示，2020年大选总成本接近140亿美元，成为史上"最烧钱"的美国大选，更是2016年大选支出的2倍多。"考察西方选举制度的历史和现实，不难发现六七十年来，虽然其普选权日益扩大，但投票率一直不高。以美国总统选举为例，这些年平均投票率大约是55%，当选总统一般得到大约50%多一点的选票，奥巴马上次当选得了53%左右的选票。55%的选民投票，当选者只得到50%的选票，这意味着当选者只获得了27%左右选民的支持。也就是说，美国总统就是在这27%左右的选民支持下选出来的。一位英国观察者曾质疑，一个仅仅得到这些选票的政党却拥有政府的全部权力，这一体制的合法性何在？"①

在文化领域，"资本主义精神"崩溃，价值观危机不断深化。受国际金融危机的影响，发达资本主义国家经济衰退、持续陷入低迷，其自由、民主、平等、人权的资本主义价值观也屡屡受到质疑，不断受到冲击。经济危机和社会危机使越来越多的发达国家民众认识到，资本主义所宣扬的自由、民主、平等、人权只属于社会上层的少数群体。巨大的贫富差距、贫困的代际传递、社会阶层固化越来越明显，阶级、阶层之间的对立更加严重，甚至激化社会矛盾、引发严重的社会危机。资本主义国家还通过其价值观和意识形态输出干涉他国内政，撕裂其他国家和民族价值观的共同基础。

在生态领域，资本逻辑下全球生态危机不断升级。资本主义过度生产、过度消费以及这种消费主义生产生活方式在全球扩张，并通过目前还占优势的经济、社会、文化影响力绑架全世界，不断向发展中国家施压，不断向全球转嫁生态危机，进一步掠夺世界资源、破坏全球生态，从而引发全球生态危机。以菲律宾与加拿大的"垃圾风波"为例，2013—2014年，一家加拿大公司向菲律宾出口了103个集装箱的垃圾——集装箱外贴有"可回收塑料"的标签，但菲律宾在处理了其中34个集装箱的垃圾后，海关检查发现，剩余69个集装箱中只有少量可回收塑料，其余大部分都是电子产品垃圾和

---

① 徐觉哉：《西方世界的民主"乱象"》，《红旗文稿》2014年第14期。

厨余垃圾等。① 菲律宾就此指责加拿大违反《巴塞尔公约》，向菲律宾出口和转移危险废料，并一再敦促加拿大运回这批垃圾，但加拿大政府一直没有采取任何实质行动。2019 年 4 月，菲律宾总统杜特尔特再次敦促加拿大尽快运回垃圾，并设定 5 月 15 日为"最后期限"。由于加拿大仍未能按期运回垃圾，菲律宾 5 月 16 日宣布召回包括大使在内的多名驻加拿大外交官，随后又下令暂停所有公务人员访问加拿大。压力之下，加拿大最终将这批垃圾运回，并承担所有费用。

（三）资本主义基本矛盾在危机中不断加剧

21 世纪初的资本主义危机，提出了如何看待资本主义发展前途的问题。今天资本主义"危"在何处？它还有没有再次"逃生"的机会？通过对资本主义基本矛盾的分析，能够为我们找到答案。

1. 资本主义无法去除的"魔咒"

自 1825 年英国发生第一次全面的经济危机以来，资本主义每隔数年就周期性地发生危机，资本主义人士总是认为资本主义自身能够克服危机，总是把危机说成资本主义正常的"周期调整"。他们希望人们相信，繁荣、衰退、萧条、复苏是资本主义经济的必然循环，如同四季交替、潮涨潮落，再自然不过。他们号召人们在危机爆发时节衣缩食，共渡难关，为的是迎来新的繁荣。有的人甚至还宣扬，每一次危机都会使资本主义"洗心革面""再造再生"。为了减缓危机的冲击和后果，经济学家们发明创造了形形色色的反危机理论和措施，如财政政策、货币政策、国家干预、宏观调控、刺激消费、平衡供需等。然而，资本主义无法去除的"魔咒"是：一方面，资本主义总是一次次在危机中涉险过关，并改变自己的存在形式，继续肆意扩张；另一方面，资本主义无论怎样改头换面、怎样扩张狂进，都会一次次又落入危机的魔网。经济危机对于资本主义来说有着双重作用。一方面，解决危机

---

① 《菲律宾政府下令减少与加拿大官方互动 垃圾纠纷进一步升级》，国际在线，2019 年 5 月 26 日，https://news.cri.cn/zaker/20190526/f43d8ba2 – b27a – db4c – b05d – f0f8e2239f1b.html。

的尝试和调整，可以暂时恢复生产力并有可能取得比危机前更大的发展；另一方面，由于基本矛盾的决定和制约，资本主义灭亡是必然的趋势，其是与生俱来的"绝症"，总是以更严重的病症爆发形式展示其必然灭亡的历史命运。

尽管进入国家垄断资本主义阶段后，资本主义基本矛盾运动的机制发生了新变化，形成了垄断与竞争并存、国家与市场并存的新机制，但资本主义的经济垄断和国家调控并没有消除资本主义社会的基本矛盾，反而使资本主义基本矛盾更加激化。在当代资本主义社会，经济全球化加快并增加了全球资本流动的速度和广度，资本主义基本矛盾运动的机制虽依然发挥作用，但是受全球化的生产、贸易、金融等因素的影响，基本矛盾有了新的表现形式，主要包括：跨国公司内部的高度组织性和计划性与世界市场无政府状态之间的矛盾，世界生产能力无限扩大趋势与世界范围有效需求不足之间的矛盾，国际垄断资本的金融投机和金融掠夺与主权国家金融监管不足之间的矛盾，科学技术迅猛发展与世界人口绝对贫困之间的矛盾等。资本主义基本矛盾在全球的扩展，加剧了垄断资本的过剩和泡沫化趋势，增加了发达国家乃至世界经济体系的金融风险，金融资本的全球化与金融资本监管不力的矛盾也成为当代资本主义基本矛盾运动的新表现。

2. 在基本矛盾深化中孕育新的危机

值得注意的是，历史绝不是简单地循环往复。资本主义制度确立 300 多年，虽然它似乎总是在繁荣和危机交替中经历着恒定不变的轮回，但是历史发展的辩证法总是在人民看来不变的表象中、突发的偶然中、持续的量变中毫不留情地推动着实质性的变化、必然规律的实现、阶段的质变，每一次危机都为人们对资本主义命运的考察增添新的启示。那么，资本主义基本矛盾的深化孕育着怎样的新危机呢？

第一，新的危机更突出地表明资本主义生产方式在逐渐丧失历史合理性。资本主义生产方式，说到底就是其基本矛盾所推动的对资本的无限积累、对利润的无限索取。马克思在《资本论》中曾引用英国工会活动家托·约·邓宁的话来形容："资本害怕没有利润或利润太少，就像自然界害怕真空一样。一旦有适当的利润，资本就胆大起来。如果有10%的利润，它就保证到处被使用；有20%的利润，它就活跃起来；有50%的利润，它就铤而走险；为了100%的利润，它就敢践踏一切人间法律；有300%的利润，它就敢犯任何罪行，甚至冒绞首的危险。如果动乱和纷争能带来利润，它就会鼓励动乱和纷争。"①

如今，这种生产方式为了追求更大的利润，用投机赌博代替了组织生产，用虚拟经济摧毁了实体经济，用赤裸裸的掠夺代替了"文明治理"，用"做空"整个民族国家的方式代替对个人或群体的剥削。这种生产方式，已经不仅仅是践踏法律、鼓励纷争，而是1%的人为追求高额利润而要毁灭整个世界！这样也同时会摧毁资本主义制度本身。

第二，新的危机更突出地表明资本主义正逐渐失去自我调节和创新的能力和空间。纵观资本主义历史，为了从一次次危机中解脱并谋求新的发展，谋求更大的利润，资本家们总是使资本主义制度处于不断变化更新中。这些拯救和调节手段包括技术创新战略、扩大地理空间战略、产业升级战略等。资本家们也不愧为"优秀的创新家"，可以说每一项战略都在资本和利润驱动下达到极致。正是由于资本的趋于达到极限的运动，在历史上总是使资本主义从一次次危机中"逃生"并迅速发展起来。然而也正是由于这样的资本运动，同样导致全面而更猛烈的危机发生，使其防止危机的手段越来越少，每一件应对危机的武器都反过来对准自身。比如，不断的技术创新导致资本有机构成也不断提高，利润率下降规律作用更为显著，于是资本被迫通过金融化狂热逐利，虚拟经济严重脱离实体经济而变成难以驾驭的"魔鬼"。这同通过"金融创新"的法术呼唤出来的"魔鬼"相比更具"夺命力"，资本主义对此难以支配和驾驭。随着资本在全球范围内天马行空地扩张，其基本矛盾及其他各种矛盾也在国际范围内愈演愈烈，发达国家向国外"转嫁危机"的办法现在也遭到全球抵制，于是矛盾又折回国内，遭遇了西方"占领华尔街运动"那样的激烈反抗。由此可见，资本主义在自我调节和创新方面

---

① 《资本论》（纪念版）第1卷，人民出版社，2018，第871页。

面临严峻挑战。

第三，新的危机更突出地表明资本主义正逐渐失去发展的多样性。纵观资本主义几百年的历史，可以说资本主义同其他社会形态一样，是多样性的统一。然而经过30多年国际垄断资本主义的全球扩张，新自由主义大行其道，整个资本主义总体上又趋归于原始的积累与统治形式。特别是在这场危机中，暴露出资本主义趋向单一发展模式的严重弊端。新自由主义模式已声名狼藉，除了极少数极端辩护者外，其他资产阶级拥护者唯恐避之不及，连法国前总统萨科齐、曾鼓吹"历史终结"的福山，都认为这种自由至上的资本主义必须改变。而对于其他形式的资本主义模式来说，由于30多年来逐渐被新自由主义侵蚀、同化，资本主义已经失去了特有的基础、理念和优势。比如，社会民主主义模式通过所谓的"第三条道路"革新，逐渐适应、接受并靠拢转向新自由主义模式，并把发展手段和自身命运的赌注都压在了新自由主义道路上，这样当新自由主义在危机中垮台、西方主流经济学丧失信誉之后，资本主义究竟向何处去，目前仍然是一片茫然。

二 危机与反思：当代资本主义的系统困境及成因

进入21世纪以来，随着经济全球化向纵深发展，垄断资本主义的各种矛盾暴露无遗，2007年美国次贷危机引发全球金融与经济危机，进而导致欧美债务危机、"占领华尔街"运动，资本主义生态矛盾引发的生态危机此起彼伏，如气候变暖、物种消失、森林消失等。当代资本主义深陷系统困境与危机之中。从全球视角来看，资本主义的固有矛盾是否可以在全球层面得以克服，资本主义危机问题是否可以在全球层面得以解决？从制度视角来看，资本主义是否可以通过变换不同的积累制度来减弱或加重资本主义危机？面对各种各样的危机现实和危机趋势，如何理解当代资本主义的危机与矛盾，如何改造世界、使世界变得更加美好，已成为世界人民日益关注的重要问题。

（一）深陷重重困境的当代资本主义

资本主义未来将经历长期的、痛苦的瓦解过程。它的瓦解不需要依赖外力，而是被自身的问题压垮。

1. 贫富分化日益严重

当代发达资本主义国家社会福利政策的实施虽然在一定程度上改善了劳动者的生活条件，但在资本收入日趋扩大的同时，劳动者收入增长滞缓甚至出现相对下降趋势，特别是当经济危机来临时，失业率居高不下，劳动者收入大幅降低，导致生活水平下降，并进一步推动了财富的分配不公。资本积累与贫困积累同步深化。当前，欧洲国家政府为应对赤字压力而采取的社会福利缩减政策又进一步恶化了底层劳动者的生活状况，拉大了贫富差距。贫富差距、社会财富分配的公正与否，是关系到资本主义生死存亡的一个重要问题。但是，"资本主义国家收入和财富不平等现象到处都在上升。大多数人的实际工资在下降，生产性经济不想要的流氓无产者的数量在增加，中产阶级与整体国家美国之间的社会契约已经破裂。过去一百年医治不平等现象的主要办法社会福利国家正在溃退"①。在经济全球化进程中，国际金融衍生市场的发展、虚拟经济与实体经济的脱节使当代世界经济与国际金融中存在着极大的风险隐患，往往会导致金融动荡、经济衰退，带来的结果必然是底层劳动者生活状况的恶化。

从 20 世纪 70 年代中期开始，在二战后经济繁荣的掩盖下，美国进入新一轮贫富差距扩大的快车道。1975—2015 年，美国收入最低的 20% 底层家庭总收入占全部家庭总收入的比重从 4.3% 降为 3.1%，收入最高的 20% 富裕家庭总收入占比则从 43.6% 上升至 51.1%。瑞士信贷银行研究所发布的统计数据显示，英国最富有的 10% 人口拥有全国总财富的 54%，而占人口总数 20% 的底层人口仅拥有全国总财富的 0.8%。由此可见，社会财富分配

---

① 〔美〕莱斯特·瑟罗：《资本主义的未来》，周晓钟译，中国社会科学出版社，1998，第318 页。

极度不均，资本主义世界的社会分化日益严重。①

2. 民主法治困难重重

政府失灵、政党失势、民调失真现象叠加，政治极化严重，民主法治困难重重，西方民主陷入"萧条期""退潮期"。② 究其原因，主要在于：资本主义生产资料私有制使国家制度和劳动人民权利分离，不能真正保障民主权利；人民主权无法保证，宪法规定人民主权，但实际上却无法实现真正意义上的人民民主；垄断寡头运用金钱操纵竞选，日益将其变成"游戏民主"，民粹主义汹涌而至，人民形式上有权，实际上无权；资产阶级依靠资本特权享受到更多的法律权利，侵犯了广大公民的平等权利。

综观世界，美式民主下民主党和共和党政策主张日益极化，在修建边境墙问题上分歧巨大，致使政府出现本国历史上最长一次"停摆"。新一轮军事扩张和竞赛抬头，美国没有拆除军工联合体，而是将其增强，也没有拆除处于其严格控制下的军事基地和联盟体系，尤其是北约。印度号称"最大的民主国家"，但议会内的党派斗争愈演愈烈，议会立法被迫停摆已成常态。意大利政府更迭频率创世界之最，近十几年来没有一个政党能在议会获得过半数席位而单独组成政府并顺利执政。少数西方国家以民主失范、选举不公为由，加大对朝鲜、伊朗、委内瑞拉等的制裁封锁，肆意干涉他国内政。西方民主带来的不是安定，而是接连不断的动荡。③ 2020 年 8 月，基诺沙市警察向黑人男子雅各布·布莱克连开多枪，导致他受伤并且瘫痪，引发当地大规模抗议示威及骚乱。2020 年 8 月 25 日，17 岁的白人青年凯尔·里滕豪斯在抗议示威活动中开枪，打死两人，打伤一人。2021 年 11 月 19 日，美国威斯康星州基诺沙县巡回法院作出判决，被告人所受 5 项重罪指控全部不成立，凯尔·里滕豪斯被当庭释放。里滕豪斯案进一步折射出美国社会的痛点：社会撕裂、种族歧视和司法不公。

---

① 田鹏颖：《资本主义危机加剧 美国成 1% 人享受的社会》，《人民日报》2017 年 8 月 6 日。
② 周荣国：《当前资本主义的现实困境、内部争论和未来走势》，《当代世界》2017 年第 1 期。
③ 柴尚金：《当今西方代议制民主的困境》，《红旗文稿》2019 年第 4 期。

3.阶级阶层对立加剧

在经济全球化、虚拟化、知识化条件下，资本的逐利本性变得更加突出。随着跨国公司的迅速发展，跨国垄断资产阶级与跨国工人阶级、管理层与普通员工、脑力劳动者与体力劳动者、主流社会与边缘群体的矛盾日益突出，这些矛盾的根源和本质还是资产阶级和无产阶级的矛盾。因此，在当代资本主义制度下，无产阶级与资产阶级之间的矛盾看似弱化了，事实上二者之间的对立与冲突并没有消失。与此同时，发达资本主义国家内部形成了脱离主流社会的以有色人种、低学历者、退休者、犯罪者为主体的边缘化的过剩人群，失业人群、边缘人群、外来移民等"下层社会"与上层社会的矛盾，产业工人和属于中等收入阶层的"白领"雇佣工人与资本家之间的矛盾，以及不同利益群体之间的矛盾，出现了复杂化的趋势并不断加深。冷战结束后，民族、种族、宗教冲突走向尖锐化，由于这些冲突往往具有极强的暴力与恐怖色彩，因而一些国家和地区不断发生内战，种族清洗式的驱赶和杀戮不断发生，排外事件时有激化，暴力恐怖事件层出不穷。从亚特兰大连环枪击案、纽约唐人街亚裔女子遭无端猛击，到费城地铁华裔女孩被殴致伤……2021年，美国亚裔民众受到种族歧视侵害事件频发。资本主义世界的民族、种族、宗教冲突不仅影响着资本主义社会的发展，而且影响到整个人类社会未来的发展与稳定。

4.文化冲突日益加重

当代西方垄断资本主义崇尚自由主义的意识形态，必然否定和诋毁共产主义思想和集体主义思想、攻击社会主义制度。资本主义文化作为建立在资本主义生产和资产阶级统治基础之上的价值观念和思想道德，实质上是一种以私有制为基础、以金钱为本位、以追逐最大限度的利润为原则，为资本增殖和资本统治服务的体系。在这种文化体系主导下，人会失去价值和信念，会失去道德和伦理上的方向。因此，资本主义的个人主义价值观盛行，为了个人利益不惜损害公共利益，从而导致了人与人之间关系的冷漠，出现了享乐主义、拜金主义、极端个人主义、报复社会的极端暴力行为等一系列社会问题。美国学者丹尼尔·贝尔虽然存在着把文化矛盾问题与资本主义割裂开来的倾向，但他还是看到了资本主义文化中存在的问题。他说："新教伦理被资产阶级社会抛弃之后，剩下的便只是享乐主义了。资本主义制度也因此失去了它的超验道德观……一旦社会失去了超验纽带的维系，或者说当它不能继续为它的品格构造、工作和文化提供某种终极意义时，这个制度就会发生动荡。"①

5. 生态危机应对乏力

资本对利润的无节制追逐使资本扩张盛行，带来自然资源的盲目开发，并导致资源浪费、环境污染、生态失衡，自然资源面临枯竭的危险，"资本主义生态危机是资本主义总体危机这一多棱镜中的一面镜子，折射和反映着资本主义的不可持续性和反生态的本质"②。当今全球范围内出现的生态危机，如全球变暖、土地资源枯竭、沙漠化不断扩大、温室效应加快、臭氧层减少、酸雨像洪水猛兽般吞噬大片的树木和良田、水资源日趋紧张、许多物种濒临灭绝等，实际上反映了资本主义条件下资本与自然关系的恶化，也即资本对自然疯狂占有所产生的恶果。正如恩格斯在《自然辩证法》中所指出的："我们不要过分陶醉于我们人类对自然界的胜利。对于每一次这样的胜利，自然界都对我们进行报复。每一次胜利，起初确实取得了我们预期的结果，但是往后和再往后却发生完全不同的、出乎预料的影响，常常把最初的结果又消除了。美索不达米亚、希腊、小亚细亚以及其他各地的居民，为了得到耕地，毁灭了森林，但是他们做梦也想不到，这些地方今天竟因此而成为不毛之地，因为他们使这些地方失去了森林，也就失去了水分的积聚中心和贮藏库。阿尔卑斯山的意大利人，当他们在山南坡把那些在山北坡得到精心保护的枞树林砍光用尽时，没有预料到，这样一来，他们就把本地区的高山畜牧业的根基毁掉了；他们更没有预料到，他们这样做，竟使山泉在一年中的大部分时间内枯竭了，同时在雨季又使更加凶猛的洪水倾泻到平原

① 〔美〕丹尼尔·贝尔：《资本主义文化矛盾》，赵一凡、蒲隆、任晓晋译，生活·读书·新知三联书店，1989，第66~68页。
② 张云飞：《生态危机：资本主义总体危机的表现和表征》，《社会科学辑刊》2017年第1期。

上。"① 经济全球化条件下的资本全球扩张也加快了对生态系统的破坏，造成了大量生物灭绝，生物多样性面临威胁。

此外，发达国家实行"生态殖民"策略，不仅在应对气候变化、环境恶化、能源资源安全、严重传染性疾病、重大自然灾害等全球性问题上不愿意承担应负的责任，而且借全球化进程中产业结构调整和升级之机，将污染严重的产业、设备、有害的废弃物转移到发展中国家和落后地区，通过大量进口别国资源造成别国生态资源的破坏，通过设立跨国公司占有他国资源并将废弃物排泄在他国，企图转嫁生态责任。美国作为世界上温室气体排放量最大的国家，为了自己的工业生产不受影响，竟然拒绝签署减少温室气体排放量的《京都议定书》，而发展中国家和落后地区为了生存不得不以破坏生态环境的方式廉价出口原材料，并忍受发达国家转嫁而来的生态伤害，发达国家与发展中国家的矛盾趋于尖锐化。

（二）当代资本主义乱象丛生的成因

"仅仅描述资本主义世界的商业方面无法捕捉到其有序的特征，因此，仅仅针对系统内无形力场的描述无法体现出其运行状态，也无法展示其导向的历史轨迹。"② "资本主义的运动正源自它被掩盖的本质。"③ 因此，研究和分析当代资本主义发展的主要状况，必须运用马克思主义的立场、观点和方法分析其本质与逻辑。我们既要看到马克思的唯物史观、剩余价值学说仍然是研究当代资本主义运动规律的理论基础，也要看到马克思所揭示的资本主义基本矛盾及其运动依然在当今资本主义世界的变化中发挥着重要作用；我们既要看到"生产的不断变革，一切社会状况不停的动荡，永远的不安定和变动，这就是资产阶级时代不同于过去一切时代的地方"④，也要承认资本主

---

① 《马克思恩格斯选集》第 3 卷，人民出版社，2012，第 998 页。
② 〔美〕罗伯特·L. 海尔布隆纳：《资本主义的本质与逻辑》，马林梅译，东方出版社，2013，第 7 页。
③ 〔美〕罗伯特·L. 海尔布隆纳：《马克思主义：支持与反对》，马林梅译，东方出版社，2014，第 65 页。
④ 《马克思恩格斯文集》第 2 卷，人民出版社，2009，第 34 页。

义生产力还存在着较大的发展空间，生产关系的自我调节仍然存在着较大余地；我们既要充分认识到当代资本主义的新变化包含着资本主义的优秀文明成果，可以为我们所利用和借鉴，也要清醒地认识到当代资本主义存在的诸多问题是资本主义难以克服的痼疾，资本主义被社会主义所取代是历史的必然趋势。

1. 劳资矛盾的新对抗

为追逐剩余价值，掩盖资本对劳动剥削程度的严重，避免雇佣劳动者的反抗，缓解工人与资本家之间的矛盾，当代资本主义社会存在着诸如资本对资本雇佣劳动剥削日益隐蔽化的问题。在资本主义的发展中，"资本不是物，而是一定的、社会的、属于一定历史社会形态的生产关系，后者体现在一个物上，并赋予这个物以独特的社会性质"①。资本对利润永不知足的贪婪，推动着生产规模的扩大，雇佣劳动者的生产不断地满足着资本的欲望。为追逐剩余价值，为掩盖剥削程度的加重，为避免雇佣劳动者的反抗，为缓解工人与资本家之间激化的矛盾，当代资本主义社会存在的诸如资本对雇佣劳动剥削日益隐蔽化、财富在资本与劳动之间分配不公正等问题就是必然的。由于资本的社会力量，资本家同样也可以玩弄各种所谓"民主、自由"的把戏，欺骗广大劳动人民。

在资本主义的发展过程中，私有制经历了一个逻辑发展过程。资本主义发展初期是个体资本所有制占据主导地位，其特点是经济所有权与法律所有权相统一，所有权与控制权统一于资本家个体自身，雇佣劳动者在个体资本家的直接支配和监督下进行剩余价值生产。这种占有关系反映了个体资本家同雇佣劳动者的剥削和对立关系。19世纪末20世纪初，随着股份公司的发展，私人股份资本所有制取代个体资本所有制占据主导地位。私人股份资本所有制的产生意味着个体资本家联合入股后，仅凭所有权凭证即股票，就能以股息的形式得到一部分剩余价值，而公司可以由职业经理人直接管理和控制，经济所有权与法律所有权发生了分离。第二次世界大战以后，随着社会

---

① 《马克思恩格斯文集》第7卷，人民出版社，2009，第922页。

化大生产的发展，法人资本所有制成为当代资本主义所有制发展的新标志。在资本主义的现实生活中，以政府、法定机构、公司、法团等形式出现的法人股东取代了个人或家族股东成为企业的主要出资人，他们凭借手中集中化的控股权干预甚至直接参与公司治理、监督和制约管理阶层的经营行为，使公司资本的所有权与控制权重新趋于合一。法人资本所有制的崛起，标志着资本主义生产资料私有制在经历了个体资本所有制和私人股份资本所有制之后，形成了一种更隐蔽、更虚伪、更贪婪的新的剥削形式。

　　法人资本所有制的产生，表明了资本主义私有制处于一种自我扬弃之中，说明了资本主义私有制还具有一种适应生产力发展要求的自我调整能力，也反映了资本的私人属性程度不断被弱化而社会属性则得到相应强化的状况。尽管如此，法人资本所有制的产生却使资本主义所有制所蕴含的社会经济关系日益复杂化，资本的个人所有权不仅要通过股份制结构、交错投资的复杂的法人所有制结构得到体现，还要通过各种类型市场的介入，以及与社会和公众的联系才能实现。这种复杂的社会经济关系依然反映的是资本主义对个人发财致富的绝对保障，是资本主义界限内绝对的个人主义和利己主义。资本主义私有制的自我扬弃无疑是在坚守个人发财致富准则的前提下进行的，是建立在资本压迫和剥削劳动者基础之上的。

　　2. 少数发达国家与广大发展中国家的对立

　　当今世界，发达资本主义国家利用其在资本、技术、信息等方面的垄断优势，通过国际产品、技术、资金、劳动力、信息的不平等交换攫取发展中国家的剩余价值。例如，利用其在一系列高科技产品的开发、生产和销售方面的垄断地位，采取各种手段操纵国际经济组织，干预国际经济事务，把自己的意志强加于发展中国家，实行经济殖民主义，造成这些国家长期存在经济科技落后、发展资金匮乏、债务负担沉重、贸易条件恶化、金融风险增大等问题。而在这一过程中，发达资本主义国家则最大限度地实现了自己的利益。

　　发达国家与发展中国家在利益上的不平等必然带来世界范围内的两极分化，发展中国家与发达国家之间的经济差距扩大。2008年国际金融危机爆发之后，发达国家经济陷入深度衰退的泥潭，处于低增长之中，而发展中国家经济则以 4% 以上的平均速度增长，快于发达国家。但是，由于发达国家经济基数较大，即使是在较低的增长率下，增加的绝对量也仍然远远超过发展中国家。再就贫富差距来说，发展中国家与发达国家贫富之间的相对差距是有所缩小的，但就其绝对差距来说，不仅没有缩小，反而越来越大。西班牙学者埃斯特万·巴伦蒂著文称，当今世界正在经历"两种全球化"，即富裕国家的全球化与贫穷的全球化，它们正被看得见的高墙越来越明显地分隔开来。在高墙之内有不到 30 个国家，其强大核心是七国集团，在这里生活着占世界 11% 的人口，其国内生产总值却占世界的近 70%（1993 年时是63.1%），全球化对它们来说有利可图。高墙外面则是另一种全球化，即贫困全球化、落后全球化和不发达全球化，这里生活着地球上 80% 的人口，其中有 33% 的人正在饥饿线上挣扎。①

3. 资本主义制度内在矛盾交织深化

以私有制为核心的当代资本主义制度，本质上是维护资产阶级利益的，资源配置也是以资本追求最大剩余价值为导向的。资本主义基本矛盾贯穿整个资本主义制度的运行之中，通过经济、政治、文化等矛盾的交织深化表现出来，这是当代资本主义乱象丛生的根本原因。

资本逻辑产生贫富分化。马克思曾说过，"资本一出现，就标志着社会生产过程的一个新时代"②。资产阶级生存和统治的根本条件，是财富在私人手里的积累以及资本的形成和增殖。资本的生存逻辑是剥削剩余价值或赚钱。这必然导致财富的积累与贫困的积累并存、资本与劳动的对立。20 世纪30 年代至 70 年代，为缓解经济危机、缓和社会矛盾，西方国家普遍实行凯恩斯主义。这虽未从根本上解决问题，但给资本逻辑念了念"紧箍咒"。20世纪 70 年代末以后，新自由主义取代凯恩斯主义，实体经济让位于虚拟经济，资本逻辑借助于金融化大行其道，西方社会的贫富差距进一步拉大——美国成为 1% 的人所有、1% 的人治理、1% 的人享受的国家。在资本逻辑驱

---

① 程亚文：《贫富分化的全球化》，《北京青年报》2009 年 9 月 27 日。
② 《马克思恩格斯文集》第 5 卷，人民出版社，2009，第 198 页。

使下，金融资本无限扩张与实体经济相对萎缩的矛盾突出，西方社会"1%"与"99%"人群之间的关系紧张。还应看到，资本在经济全球化中的获利远远超过劳动。西方工人在面临制造业外移带来就业压力的同时，还要应对移民涌入、商品输入带来的"饭碗"之争。不满、怒气在西方民众中日益滋长，致使街头冲突、暴力事件等乱象频现。

异化民主导致低效政治。资本主义民主政治制度常因基因缺陷而出现民主异化，导致低效政治。这主要表现在三个方面。一是权力制衡变形为权力掣肘。以权力制衡避免权力滥用是"三权分立"制度设计的初衷。然而，正如丹麦学者莫恩斯·汉森所指出的，职能细分成立法、行政与司法，这在理论上是清晰的，但在实践中却不起作用。权力相互掣肘，已成为西方民主政治的常态。二是多党制演变成党争政治。意在平衡政党力量的多党制在现实中往往上演"纸牌屋"，议会讨论经常陷入只论党派、不问是非的境地。近年来，由于美国政府"光说不练"、两党相互否决，在解决非法移民、控枪、医改等问题上长期达不成共识，引起民众强烈不满。三是民主选举被金钱污染。"金钱是政治的母乳。"民主依赖选票，选票来自竞选，而竞选需要金钱，这就是美国选举的游戏规则。金钱污染政治、政治回报金钱，在很大程度上损害了西方国家的治理能力。

个人主义催生价值冲突。作为资本主义经济、政治在文化上的重要反映，自由主义对于激发西方社会的创造活力曾起过重要作用。但在战胜封建专制这个宿敌之后，自由主义在西方社会并未"踩刹车"，而是肆意滋长，甚至滑向狭隘的个人主义，引发诸多价值冲突。例如，个体利益与社会利益的冲突。美国大肆渲染的是个人英雄主义，街头篮球流行的是个人单挑。在这种文化的浸淫下，自然会出现个体价值遮蔽社会利益的现象。同时，面对民粹主义的流行、选票政治的压力，西方政治家罔顾社会整体利益、长远利益，极力迎合部分民众的短期需求，致使社会陷入"福利陷阱"。又如，传统白人社会与少数族裔的文化冲突。如何实现传统白人社会与少数族裔和谐相处，历来是西方社会面对的难题。少数族裔第一代移民在难以融入当地社会时，大多采取抱团取暖的做法。第二代、第三代移民接受的是西式教育，受个人主义影响颇深。但由于种族、肤色、宗教的差异，他们也存在融入困难。这些人在难以感受到真正的自由、平等时，容易产生极端思想，甚至走向报复社会。"独狼式"暴恐袭击的背后就有激烈的文化价值冲突。

与"西方乱象"形成鲜明对照的是，中国经济社会持续健康发展，习近平总书记指出："当代中国正经历着我国历史上最为广泛而深刻的社会变革，也正在进行着人类历史上最为宏大而独特的实践创新。"① "当代中国的伟大社会变革，不是简单延续我国历史文化的母版，不是简单套用马克思主义经典作家设想的模板，不是其他国家社会主义实践的再版，也不是国外现代化发展的翻版。"② 这场伟大的社会变革和实践创新催生的中国特色社会主义道路、中国特色社会主义理论体系、中国特色社会主义制度、中国特色社会主义文化具有无比的先进性和优越性，不仅从根本上改变了中国人民和中华民族的历史命运和发展前途，而且给处于低潮中的世界社会主义运动指明了新方向，充分证明人类社会实现现代化的模式是多个而不是一个，更为人类对更好社会制度的探索提供了中国方案。

（三）对当代资本主义的反思和批判

在人类已走过的 21 世纪历史进程中，要论及具有全球性影响的大事件，此次国际金融危机无疑可以重重写上一笔。这场 2008 年肇端于美国华尔街的危机至今仍然阴云不散，使得世界经济增长乏力、前景不明。与此同时，一直热衷于向世界推销其"普世价值"的西方国家猛然发现，自己已陷入"后院失火"的尴尬境地："华尔街运动"轮番在美欧上演"姊妹篇"，"收入鸿沟"引发众怒；"棱镜门""邮件门"事件接续曝光，难民潮不断涌向欧洲，暴恐事件在德、法等国此起彼伏，英国"脱欧"公投"意外"通过，欧盟一体化、国家安全和社会治理面临前所未有的困境……一系列突出矛盾和尖锐挑战，使得一个经典理论问题再次浮出水面：资本主义是否已陷入系

---

① 习近平：《在哲学社会科学工作座谈会上的讲话》，人民出版社，2016，第 8 页。
② 《习近平谈治国理政》第 3 卷，外文出版社，2020，第 76 页。

统性危机？

1. 当代资本主义系统性危机的爆发与成因

2008 年国际金融危机爆发以来，许多资本主义国家市场混乱、经济增长乏力、社会不公平现象加剧。西方发达资本主义国家内部矛盾难以解决，就打着反对恐怖主义的旗号，试图通过对外干预转移国内民众视线，造成阿富汗、中东等地的混乱。反过来，对西方干预的愤怒则转化为仇视性的极端主义和恐怖主义。一些恐怖主义组织频繁在西方社会制造暴恐事件，加上战乱导致的难民潮使欧洲各国疲于应付、不堪重负，加深了西方国家之间以及西方各国内部不同社会阶层之间的分裂。近年来，西方国家民粹主义高涨、贸易保护主义抬头、右翼极端主义思潮沉渣泛起，西方精英多年来精心树立的价值观和所谓"政治正确"遭到底层民众的质疑、嘲弄和挑战。从这些现象可以判断，资本主义世界的危机不是局部的、个别领域的危机，而是制度性、系统性危机。

如果说当代的资本主义系统性危机是由金融资本主导，以及由此衍生出来的经济、社会和政治等领域互相交织的危机现象，那么，其背后的制度成因是什么？答案是与资本主义生产方式和社会制度密切相关。垄断资本的逐利本性一旦得不到遏制，必然导致经济生活出现严重的供需失衡，进而导致经济链条断裂。美国华尔街的金融大亨为了维持自己的高收益，不仅任由经济泡沫泛起，而且将劣质资产包装成新的金融产品再赚一把，导致泡沫越来越多、危机越来越深。实际上，危机的根源不是生产力过剩，而是供需结构不匹配。供需之间的不平衡，根源在于资本主义生产方式，直接起因则是不合理的财富分配方式。法国学者皮凯蒂在《21 世纪资本论》一书中指出，因为资本的收益率远远高于生产力的增长速度，资本主义社会的两极分化必定日趋严重；贫富差距达到一定程度时，必然造成社会的结构性危机。资本主义社会难以从系统性危机的泥潭中走出来是资本演进的逻辑使然。此外，资本主义发展所依托且不断强化的个人主义和尔虞我诈，不仅不能让大家携手走出困境，而且进一步加剧了资本主义系统性危机。

与资本主义政治制度的僵化和民主制度的劣质化密切相关。西式民主在历史上发挥过进步作用，但目前已是弊端重重。其一，表现在重竞选、轻执政上。为了攫取权力，政客们往往许诺许多超出客观条件的福利，结果不是"放空炮"，就是造成巨额亏空、加重财政负担。其二，表现为民主政治被资本绑架，成为资本逐利的工具。例如，美国前总统奥巴马在《国情咨文》演讲中毫不避讳地谈道，美国的政治体系看起来往往"倾向于富人、有钱有势者和一些特殊利益集团"。其三，表现为以执掌政权为唯一目的的竞选，日益恶化了政治生态。

与资本主义文化逻辑密切相关。在资本主义发展初期，自由、平等、博爱等价值观有利于新兴资产阶级争取权力，具有历史进步意义。但资产阶级夺取政权后，资本的逐利性和这些价值观的理想性之间就开始出现裂痕。西方国家的政客不断高调宣扬所谓"普世价值"，但一当遇到利益冲突就暴露了真面目。美国学者查尔斯·M.布洛认为，美国的理想主义已经终结，进入了"后理想主义"时代。在"后理想主义"时代的现实生活中，魅力比思想重要，实力比原则重要，粗鄙令人感到耳目一新、真实可靠。民粹主义的出现，就是这种文化逻辑发展的结果。当前资本主义社会中的民粹主义固然存在种种弊端和不确定性，但它从一个侧面反映了自诩"政治正确"的西方政治精英已无法有效把控大局，资本主义社会治理已陷入"精英主义"与民粹主义对立的危机中。[①]

2.当代资本主义系统性危机的发展趋势

随着全球化进程的演进，资本主义危机总会在资本的自救中得以缓解，其手段包括：从发展中国家抽离资本回母国，以国家信用为担保发行国债拯救资本，采取非市场化手段保护贸易，等等。西方学者大卫·哈维指出，20世纪80年代以后，新自由主义"结构调整方案"反而首先运用于那些处于危机之中的第三世界国家，以帮助这些国家完成转型；然而，在此过程中，发达国家利用金融资本的全球化从欠发达经济体获得大量利润，从而缓解了

---

① 韩震：《资本主义制度劣质化的必然结果》，《人民日报》2017年1月22日。

经济停滞危机。① 但是，资本的全球扩张有其自身限度，这些限度包括全球市场最终的边界、民族国家自身的国家利益边界、处于依附地位的边缘国家反资本主义世界体系的运动、替代资本全球化的国家实践等。当资本无法在发展中国家中实现迅速扩张时，资本主义危机就无法以这些地区为缓冲地带，危机最终会回归到危机的根源地——世界体系的核心国家。

（1）危机的表现形式和特征将更加多样

传统的经济危机爆发形式和应对方式可以表现为经济萧条、经济滞胀、对外战争、社会运动、法西斯主义等。2008 年国际金融危机除了具有经济萧条等特征外，还随着全球化的推进，在资本主义世界内产生了民粹主义、贸易保护主义，出现了各种反资本主义运动。另外，国际金融危机爆发以后，主流政党为了转嫁危机，同样会以制造非经济形态问题的方式转嫁经济危机无法克服的治理困境，从而缓解经济危机对资本主义体制的冲击。例如，资本主义社会试图将危机的爆发归结于移民加剧了竞争、国内外贸易结构失衡、文明文化的冲突等原因，企图掩盖新自由主义和金融化带来的贫富差距拉大和利润率下降等深层次原因，从而消解民众对资本的诟病。

（2）"两个必然"：在现实和未来之间

资本主义危机的发展趋势蕴含于资本主义固有矛盾发展趋势和资本主义未来走向之中。只有真正理解马克思危机理论，才能更好地把握资本主义经济危机的根源与本质，进而真正相信"两个必然"的正确性和科学社会主义的合理性。

"两个必然"是《共产党宣言》的核心内容，是科学社会主义的基本原理。在不同版本的序言中，恩格斯都反复强调《共产党宣言》的任务是"宣告现代资产阶级所有制必然灭亡"②，指出这是由生产力和生产关系之间不能相适应的矛盾导致的，以生产过剩为反抗形式的生产力和生产关系具有不可调和性，"资产阶级用来推翻封建制度的武器，现在却对准资产阶级自

---

① 〔美〕大卫·哈维：《新自由主义简史》，王钦译，上海译文出版社，2010，第 34 页。
② 《马克思恩格斯文集》第 2 卷，人民出版社，2009，第 18 页。

已了"①。一方面，生产力的发展使得"社会上文明过度，生活资料太多，工业和商业太发达"②，生产关系无法适应生产力发展速度，导致破坏生产力、爆发危机等结果的发生。另一方面，在这种生产关系下，无产阶级和工人阶级成为阶级斗争的主要力量，成为资产阶级的掘墓人。资本主义在阶级斗争中、在生产过剩的过程中面临着灭亡趋势。

从未来的发展趋势看，资本形态总是在自我扬弃中向更高级别发展，资本的实践也总是在一次次危机中自我调整与扩张。而未来社会，由于消灭了私有制而废除了所有制关系，由于无产阶级推翻了旧的资产阶级社会而具有了社会主义性质。资本主义一次次周期性危机印证了"两个必然"的科学性、时代性，"两个必然"也为人类社会的发展指明了方向。

三 救赎与前路：当代资本主义的演变趋势

随着科学技术的不断发展和资本主义的自我调节，当代资本主义在许多方面已经并还在发生变化。但是，资本主义基本矛盾"彻底"解决了吗？人类历史到资本主义就此"终结"了吗？资本主义发展的历史趋势是什么？

（一）当代资本主义的新变化

第二次世界大战后，在不触动基本制度的前提下，资本主义国家对生产关系的个别环节进行了改良，使得资本主义在生产资料所有制和垄断资本的形式、劳资关系和分配关系、社会阶层和阶级结构、经济调节机制和经济危机形态、政治制度等方面发生了诸多变化。

1. 当代资本主义新变化的主要表现

第二次世界大战后，资本主义在经济、政治等方面发生了重大变化。这些变化主要表现在以下几个方面。

---

① 《马克思恩格斯文集》第2卷，人民出版社，2009，第37~38页。
② 《马克思恩格斯文集》第2卷，人民出版社，2009，第37页。

第一，生产资料所有制形式的变化。从历史发展的角度看，资本主义生产资料所有制是不断演进和变化的。第一个阶段，也就是资本主义发展的初期，私人资本所有制是占主导地位的所有制形式；第二个阶段，19世纪末20世纪初，股份公司成为主要的企业组织形式，私人股份资本所有制取代私人资本所有制，成为占主导地位的所有制形式；第三个阶段，第二次世界大战后，资本主义生产资料所有制发生了新的变化，国家资本所有制形成并发挥重要作用，法人资本所有制崛起并成为居主导地位的资本所有制形式。法人资本所有制是法人股东化的产物。法人资本所有制有两种形式：一种是企业法人资本所有制，另一种是机构法人资本所有制。法人资本所有制主要存在于当代资本主义经济生活中居支配地位的巨型公司中，在性质上是一种基于资本雇佣劳动的垄断资本集体所有制，体现了资本剥削雇佣劳动的关系。

第二，垄断资本形式的变化。实体经济的停滞驱使资本家日益依赖金融市场的增长来获取和扩大货币资本，导致了金融经济与资本主义生产关系的结合，从而引发了20世纪70年代以来金融垄断资本主义的空前发展：金融市场交易日益膨胀、金融衍生品名目繁多、金融投机盛行、非金融企业日益金融化、国家行为与金融资本的利益日益契合、资本主义国家经济运行基础空前债券化等。随着金融垄断资本势力的爆炸性增长，金融垄断资本的控制能力大大提升，不但掌握了越来越多的社会财富，还通过控制政府决策部门和决策过程实现对整个国家的政治控制，利用国家机器维护自身的利益。然而，金融垄断资本主义无论发展到何种程度，都不可能破解生产停滞的难题，相反，经济过度虚拟化导致金融危机频繁发生，不仅给资本主义经济带来灾难，还给全球经济带来灾难。

第三，劳资关系和分配关系的变化。在资本主义发展初期，资本家对工人的剥削非常残酷。作为血汗工资制的"泰罗制"和"福特制"非常典型。随着社会生产力的发展和工人阶级反抗力量的不断壮大，资本家及其代理人开始采取一些缓和劳资关系的激励制度，促使工人自觉地服从资本家的意志。这些制度主要有职工参与决策、终身雇佣、职工持股以及建立并实施普及化、全民化的社会福利制度等。当代西方国家在分配领域的这些变化，是资本主义发展到国家垄断资本主义阶段对于分配关系的新调整，资本主义国家工人阶级的生活状况由此得到了一定程度的改善。

第四，社会阶层和阶级结构的变化。第二次世界大战后，在资本主义生产关系中，社会阶层、阶级结构发生了新的变化，这些变化主要表现在三个方面。一是资本家的地位和作用已经发生很大变化。随着企业规模的不断扩大和企业管理职业化要求的不断提高，资本主义大企业内部所有权和控制权加速分离。拥有所有权的资本家一般不再直接经营和管理企业，而是逐渐成为食利者。二是高级职业经理成为大公司经营活动的实际控制者。这些大公司的高级管理人员一般都拥有丰富的专业知识和很强的管理能力，享有优厚的薪金和职务津贴、企业董事所得利润等，具有控制企业的实际权力。三是知识型和服务型劳动者的数量不断增加，劳动方式发生了新变化。在当代资本主义生产过程中，劳动者的受教育水平和科技文化素养显著提高，从事体力劳动的蓝领工人越来越少，从事脑力劳动的白领工人不断增加，实现了从传统劳动方式向现代劳动方式的转变。

第五，经济调节机制和经济危机形态的变化。第二次世界大战后，资本主义国家对经济的干预成了当代资本主义经济运行的"内在机制"。过去市场一直是经济运行的主要机制，国家只充当"守夜人"，而现在国家作为"总资本家"，采取财政、税收、货币、金融、行政、法律等各种手段对经济进行全面干预与调节，形成调节机制与市场机制并存的运作过程。随着国家对经济进行全面干预与调节，资本主义经济危机形态也从古典危机向现代危机、从商品过剩向货币过剩转变。现代危机的突发性更强、破坏力更大、涉及面更广。

第六，政治制度的变化。资本主义政治制度反映了资本主义的经济关系，体现了资产阶级的要求。第二次世界大战后，资本主义政治制度呈现出公民权利扩大化、社会管理法制化和政党格局两极化的趋势。一是政治制度出现多元化的趋势，公民权利有所扩大，有利于缓和社会矛盾和冲突；二是战后资本主义国家普遍加强了法制建设，以便协调社会各阶级、各阶层的利益，更好地发挥对经济生活的干预作用。此外，改良主义政党在政治舞台上的影响日益扩大，成为第二次世界大战后西方资本主义国家政治生活中十分引人注目的现象。

2. 当代资本主义新变化产生的原因

正确认识资本主义新变化的原因和实质，对于在新的历史条件下科学把握资本主义的本质和规律具有十分重要的意义。总体而言，当代资本主义发生新变化的原因是多方面的，主要有以下三个。

第一，科学技术革命的巨大推动。人类社会发展史上，科学技术每一次重大进步都会带来生产力的巨大发展。第一次工业革命所开创的"蒸汽时代"（1760—1840年），标志着农耕文明向工业文明的过渡，是人类发展史上的一个伟大奇迹。第二次工业革命进入了"电气时代"（1840—1950年），使得电力、钢铁、铁路、化工、汽车等重工业兴起，石油成为新能源，并促使交通迅速发展。第三次工业革命开创了"信息时代"（1950年至今），全球信息和资源交流变得更为迅速。今天，以信息物理融合系统为基础，以生产高度数字化、网络化、机器自组织为标志，一种更为先进的生产力正在形成。正是科技革命使社会财富急剧增加，从而把资本主义财富分配的"蛋糕"做大了，资本家可以在不改变财富分配比例的前提下，通过推行"福利政策"来增加劳动者收入的绝对量，缓解资本主义自身的矛盾，促进资本主义发展。

第二，工人阶级斗争的重大作用。工人阶级争取自身权利和利益的斗争是推动当代资本主义产生新变化的重要因素。1864年成立的第一国际和1889年成立的第二国际使得西方工人阶级政党及工人运动得到了长足发展，两次世界大战期间，国际工人运动达到高潮。第二次世界大战后，以新社会运动为主流的各社会组织与团体联合行动，工人运动开始融入新社会运动中。20世纪50年代，在美国，每年工人都会组织多次罢工，在某些年份，罢工次数高达上千次。正是工人的顽强斗争，迫使资产阶级作出重大让步，进行某些社会改革。

第三，社会主义制度的强大压力。社会主义制度的建立和社会主义的发展对资本主义制度构成了挑战。为了消除经济运行中遇到的重大障碍，缓和资本主义社会内部矛盾，资产阶级在吸取和总结社会主义国家经验的基础上对资本主义制度进行改良。比如，1933 年，刚刚上台的美国总统罗斯福实行"新政"，有关计划协调思想就是直接受苏联社会主义计划经济启发和影响而萌发的。

3. 如何看待当代资本主义的新变化

马克思在生前给资本主义下了"死亡判决书"，他甚至预言资本主义在 19 世纪就要灭亡。但必须承认，资本主义确实没有完全按照马克思所预料的那样发展，第二次世界大战后，资本主义确实发生了一系列重大变化。那么，这是否意味着马克思主义已经破产？如果不是，我们又该如何看待这些新变化呢？

第一，资本主义的一些新变化是资产阶级"执行"了马克思的理论才产生的。

资本主义的一些新发展、新变化在一定程度上是由于资产阶级"执行"了马克思的理论才产生的，所以这些新变化非但没有推倒，反而证明了马克思理论的正确性。① 实际上，马克思和恩格斯不但已看到了资本主义的一些新发展、新变化，而且已发现这些新发展、新变化甚至是资产阶级作为"革命遗嘱"的"执行人"所带来的。例如，恩格斯在《共产党宣言》1892 年的波兰文版序言中指出："1848 年革命在无产阶级的旗帜下使无产阶级战士归根到底只做了资产阶级的工作，这次革命也通过自己的遗嘱执行人路易·波拿巴和俾斯麦实现了意大利、德国和匈牙利的独立。"② 实现民族独立既是 1848 年革命的目标，也是一种不可阻挡的历史趋势，但在这场革命中，无产阶级由于自身力量太弱而未能作为主体来实现民族独立，真正实现这一目标的是资产阶级。恩格斯认为资产阶级是作为"革命遗嘱"的"执行人"不得不实现了民族独立。恩格斯在《共产党宣言》1893 年的意大利文版序言中用更明确的语言表达了这一思想："那些镇压 1848 年革命的人违反自己的

---

① 高放：《开启真理宝库的七把金钥匙——研读〈共产党宣言〉感悟七篇序言》，《中国浦东干部学院学报》2010 年第 5 期。

② 《马克思恩格斯文集》第 2 卷，人民出版社，2009，第 24 页。

意志充当了这次革命的遗嘱执行人。"①

在实践中不难看到资本主义的新发展、新变化集中在两个方面：一是资本主义实施社会保障工程和福利制度；二是实施国家宏观计划调控，以取代纯粹的自由竞争。而实际上，这两个方面的新发展、新变化都与马克思主义在世界上的广泛传播和被越来越多的人所接受密切相关。西方资本主义世界明显地出现这两个方面的新发展、新变化，始于 20 世纪三四十年代美国罗斯福新政时期。而罗斯福在当时之所以要推行凯恩斯主义，强化国家对经济的管制与干预，之所以要颁布一系列社会保险法，甚至对就业者规定最低工资和每周最多工作时间，显然是深受马克思主义对资本主义批判的影响，被迫顺应历史发展趋势，"无奈地"充当了马克思所阐述的社会主义原则的"遗嘱"的"执行人"。而到了第二次世界大战以后，这种国家调控和社会福利制度逐步扩展到大多数发达资本主义国家，这就标志着发达资本主义国家的资产阶级统治者在无产阶级革命运动的压力下，为了"拯救资本主义"，普遍被迫从其对手那里吸收与其资本主义的本质相对立的社会主义的因素。这恰恰说明马克思主义的基本原理正确地反映了历史发展的客观规律，它们在这一世界上出现和发挥作用是不可阻挡的；说明马克思主义仍然是指引当今人类胜利前进的旗帜，不管你承认与否，你要往前走，必须在这面旗帜下行走。②

第二，资本主义的一些新变化是科技革命带来的，并不根源于资本主义制度。

资本主义社会所出现的最显著的新变化是物质财富的不断增加，但这主要是由科技革命带来的，而不是根源于资本主义制度。只要我们仔细地分析一下资本主义社会物质财富增加的整个过程，马上就会发现其背后隐藏的真正原因。科学技术的革命性发展，不但使物质财富获得了量的迅速增加，而且改变了生产力的增长模式——科学技术直接转化为物质财富，在物质生产

---

① 《马克思恩格斯文集》第 2 卷，人民出版社，2009，第 25 页。
② 陈学明、黄力之、吴新文：《中国为什么还需要马克思主义——答关于马克思主义的十大疑问》，天津人民出版社，2013，第 3 页。

的各个领域都充分显示了科学技术的力量，生产力的发展从主要依靠劳动工具转变为主要依靠科学技术。第二次世界大战以后，资本主义世界先后出现了两次科技革命，而这两次科技革命促使资本主义社会从一般工业社会变成发达工业社会，又从一般的发达工业社会变成"富裕社会"。第一次科技革命发生在 20 世纪 50 年代至 60 年代，它以原子能和电子计算机的广泛发展及其运用为主要标志。伴随这次科技革命的是资本主义国家出现了国内生产总值以年均 5.5% 的速度增长。到了 20 世纪 80 年代末 90 年代初，在资本主义国家，以信息技术为中心的高科技产业迅速崛起，第二次科技革命使资本主义国家进入信息化时代。据世界银行统计，2003 年全球国民生产总值为 36 万亿美元，其中美国占 10.9 万亿美元，独占 30.28%；包括美、日、德、英、法、意与加拿大的七国集团，总人口占世界 11%，但国民生产总值却占世界的 65%。在两次科技革命的进程中，资本主义在生产力发展和物质财富增加方面的变化是任何人也无法否认的客观事实。

科技革命不仅带来了生产力的提高和物质财富的增加，还使资本主义社会的经济结构发生了一定的变化，这些都与科技革命密切相关，这是不争的事实。但值得注意的是，我们虽不能说科技革命的出现与资本主义毫无关系，但实际上科技革命与资本主义制度没有本质性的联系。在资本主义社会中，科技革命的出现及其产生的一系列进步的、积极的社会效应在总体上都是自发进行的。也就是说，在资本主义社会中，科学技术进步的社会政治作用源于科学技术本身。资本主义制度对此有一定影响，但不能对这种影响估计过高，而且这种影响既有正面的又有负面的，甚至可以说负面影响要大于正面影响。马克思曾经把科学技术看作历史的有力的杠杆、是最高意义上的革命力量。科学技术自身所具有的这种革命性与进步性与资本主义制度是相冲突的。资本主义的最高目的是提高利润，因此它非但不可能，甚至还会阻碍科学技术展现自身的进步的社会功能。资本主义总是迫使人们付出巨大的代价来换取某些社会政治方面的进步。在资本主义社会中，科学技术在履行进步的社会功能的过程中，由于得不到社会制度方面的驱动，只能自发自主地进行，而且这种进步的社会功能一旦与资本主义制度联系在一起，其进步意义与内容还往往大打折扣。我们完全可以设想，倘若科技革命发生在与资本主义完全不同的、与科学技术的革命性与进步性真正相符的环境之中，那么我们将会看到科技革命给人类带来更大的福祉。由此看来，科技革命的出现，以及与此相应的资本主义社会中所出现的一系列变化，并不能从根本上使资本主义的形象得到彻底改变，所有这些变化都不是资本主义制度带来的。①

我们应当看到，无论资本主义社会如何变化，其固有的矛盾始终没有变，资产阶级贪婪的本性也始终没有变，这也预示其最终走向灭亡的命运亦不会改变。

（二）资本主义内部"新社会因素"的成长

20 世纪四五十年代，以信息技术为核心的高新技术群发展起来，经济全球化和知识经济使资本主义生产力快速发展。与此同时，第三次科技革命拉大了贫富差距，资本主义国家之间发展更加不平衡，当今对立的两大阶级之间的矛盾随之加剧。20 世纪五六十年代，多个殖民地国家通过革命获得民族独立，建立社会主义制度，世界社会主义体系对资本主义体系的抗衡力量加强，同时资产阶级不得不着手解决本国越发严重的阶级对立与阶级矛盾的问题，由此资本主义社会中的"新社会因素"或主动或被动地发展起来。

1. 资本主义孕育着"新社会因素"

当代资本主义在社会化大生产、新科技革命、经济全球化，以及来自社会主义国家的竞争压力的共同推动下，借鉴社会主义的一些做法，改善了生产关系的某些环节和经济社会运行、管理机制，使"新社会因素"逐渐出现在资本主义母体之中。

关于资本主义内部孕育"新社会因素"的问题，马克思与恩格斯对此早就作过深刻阐述。他们在《共产党宣言》中指出："当人们谈到使整个社会

---

① 陈学明、黄力之、吴新文：《中国为什么还需要马克思主义——答关于马克思主义的十大疑问》，天津人民出版社，2013，第 6 页。

革命化的思想时，他们只是表明了一个事实：在旧社会内部已经形成了新社会的因素，旧思想的瓦解是同旧生活条件的瓦解步调一致的。"① 这就指明了"新社会因素"在资本主义内部孕育的事实。马克思在《政治经济学批判（1857—1858年手稿）》中指出，"在以交换价值为基础的资产阶级社会内部，产生出一些交往关系和生产关系，它们同时又是炸毁这个社会的地雷"②。马克思在《资本论》第3卷中进一步指出："资本的文明面之一是，它榨取这种剩余劳动的方式和条件，同以前的奴隶制、农奴制等形式相比，都更有利于生产力的发展，有利于社会关系的发展，有利于更高级的新形态的各种要素的创造。因此，资本一方面会导致这样一个阶段，在这个阶段上，社会上的一部分人靠牺牲另一部分人来强制和垄断社会发展（包括这种发展的物质方面和精神方面的利益）的现象将会消灭；另一方面，这个阶段又会为这样一些关系创造出物质手段和萌芽，这些关系在一个更高级的社会形式中，使这种剩余劳动能够同物质劳动一般所占用的时间的更大的节制结合在一起。"③ 这里，马克思已经明确地说明了"旧社会"中孕育的"新社会因素"，为更高级社会形态的形成创造物质条件。

19世纪70年代之后，马克思在研究东方社会问题时，更加清晰地提出，资本主义生产"本身已经创造出了新的经济制度的要素，它同时给社会劳动生产力和一切生产者个人的全面发展以极大的推动；实际上已经以一种集体生产方式为基础的资本主义所有制只能转变为社会所有制"④。马克思与恩格斯关于资本主义内部孕育"新社会因素"的论述，为我们全面认识资本主义的本质提供了重要的启示。

2. 当代资本主义"新社会因素"的表现形式

当代资本主义内部孕育"新社会因素"是资本主义发展的必然结果。"新社会因素"是为未来新社会的产生准备条件的因素，是未来新社会的

---

① 《马克思恩格斯文集》第2卷，人民出版社，2009，第51页。
② 《马克思恩格斯文集》第8卷，人民出版社，2009，第54页。
③ 《马克思恩格斯文集》第7卷，人民出版社，2009，第927~928页。
④ 《马克思恩格斯文集》第3卷，人民出版社，2009，第465页。

"物质准备"或"物质条件"，而不是未来社会的制度本身。当代资本主义内部孕育的"新社会因素"主要有以下四个。

一是资本的社会化。当代资本主义社会的资本虽然没有"失掉它的阶级性质"，但已社会化了，主要有以下表现：国有经济的发展使生产资料的国家占有比重迅速提升，各主要资本主义国家1/3以上的国民财富由国家直接支配；以股权社会化为特征的股份制经济成为主要经济组织形式，并呈现出股权分散化与控股法人化态势增强的趋势——合作经济广泛存在于生产、分配、交换和消费各个领域，并已成为国民经济中适应社会化大生产要求的不可或缺的重要组成部分，发挥着不可替代的作用。有关资料显示，到20世纪70年代，法国、意大利、西德、比利时、荷兰等国国有经济职工约占总职工人数的10%，国营部门的投资占生产投资总额的15%—34%。特别是奥地利，在国有经济中的就业人数占全部工人和职员人数的近30%，生产的工业品约占全部工业品的1/3。20世纪80年代中期以后，虽然不少发达国家的国有企业被私有化，但目前其产值占国内生产总值的比重依然平均保持在10%左右，其中，意大利为18%，法国为15%，英国为14%，德国为12%。① 国有经济的形成与发展使生产资料的私人所有权变为国家所有权，客观上是对资本主义私有制的否定。

二是经济的计划化。在当代资本主义的发展中，国民经济的计划调节和宏观调控已贯穿于社会再生产的全过程。国家越来越深刻地介入社会经济生活的内部，直接参与、控制和干预社会经济的运行，在经济体制、经济机制和产业结构升级等方面不断进行自我调节和调整，生产的计划性大大增强。2008年国际金融危机爆发之后，当代资本主义世界采取了一系列措施，如减少财政赤字、调整利率和货币供应量、拓展海外市场等，都反映出对国民经济的计划调节和宏观调控。二者的作用在资本主义制度范围内虽然极其有限，并且是追求利润最大化的需要，但反映出当代资本主义内部孕育着"新社会因素"这一事实。

---

① 杨玲、胡连生：《论当代资本主义发展的不平衡性》，《学习与探索》2004年第5期。

三是社会保障体系的实施。马克思恩格斯在《共产党宣言》中强调，无产阶级夺取政权成为统治阶级后，要实行诸如征收高额累进税、为所有儿童提供公共的和免费的教育等重要措施。这些措施是在社会主义制度建立之后实行的。但是当代资本主义在自身范围内已经形成了包括最低工资限额、最低收入补贴、失业救济、医疗保险、养老保险、教育补贴等种类繁多、覆盖面广的社会保障体系。在西欧国家，社会福利已不仅表现为社会救济，而且表现为法律规定的公民权利。作为发达国家普遍实行的一项制度，社会福利制度包括社会保障和社会服务两个方面，社会保障由社会保险、社会补贴和社会救济三方面组成；社会服务指由国家进行的各种公共事业，主要是教育和医疗保健。发达国家在实行社会福利制度的过程中，其规模和费用一般占政府开支的 $1/2$ — $1/3$，占国民生产总值的 $1/5$。例如，1950—1975 年在福利开支较小的美国，其福利开支由占国民生产总值的 8.2%、政府开支的 37.4% 分别上升到 18.7%、57.4%，而在福利开支占较大比重的瑞典、丹麦、西德、比利时和荷兰，其福利开支在进入 20 世纪 80 年代时分别占其国民生产总值的 33.4%、33.3%、31.5%、37.6%、36.1%。[①] 这一"新社会因素"在资本主义内部的孕育，预示着资本主义私有制将会受到削弱。

四是企业管理的民主化。当代资本主义为缓和劳资矛盾，通过在企业内部实行"共同决定制度"，构建劳资之间对话与合作的机制。"共同决定制度"要求企业必须吸收若干名工人进入董事会，参与企业管理，以保障工人在工作、生活等方面的权利。例如，自 20 世纪 60 年代以来，发达国家不仅在很多企业建立了有工人代表参加的工厂委员会（在企业安全、职工福利、利润分配、劳动时间、教育训练、退休养老等问题上都有一定的决策权），而且日益使劳动者参与企业经营管理法制化。例如，法国实行由各派工会提名、经选举产生的职工代表组成的企业委员会制度；日本实行由劳资双方最高领导人参加的"劳资协议会""经营协议会"制度；德国实行"对等共决"制度，其《参与决定法》规定，凡职工超过 2000 人的大公司，必须设

---

① 周良才、赵淑兰：《社会福利服务》，北京大学出版社，2020，第 20 页。

立监事会（德国没有董事会，监事会掌实权），由对等数量的职工代表与股东代表组成，负责对公司经营管理人员的任免和监督，对公司的决策进行检查；瑞典的《董事会代表法》也规定，雇员在 25 人以上的公司，雇员有权从雇员中选举 2 名代表进入董事会。这一制度的推行，在一定程度上改善了资本主义企业内部的劳资关系，缓和了劳资双方的紧张关系，使赤裸裸的雇佣关系蒙上了一层温情脉脉的面纱。尽管工人参与企业管理并非资本主义的本意，但这意味着在资本主义内部有"新社会因素"的存在。

　　3. 当代资本主义"新社会因素"的本质

　　一方面，从唯物辩证法角度来看，"新社会因素"是资本主义社会的矛盾体中的否定因素，这一因素推动着资本主义社会形态的不断发展。任何事物内部都由肯定因素和否定因素构成，肯定因素维持着事物原有的性质和状态，否定因素作为肯定因素的对立面而存在。任何一个发展过程都可以看作一系列不同的、相互联系的发展阶段共同构成，不同的发展阶段之间存在着相互联系、相互否定的关系。[①] 也就是说，辩证地否定推动事物的发展，发展就是原有事物中的否定因素战胜肯定因素的结果。事物发展的方向就是事物本身朝着其对立面转化的方向，社会历史的发展方向也是如此。社会历史的发展方向主要体现为社会形态的变更，社会形态变更是一个矛盾运动过程。其中，维持原来社会形态的因素是肯定因素，而突破原来的社会形态使其向相反方向发展的因素是否定因素。旧的社会形态转化为新的社会形态的过程就是否定因素战胜肯定因素而成为新的肯定因素的过程，新的肯定因素与包含于其中的新的否定因素共同构成新的社会形态，并且随着新的否定因素战胜新的肯定因素，这个新社会形态最终又变成旧社会形态，被新的社会形态所取代。资本主义必然发展到否定其自身的另一种社会形态，我们把这样一个新的社会形态称为"社会主义社会"，旧的资本主义社会形态中的否定因素则被称为"新社会因素"。

　　另一方面，从唯物史观角度来看，"新社会因素"指的是与资本主义社

---

　　① 《马克思恩格斯全集》第 20 卷，人民出版社，1979，第 329 页。

会相对立，并能指向社会主义的因素。其中，"新社会因素"包括生产方式和革命化的思想两个方面，生产方式是其中最重要的部分，而生产方式是生产力和生产关系在物质生产过程中的统一。马克思指出，"新的生产力和生产关系不是从无中发展起来的，也不是从空中，又不是从自己产生自己的那种观念的母胎中发展起来的，而是在现有的生产发展过程内部和流传下来的、传统的所有制关系内部，并且与它们相对立而发展起来的"①。换言之，对于当代发达资本主义社会来说，从资本主义生产力和生产关系中生长出来的与其相对立并且指向社会主义性质的生产力及生产关系就是"新社会因素"。"马克思主义名词解释库"对社会主义社会的定义包含了社会主义的基本特征：生产资料公有制、按劳分配、人民民主专政、社会主义文化。"新社会因素"恰好指向社会主义的这些基本特征。"新社会因素"目前并没有使资本主义的内在本质发生任何根本性的变化，但是它能够持续推动资本主义向社会主义前进。"新社会因素"是不是"社会主义因素"，对于这个问题可以从以下几个方面来回答。

首先，"新社会因素"并非完全等同于"社会主义因素"。根据唯物史观的基本原理，"新社会因素"存在于一切社会形态中，就该方面而言，争论它究竟是社会主义性质的还是资本主义性质的因素没有科学依据。另外，马克思恩格斯只是提出在资本主义社会内部孕育和生长着"新社会因素"，并未明确定义"新社会因素"的具体所指，这需要依据马克思恩格斯在不同文本语境中，根据不同的用语表达，进行深入的理解和探究。事实上，依据马克思恩格斯"新社会因素"明确提出的逻辑要义，以及不同文本下的不同语义表达，都能看出"新社会因素"是一个内涵广泛的多重语义概念，它既是一个相对的概念，又是一个多元的概念，还是一个变动的概念；既可以有具体的指代，也可以有抽象的表述；既可以表述为它是资本主义社会内部的自我积极肯定的因素抑或消极否定的因素，也可以表述为主体与客体的因素，等等。此外，仅仅依据某些表述也是很难界定出它是不是"社会主义因

---

① 《马克思恩格斯全集》第46卷上册，人民出版社，1979，第235页。

素"的，更何况在多数情况下它似乎主要指代资本主义内部的不同表现形式的能够孕育出"新社会"的因素。当然，通过不同语境语义的分析，确实也发现了"新社会因素"作为"社会主义因素"的存在。因此，绝不能以偏概全地定义"新社会因素"就是专指"社会主义因素"。

其次，对"新社会因素"的关切重在说明它是实现"社会主义社会"的因素。马克思恩格斯所论述的"新社会因素"始终围绕现实的资本主义社会内部所出现的矛盾问题和新发展情况作出判断。对"新社会因素"的认识贯穿马克思恩格斯论证资本主义社会从产生、发展到灭亡的全部事实和逻辑推演的整个过程。因此，正确认知资本主义社会内部的"新社会因素"也应当以动态、发展的眼光看待其存在和表现形式。最终需要明确的是，马克思恩格斯对资本主义社会内部孕育和生长着"新社会因素"的论述，旨在说明它的产生和发展是作为迎接未来社会主义社会到来的因素或要素的存在。正如"两个决不会"所表述的那样，"无论哪一个社会形态，在它所能容纳的全部生产力发挥出来以前，是决不会灭亡的；而新的更高的生产关系，在它的物质存在条件在旧社会的胎胞里成熟以前，是决不会出现的"①。因此，无论资本主义社会内部如何呈现出新的经济制度的、新的生产方式的、新的生产关系的，抑或新的人的、物的、组织的等新社会因素，以及无论它们本身是不是作为社会主义性质的因素存在，归根结底马克思恩格斯所要论述的逻辑重点是说明"新社会因素"的存在要以社会主义社会的实现为己任。因此，与其将目光聚焦于"新社会因素"是不是"社会主义因素"的探讨，不如重点关注作为多重语义的"新社会因素"应当如何转化为实现"社会主义社会"的因素。这才是全面、准确理解"新社会因素"的要旨所在。

再次，"新社会因素"在当代资本主义国家内部确实孕育出了更多的"社会主义因素"。马克思恩格斯晚年已经看到资本主义社会在经历科技革命、新的生产组织和制度模式所呈现出的日益增多的"社会主义因素"的倾

———————
① 《马克思恩格斯文集》第 2 卷，人民出版社，2009，第 592 页。

向，也恰恰仰仗于此，资本主义社会才焕发出了更多的生机和活力，这也是恩格斯在马克思逝世后针对资本主义新发展状况作出及时的斗争策略调整的原因所在。当代资本主义社会，在经历持续的科技革命和现代经济危机冲击后，资本主义内部的生产方式、生产状况和生产关系等都进行了巨大的调整和改良。原本表现为资本主义内部消极、否定、垂死的因素越来越表现为资本主义自我扬弃的因素，"新社会因素"确实也日益转变为"社会主义因素"。例如，国有制经济和各种社会化管理与组织机构在西方国家广泛出现，资本主义国家计划管理和调控能力大大增强；资本主义社会内部的政治制度呈现民主化，社会党在多数国家获得合法执政地位；大多数西方发达资本主义国家建立了社会福利制度；工人地位极大提升，工人参与工会、企业管理的权利得到立法保障，一定程度上工人成为资本家的合作伙伴和压力集团；另外由于工人结构的变化，脑力劳动者比重不断增加；等等。

最后，"新社会因素"是现实社会主义国家借鉴并超越资本主义的"他山之石"。现实社会主义国家并没有像马克思恩格斯所预想的在孕育和生长着"新社会因素"的资本主义国家实现，而是建立在生产力水平落后的国家基础之上。随着资本主义进入帝国主义阶段，在特殊的世情国情背景下，列宁提出"不进行争取国家政权的阶级斗争，社会主义就不能实现"[①]，从而破天荒地在资本主义链条薄弱的俄国建立起了世界上第一个社会主义国家。面对现实两制关系的敌对状态，斯大林以"空地论"的思想指出，"由于国内没有任何现成的社会主义经济的萌芽，苏维埃政权必须在所谓'空地'上创造新的社会主义的经济形式"[②]。由此可以看出，特殊的时代背景下，新一代的马克思主义者，依据现实的社会主义革命和建设的需要，为建立和巩固新生的社会主义政权，提出了资本主义社会的"新社会因素"不可能指代"社会主义因素"的观点，以捍卫现实社会主义国家政权的合法正当性。事实上，随着社会主义由一种思想、运动进入制度模式后，世界历史也就随即

---

① 《列宁全集》第 43 卷，人民出版社，2017，第 371 页。
② 《斯大林文集》，人民出版社，1985，第 601 页。

进入两种制度、两种模式、两条道路的角逐和斗争阶段。也正因为现实社会主义普遍建立在经济文化落后的国家，因而要想社会主义赶超资本主义，必然要在善于吸收借鉴资本主义文明成果的基础上实现自身的发展。既然"新社会因素"作为资本主义国家实现向社会主义国家转变的因素，并且兼具积极和消极成分，又是资本主义发展状况的精华所在，因而能够极大地提供给现实社会主义国家取长补短、扬长避短的最好借鉴和实践经验。此外，随着科技革命的迅猛发展、经济全球化的深入发展，在和平与发展的时代背景下，推动形成了合作共赢的新型两制关系。因此，这意味着社会主义国家既要善于发挥自身的制度优势，又要善于发掘当代资本主义社会内部"新社会因素"日趋转向"社会主义因素"的积累部分，以此加强彼此合作，实现共赢发展。最终，资本主义国家自身也能够在未来的发展阶段通过内部社会主义性质的"新社会因素"的不断增长而逐渐自我瓦解，和平、渐进地进入社会主义社会。[①]

无论怎样理解资本主义社会内部孕育和生长着的"新社会因素"，以及它是否体现为"社会主义因素"，都要始终明确"新社会因素"的存在必然是为了实现社会主义社会。因此，无论在怎样的时代背景下，以及无论现实两制关系处于怎样的发展阶段，马克思恩格斯关于"新社会因素"的论述仍焕发出时代真理之光，社会主义必然代替资本主义，取得伟大的胜利。

（三）资本主义向社会主义过渡是历史的必然

资本主义是一个异常复杂的矛盾统一体。当代资本主义社会内部虽然孕育着"新社会因素"，但又深处种种问题和重重矛盾交织深化的困境之中。对于这些问题和矛盾，资本主义仅仅依靠自身调整是无法根本解决的。只有从根本上变革资本主义社会制度，才能从矛盾与困境中走出来。这是历史发展的必然趋势。

---

① 花凤春：《对马克思恩格斯"新社会因素"的多重语义分析》，《文化软实力》2021年第
2期。

1. 当代资本主义难以自救

当代资本主义的自我否定和母体内能够孕育出"新社会因素"，说明它还存在着较大的发展空间。但是，由于这是为适应生产力发展要求而对生产关系作出的局部调整，是在坚持资本主义私有制前提下为稳固资本主义的统治地位和维护资产阶级整体利益而作出的，因而又必然存在着许多即使作出调整也难以克服的矛盾和问题，资本主义发展中存在的多重困境足以证明这一点。

毋庸置疑，当代资本主义陷入了"两难境地"：一方面，为了给资本主义的发展增添生机活力，克服系统危机带来的各种危害，必须进行生产关系的局部调整，采取各种措施以缓和资本主义基本矛盾和各种社会矛盾；另一方面，为了不改变资本主义制度本身，在强化资本社会化的同时不改变资本所有权的私有性质，在实行国有制经济的同时张扬全体资产阶级的公共所有制，在采取各种防危机、反危机措施的同时回避危机爆发的根源，在提高人民福利待遇的同时不改变工人阶级受剥削、受奴役的地位，在大力发展物质文明的同时不根除资本主义制度的腐朽性和颓废性，等等。

当代资本主义的"两难境地"，一方面说明资本主义难以自救，当代资本主义任何不触及资本主义制度本身的调整、改良，只能是在前进的道路上略微清除一下发展的桎梏、排除一下发展的障碍、换得一时的苟延残喘，不可能真正"医治"资本主义的"病症"，不可能改变资本主义的根本性质；另一方面也说明了资本主义社会存在的各种矛盾和问题，靠修补式地调整和改良是不可能得到解决的，必须变革社会根本制度。因为"资本主义生产方式暴露出它没有能力继续驾驭这种生产力"，"这种生产力本身以日益增长的威力要求消除这种矛盾，要求摆脱它作为资本的那种属性，要求在事实上承认它作为社会生产力的那种性质"。[①] 因此，向适应生产力发展需要、以生产资料公有制为基础的社会主义过渡是资本主义的唯一出路。

---

① 《马克思恩格斯文集》第9卷，人民出版社，2009，第294页。

2. 资本主义向社会主义过渡

资本主义向社会主义过渡不是自发的，必须通过开展社会主义运动来实现。实现这种过渡的方式主要有两种：一是工人阶级通过暴力革命方式取得政权，建立社会主义制度；二是工人阶级通过和平过渡方式取得政权，建立社会主义制度。在资本主义向社会主义过渡这个重大问题上，马克思恩格斯更多强调的是工人阶级只有通过暴力革命才能摧毁旧世界，建立新社会制度。"共产党人不屑于隐瞒自己的观点和意图。他们公开宣布：他们的目的只有用暴力推翻全部现存的社会制度才能达到。"[①] 即使到恩格斯晚年时期，他仍然坚持这一基本观点："无产阶级不通过暴力革命就不可能夺取自己的政治统治，即通往新社会的唯一大门，在这一点上，我们的意见是一致的。"[②] 无论是俄国的"十月革命"还是中国新民主主义革命历程，都充分证明了这一基本观点的正确性。到时代主题转换之前的历史表明，当时被压迫工人阶级和民族要获得解放，暴力革命是唯一的选择，没有和平过渡成功的先例。

在经济全球化、世界多极化日益发展的今天，时代主题由战争与革命转换为和平与发展，两大社会制度由对立并存转换为合作与竞争兼有，当代资本主义社会内部阶级矛盾趋于缓和、阶级力量对比发生变化并且"新社会因素"也在逐渐成长，世界各国在发展社会主义的过程中更为关注本国国情、强调本国特色，等等。在这样的时代条件下，究竟以哪一种方式实现资本主义向社会主义的过渡，是需要依据过渡的主客观条件的成熟程度来确定的。马克思也曾指出："工人总有一天必须夺取政权，以便建立一个新的劳动组织……但是，我们从来没有断言，为了达到这一目的，到处都应该采取同样的手段。我们知道，必须考虑到各国的制度、风俗和传统。"[③] 马克思主义历来认为，迄今为止，从资本主义向社会主义过渡所采用的主要方式是暴力革命，但不拘泥于这种方式。过渡方式可以根据时代变化的特点、阶级力量的

---

① 《马克思恩格斯文集》第 2 卷，人民出版社，2009，第 66 页。
② 《马克思恩格斯文集》第 10 卷，人民出版社，2009，第 578 页。
③ 《马克思恩格斯全集》第 2 卷，人民出版社，1964，第 179 页。

对比，以及社会条件的成熟程度来确定。

社会主义是资本主义的唯一出路。人类社会的更迭是一个自然历史过程。在社会基本矛盾的运动中，人类社会由原始社会走向奴隶社会、封建社会，由封建社会走向资本主义社会，再由资本主义社会走向社会主义社会的历史发展过程，深刻地说明了在人类历史发展的长河中，资本主义不是永恒的、绝对的社会制度，而是同以往各种社会制度一样，是一种过渡性社会制度，社会主义取代资本主义是历史的必然。但是，资本主义向社会主义过渡的行程能否缩短，则不仅取决于资本主义内在否定力量自身的成熟程度，还取决于资本主义与社会主义在世界范围内的力量对比。

资本主义社会的发展演化过程也是人类探索走向现代化的过程。历史发展到今天，只有少数国家靠走资本主义发展道路真正实现现代化并成为发达国家，如美国、日本、法国、德国、英国、加拿大、澳大利亚等。从历史来看，这些发达国家多是依靠军事扩张、殖民统治、经济掠夺和政治控制等手段，牺牲欠发达国家的自然资源和转嫁国内发展成本而实现现代化的。这种通过发展资本主义进而实现现代化的道路与模式，对于欠发达国家和发展中国家而言，不具有可借鉴性和可复制意义。同时，即使是发达国家，也要面临由此带来的一系列无法自我克服和解决的矛盾与问题，也要寻求新的发展出路。

与走资本主义发展道路的这些国家不同，在中国共产党的领导下，中国人民经过艰苦卓绝的斗争和艰辛探索，开辟了中国式现代化道路，推动中华民族伟大复兴进入不可逆转的历史阶段。中国式现代化彻底改写了现代化的世界版图，其摒弃了西方以资本为中心的现代化、两极分化的现代化、物质主义膨胀的现代化、对外扩张掠夺的现代化老路，既顺应了社会主义中国的发展要求，又回应了人类文明的进步趋势，为世界现代化版图赋予了共同富裕、物质文明和精神文明相协调、人与自然和谐共生、和平发展的新底色。与此同时，中国式现代化为世界现代化提供新模式。中国式现代化坚持独立自主和接续奋斗，走出了不同于西方模式的现代化新路，打破了现代化模式的一元论谬误，在解答时代课题、全球议题、人类难题的过程中创造了人类文明新形态，为发展中国家自主发展实现现代化提供了方向与希望。这条新型现代化道路，充分证明了社会主义是世界各国走向现代化的根本方向，资本主义向社会主义过渡是不可抗拒的时代潮流。

 ## 理论思考

1. 当代资本主义在经济、政治、文化、生态等方面出现了一系列社会问题，深陷系统困境之中，请联系实际分析当代资本主义制度存在的突出问题。

2. 请谈谈如何理解当代资本主义的"新社会因素"。

 ## 重点阅读文献

1. 陈学明、黄力之、吴新文：《中国为什么还需要马克思主义——答关于马克思主义的十大疑问》，天津人民出版社，2013。

2. 顾海良、陈锡喜编《"中国马克思主义与当代"若干问题研究》，高等教育出版社，2015。

3. 张雷声：《马克思主义政治经济学的发展与创新》，中国人民大学出版社，2022。

专题九　当代世界社会主义与新时代中国特色社会主义的发展

专题摘要

从世界范围和历史视角全面认识当代社会主义，正确看待当代社会主义的曲折发展，深刻反思社会主义遭遇挫折的历史教训，了解当代世界社会主义的最新发展，深刻理解社会主义对人类作出的巨大历史贡献以及科学社会主义在 21 世纪中国焕发出强大生机活力在世界社会主义发展史和人类社会发展史上的重大意义。坚定社会主义、共产主义理想信念，积极投身新时代中国特色社会主义伟大实践。

专题分析

首先从历史回顾、理论思考和实践论证三个方面提出若干问题来开始本专题的学习。

历史回顾：我们知道，发生在 20 世纪 80 年代末 90 年代初的东欧剧变，是东欧各个社会主义国家的社会主义制度最终演变为资本主义制度剧烈动荡的结果。这场动荡首先从波兰开始，随后匈牙利、捷克斯洛伐克、民主德国、保加利亚、罗马尼亚、南斯拉夫、阿尔巴尼亚等东欧社会主义国家的共产党和工人党在短时间内像多米诺骨牌一样纷纷丧失政权，社会制度发生蜕变。1991 年 12 月 25 日，苏联国旗从克里姆林宫上空缓缓降落，代之升起的是俄罗斯国旗——苏联，这个世界上第一个社会主义国家正式解体了。东欧剧变、苏联解体，使世界社会主义运动遭受前所未有的巨大冲击而陷入低谷。我们如何正确看待当代社会主义的曲折发展？"前事不忘，后事之师"，当我们反思东欧剧变、苏联解体这一具有重要影响的世界历史事件的时候，得出的经验教训是什么？

理论思考：前面一个问题我们谈的是苏联解体，现在我们将视线转向苏联解体后的今日俄罗斯，看看当代俄罗斯马克思主义和社会主义思潮的状况。在 1991 年苏联解体后的一段时间内，在俄罗斯，马克思主义被明令禁止，几乎所有的大学和科研机构均取消了马克思主义学科和课程设置，大多数马克思主义的拥护者转而与之脱离干系。但是，仅仅在两三年之后，这种状况便有所改变，出现了一些左翼学术团体，其结合俄罗斯的社会现实开始重新思考马克思主义的意义和价值，当代俄罗斯的马克思主义呈现出复兴趋势。2017 年当代俄罗斯马克思主义者公开发表《当代俄罗斯左翼力量宣言草案》，指出：一个真正公正、人道的世界必将诞生，社会主义是人类必然的选择。而当我们放眼世界的时候会看到，社会主义思潮在世界范围内再度涌起，左翼力量进一步壮大。这深刻表明，当代世界社会主义尽管遭遇过各种挫折和挑战，但是社会主义是浩浩荡荡的世界潮流，不可阻挡，它始终凝聚着人类对美好生活的向往。同学们，让我们在理论层面上深入思考一下，社会主义为什么具有如此巨大的生命力和吸引力，它为人类作出了哪些巨大贡献？

实践论证：风雨苍黄，正道沧桑。看新时代的中国，风景这边独好！我国新冠疫情防控取得重大战略成果，我国在全球范围内率先控制住了本土疫情传播，率先实现了全面复工复产，2020 年我国 GDP 增长 2.3%，是全球唯一实现正增长的主要经济体。习近平总书记庄严宣告："在迎来中国共产党成立一百周年的重要时刻，我国脱贫攻坚战取得了全面胜利，现行标准下9899 万农村贫困人口全部脱贫，832 个贫困县全部摘帽，12.8 万个贫困村全部出列，区域性整体贫困得到解决，完成了消除绝对贫困的艰巨任务，创造了又一个彪炳史册的人间奇迹!"① 这些事迹向世界充分证明了中国共产党领导和中国特色社会主义制度具有不可比拟的优势。可以说，中国特色社会主义的成功，特别是中国特色社会主义进入新时代，使世界人民看到了社会主义的强大活力，极大地鼓舞了人们对社会主义的信心。新时代以它最波澜壮阔的实践赋予了科学社会主义以新的历史高度，科学社会主义在21世纪的中国焕发出强大生机活力。同学们，你们正处在中华民族发展的最好时期，请你们结合自己的亲身感受和中国改革开放的巨大成就思考这样一个问题：社会主义在21世纪的中国焕发出强大生机活力在世界社会主义发展史和人类社会发展史上的重大意义是什么？

一　正确看待当代社会主义的曲折发展

"欲知大道，必先为史。"世界社会主义500余年的发展历史波澜壮阔、跌宕起伏。在这漫长的历史岁月中，社会主义经历了从空想到科学、从理想到现实、从一国到多国的发展，也经历了从东欧剧变、苏联解体到中国特色社会主义蓬勃兴起的过程。全面认识当代社会主义，要用贯通性视野和历史性思维来观察和思考社会主义的根源和脉络。要看到社会主义是源远流长的历史性现象，不是现在和近期才有的，它的根深深地扎在人类历史的深处。同时还要用发展的眼光和辩证的思维来观察和把握社会主义的前途与命运，要正确看待当代社会主义的曲折发展，要看到社会主义是在曲折中发展、在实践中开拓的现实性运动。

社会主义作为一种思想和理论，从一开始就被资产阶级视为异端，受到排挤和打压。科学社会主义刚刚问世时，曾被当作在欧洲游荡的"幽灵"遭到围剿，然而这一切并没有阻止科学真理的传播，它很快就传遍了欧洲，成为工人运动的指导思想。经过俄国十月革命，又在世界上产生了广泛的影响。20世纪中叶，世界上近1/4的土地上近1/3的人口一度生活在社会主义

---

① 《习近平谈治国理政》第4卷，外文出版社，2022，第125页。

制度下，社会主义的力量大大增强，打破了资本主义一统天下的局面，鼓舞着世界人民争取进步事业的意志和信心，推动了人类进步。但是，与资本主义相比，社会主义的发展仍处于初期，如何把马克思主义基本原理与本国具体实际相结合，坚持和发展具有本国特色的社会主义，对于各国共产党人来说没有现成的答案，必须在实践中进行反复摸索，这使社会主义在发展中也经历了不少曲折和挑战。特别是经历了东欧剧变、苏联解体这样的严重挫折。那么，如何正确看待当代世界社会主义的这种曲折发展呢？可以从以下三个方面来分析。

第一，从人类社会发展的基本规律来看，生产力和生产关系、经济基础与上层建筑的矛盾运动必然存在于新旧事物之间的矛盾斗争过程中。由于矛盾发展的不平衡性，新旧事物之间往往需要通过长期斗争和反复较量，使得矛盾双方力量对比发生变化，只有这样新事物才能最终战胜和取代旧事物。自然界是如此，人类社会发展也是这样。在人类社会形态的更替过程中，任何一种新生的社会形态都不可能是尽善尽美的，都需要一个不断发展完善的过程，有时甚至要经历多次反复才能逐步完善和成熟。在人类历史上，自奴隶社会后期到封建制度的确立，封建社会后期到资本主义制度的确立都经历了革命与复辟、胜利与挫折的长期斗争和反复较量。正如列宁所指出的："设想世界历史会一帆风顺、按部就班地向前发展，不会有时出现大幅度的跃退，那是不辩证的，不科学的，在理论上是不正确的。"[1]

第二，从社会主义的发展规律来看，社会主义是人类历史进程中比资本主义更高级的社会形态和更合理的社会制度。社会主义作为一种全新的社会形态，它同历史上已经出现过的社会形态有着本质的区别，它要从根本上变革剥削阶级和剥削制度赖以存在的旧的生产关系和上层建筑，建立一个没有阶级压迫、没有剥削，实现人与人之间真正平等和人的自由全面发展的全新社会。正因如此，与以往阶级社会的更替相比，社会主义革命是更为深刻、更为彻底的社会变革，其任务更为艰巨、更加复杂，遭受的

---

① 《列宁专题文集 论辩证唯物主义和历史唯物主义》，人民出版社，2009，第263页。

阻力也更大。同时，在新旧社会形态更替的过程中，旧的社会形态也绝不会自动退出历史舞台。社会形态演进过程的长期性、曲折性特点决定了社会主义只有通过长期努力奋斗才能够战胜挑战，实现由旧的社会形态向新的社会形态的更替。

第三，从社会主义发展的历史进程来看，社会主义国家建立的起点低于马克思主义经典作家的预期。与马克思主义创始人关于发达资本主义国家将取得无产阶级革命胜利的最初预想不同，20世纪诞生的社会主义国家，基本上都是在资本主义没有充分发展、经济文化相对落后的国家建立起来的。这就使得社会主义国家承担着经济文化起点较低的重负，面临着赶超资本主义的历史重任，不仅要在政治、社会形态上跨越资本主义的"卡夫丁峡谷"，而且要在经济、文化、社会、生态文明等综合实力上全面超越资本主义，从而巩固和发展社会主义制度。这也需要一个长期的建设和发展过程。经济文化比较落后的社会主义国家，长期处在经济、科技、军事等方面占优势的发达资本主义国家的包围和压制之中。资本主义国家从来没有放弃颠覆社会主义国家的战略图谋，会想方设法通过战争威胁、武装侵略、经济封锁、政治分化、文化渗透等途径破坏和颠覆社会主义制度。在这种复杂的背景下，社会主义必须正确处理与资本主义的关系，既要向世界开放，同资本主义展开竞争，也要借鉴吸收资本主义的先进科学技术和管理方法建设社会主义，同资本主义开展合作，赢得与资本主义的比较优势。要解决这些历史性和现实性的课题，必然需要一个长期曲折的历史过程。

二 世界社会主义的最新发展

世界社会主义500余年的发展历史，既有高歌猛进又有曲折坎坷。我们一方面要正确看待发展进程中的曲折，以史为鉴，总结经验教训；另一方面要正确认识21世纪世界社会主义的形势，了解世界社会主义的最新发展。苏联、东欧社会主义的失败并不是社会主义本身的失败。社会主义具有强大的生命力，这种生命力归根结底是真理的力量、道义的力量，这是我们对社会主义保持必胜信念的根据。放眼世界，我们可以看到当代世界社会主义也呈现出新的特点。

一是社会主义思潮在世界范围内再度涌起。人类进入 21 世纪以来，随着经济全球化的深入发展，全球霸权统治世界，不平等现象加剧和贫富差距拉大。全球发展问题、公平问题、生态问题、和平问题等凸显。如何解决这些问题，资本主义拿不出有效的办法。世界范围内马克思主义热和社会主义热再度兴起，世界人民从社会主义和资本主义两种思想、两种制度、两种社会运动的比较中深切感悟到：资本主义制度框架下运行的经济、政治、社会、文化、生态文明越来越远离世界绝大多数人民所憧憬的未来美好社会，世界资本主义所创造的高度发展的生产力只能是给世界社会主义准备了物质条件，人们在经历或目睹了资本主义给世界带来的战争灾难、贫富不均、社会不公、道德堕落、人性沦丧、生态危机之后，对社会主义所倡导的社会理想和价值追求日益向往，这为当代社会主义赢得新的发展提供了有利条件。2008 年国际金融危机爆发以来，当代世界马克思主义思潮进一步发展，其影响力逐渐扩大。西方马克思主义、东欧新马克思主义、市场社会主义、生态社会主义、21 世纪社会主义、女权社会主义等左翼社会思潮此起彼伏，方兴未艾。当代世界马克思主义思潮和社会主义思潮的发展，在一定程度上证明了马克思主义的科学性和社会主义的影响力。

二是世界社会主义和左翼力量进一步壮大。据统计，目前在国外 100 多个国家中，约有 130 个政党保持着共产党名称或主张以马克思主义为指导，党员人数过万的有 30 多个。截至 2022 年 12 月，中国共有基层党组织 506.5 万个，中国共产党党员 9804.1 万名。①

在共产党执政的国家中，除中国通过改革开放取得举世瞩目的成就，使得科学社会主义在 21 世纪的中国焕发强大生机活力，在世界上高高举起中国特色社会主义伟大旗帜外，越南、朝鲜、老挝、古巴等社会主义国家也都

---

① 《党员 9804.1 万名 基层党组织 506.5 万个 中国共产党党员队伍继续发展壮大 基层党组织政治功能和组织功能不断增强》，中央政府门户网站，2023 年 6 月 30 日，https://www.gov.cn/yaowen/liebiao/202306/content_6889108.htm。

迈出了探索有本国特色社会主义的新步伐。东欧剧变、苏联解体以来，资本主义国家共产党经历了危机与变革，但一些资本主义国家共产党仍坚持将马克思主义作为党的理论基础和指导思想，主张从时代环境出发，重新认识和发展马克思主义，积极探索替代资本主义的本国形式。比如，日本共产党提出"在资本主义框架内进行民主改革"；法国共产党提出"新共产主义理论"，主张在资本主义内部进行深刻的社会变革；南非共产党主张首先进行"民族民主革命"，进而"向社会主义过渡"，建设具有南非特点的社会主义等。拉美地区具有悠久的左翼和社会主义传统，目前拉美地区共产党组织得到了重新恢复和发展，以"圣保罗论坛"为代表的左翼运动也开始崛起。拉美地区左翼和社会主义运动比较有影响的主要有，委内瑞拉的"21世纪社会主义"、玻利维亚的"社群社会主义"、厄瓜多尔的"美好生活社会主义"、巴西劳工党的"劳工社会主义"等。拉美社会主义理论和政策主张的提出和实践，在拉美地区社会主义运动中产生了比较大的社会影响。

这里，我们特别对苏联解体之后当代俄罗斯的马克思主义作一简要介绍。苏联解体后自由主义思想在俄罗斯盛行，很多人极力与马克思主义划清界限，宣布其为"伪科学"和"歪理邪说"。但是随着时间的流逝，俄罗斯社会矛盾突出、危机不断，马克思主义在俄罗斯日益受到关注，其中一个重要的表现就是产生了不同的马克思主义研究学派，在诸多学派中最具有代表性的当数以布兹加林为代表的当代俄罗斯马克思主义批判学派。该批判学派在30年的发展中形成了比较鲜明的理论主题，主要包括晚期资本主义批判、对苏联社会主义的反思、新社会主义理想及其社会改造纲领。该批判学派主要的价值目标就是致力于在理论层面实现"马克思主义的复兴"，在实践层面实现"社会主义的复兴"。当代俄罗斯马克思主义批判学派并没有因为苏联的解体而放弃社会主义理想，而是坚信社会主义具有强大的生命力。他们强调："资本发动第一次世界大战100年后，我们又一次站到了资本主义列强冲突加剧的门槛上，人类面临着被核导弹战争摧毁的威胁。之前，世界历史面对的问题是：是要社会主义还是要野蛮；现在，这个问题前所未有地变为：是选择社会主义还是选择人类文明的毁灭。"① 可见，他们在俄罗斯资本主义语境下依然坚信社会主义是人类社会必然的选择，扛起马克思主义的旗帜，为俄罗斯寻找和探索社会主义的发展道路。这生动证明了马克思主义具有强大的生命力，证明了马克思主义的科学性和社会主义的影响力。

三　社会主义对人类的巨大贡献

社会主义是思想理论、社会制度、实践运动"三位一体"的有机统一体，社会主义对人类的巨大贡献可以从三个方面展开：社会主义思想的广泛传播、社会主义制度的建立、社会主义运动的蓬勃发展。社会主义深刻地改变了世界历史发展进程和人类文明的前进方向，为人类作出了巨大的历史贡献，同时社会主义具有强大的生命力，任何力量都无法阻挡社会主义前进的步伐。下面我们就从这三个方面进行具体论述，这也是对前面我们提出的第二个问题的回答。

（一）社会主义思想指引人类正确发展方向

空想社会主义由于历史观上的唯心主义，未能科学揭示人类历史发展的客观规律，没有找到实现无产阶级和人类解放的社会力量，因而无法指引人类未来的正确发展方向。科学社会主义的创立使社会主义实现了从空想到科学的历史性跨越，为全世界无产阶级和劳动群众争取自由解放提供了强大的思想武器，是人类思想史和人类解放史上的一次壮丽日出。科学社会主义以实现人的自由全面发展和全人类解放为己任，反映了人类对理想社会的美好憧憬，为人类社会发展进步指明了方向，迄今为止依然有着强大生命力，在人类思想史上还没有一种理论，像科学社会主义那样对人类文明进步产生如此广泛而巨大的影响。

---

① Под общей редакцией Б. Ф. Славина и А. В. Бузгалина: Вершина великой революции，Москва，2017. с. 1180.

（二）社会主义制度提供历史进步保障

社会主义制度的建立，打破了资本主义一统天下的局面，使社会主义开始作为一种崭新的社会制度发挥历史作用，改变了资本的发展逻辑和单向度性，奠定了社会公平正义的基础，为人类历史进步提供了根本保障。

在经济领域，生产资料的社会主义公有制和按劳分配制度，从根本上保障了对生产资料的共同占有和劳动力的社会化使用，从根本上改变了资本的剥削逻辑，以及在资本主义制度下劳动者和私有财产分离的"异化"现象，从而为实现社会财富的共建共享和公平分配、保障社会成员机会均等和事实公平提供了前提条件。在政治领域，社会主义真正实现了人民当家作主，充分保障社会成员的基本权利，使得社会成员平等地参与国家政治生活、管理社会公共事务成为可能。在世界范围内，社会主义制度的存在及其显示出的强大制度优势，也迫使当代资本主义不得不对其生产关系和上层建筑进行一定程度的改良和调整，社会主义制度客观上制约了资本主义的全球扩张，推进了人类社会发展和文明进步的历史进程。

（三）社会主义运动凝聚社会正义力量

在资本逻辑主导下的资本主义制度表现出极度的贪婪性和掠夺性：一方面是对自然的掠夺，表现在对自然资源的无节制开采和对自然环境保护的漠视从而引发环境问题；另一方面是对人的劳动成果的掠夺，在追求效率的同时牺牲公平，在追求个人利益的同时牺牲公共利益，在追求经济效益的同时牺牲社会效益和生态效益，在解放资本家个人的同时又束缚压制无产阶级和劳动人民，从而引发种种社会问题。在掠夺本国无产阶级的同时，资本主义国家还走出国境，开展全球殖民扩张、对外侵略，争夺更为广阔的商品倾销市场和原料产地，从而引发全球问题。资本逻辑主导的资本主义制度无法兑现其自由、民主、平等、博爱、人权的价值理念，因此，科学社会主义在理论和实践上都把彻底改变资本主义制度、克服资本主义无度张扬、积极实现社会公平正义作为自己的历史使命。

四　科学社会主义在中国焕发生机活力

中国特色社会主义既坚持了科学社会主义基本原则，又根据时代条件和具体国情赋予其鲜明的中国特色，这是中国特色社会主义蓬勃发展的根本原因。经过长期努力，中国特色社会主义进入新时代，意味着科学社会主义在21世纪的中国焕发出强大生机活力，在世界社会主义发展史上、人类社会发展史上具有重大意义。主要体现在以下三个方面。

（一）对人类文明发展道路的崭新探索

中国特色社会主义是植根于中国大地，反映中国人民意愿，适应中国和时代发展进步要求的科学社会主义，既是实现中华民族伟大复兴、建设社会主义现代化国家的必由之路，也是对人类文明发展道路的崭新探索，拓展了发展中国家走向现代化的途径。

中国特色社会主义是在中华人民共和国成立70多年的持续探索中形成的。新中国成立后，以毛泽东为主要代表的中国共产党人带领全党和全国各族人民在迅速医治战争创伤、恢复国民经济的基础上，创造性地进行社会主义改造，建立起社会主义基本制度。如何在中国建设社会主义，没有现成的模式可循，是一个崭新课题，中国共产党人进行了艰辛探索。尽管探索艰难坎坷，但取得的积极成果是极其宝贵的，为新的历史时期开创中国特色社会主义提供了宝贵经验、理论准备、物质基础。中国特色社会主义是在新中国已经建立起社会主义基本制度并进行了20多年建设的基础上开创的，改革开放前的社会主义实践探索为改革开放后的社会主义实践探索创造了条件，改革开放后的社会主义实践探索是对前一个时期实践探索的坚持、改革、发展。

中国特色社会主义是在中国共产党领导人民进行伟大社会革命100余年的实践中得来的。中国共产党的百年历史可以划分为四个历史时期：从1921年7月中国共产党建立至1949年10月中华人民共和国成立，是新民主主义革命时期；从1949年10月至1978年12月党的十一届三中全会召开，是社会主义革命和建设时期；从 1978 年 12 月至 2012 年 11 月党的十八大召开，是改革开放和社会主义现代化建设新时期；从 2012 年 11 月至今是中国特色社会主义新时代。在这四个历史时期，中国共产党完成和推进了四件大事。开天辟地：中国共产党在新民主主义革命时期完成救国大业；改天换地：中国共产党在社会主义革命和建设时期完成兴国大业；翻天覆地：中国共产党在改革开放和社会主义现代化建设新时期推进富国大业；惊天动地：中国共产党在中国特色社会主义新时代推进并将在本世纪中叶实现强国大业。四件大事铸就了中国共产党百年辉煌。①

中国特色社会主义是在近代以来中华民族由衰到盛 180 多年的历史进程中形成的。1840 年鸦片战争之后，中国遭受帝国主义列强的野蛮侵略和封建专制制度的腐朽统治，无数仁人志士前赴后继，探求救国救民的道路，进行了可歌可泣的抗争。孙中山提出"三民主义"，领导辛亥革命取得成功，结束了统治中国几千年的君主专制制度，但是辛亥革命并没有改变中国半殖民地半封建的社会性质。十月革命一声炮响，给中国送来了马克思列宁主义，中国先进分子从马克思列宁主义的科学真理中看到了解决中国问题的出路。中国共产党成立以来，为了实现为人民谋幸福、为民族谋复兴的初心和使命，团结带领人民攻克了一个又一个难关，创造了一个又一个彪炳史册的人间奇迹，迎来了中华民族伟大复兴的光明前景。

中国特色社会主义是在中华文明 5000 多年的传承发展中形成的。中华优秀传统文化是中国特色社会主义的文化之根、文明之源。连绵不断、博大精深的中华文化，是中华民族生生不息、发展壮大的丰厚滋养。中华优秀传统文化中蕴含的丰富哲学思想、人文精神、传统美德等，是坚持和发展中国特色社会主义的宝贵资源，也为解决当代人类面临的共同难题提供了启发。

随着中国经济社会发展取得巨大成就，中国特色社会主义越来越得到世界人民和国际社会的广泛认可和称赞。提出"历史终结论"的美国学者福山修正了自己的观点，认为中国模式的有效性证明，西方自由民主并非人类历

---

① 曲青山：《中国共产党百年辉煌》，《光明日报》2021 年 2 月 3 日。

史进化的终点，人类思想宝库要为中国传统留有一席之地。中国特色社会主义以其巨大的成功打破了现代化及西方化的神话，充分说明了实现现代化道路的多样性，为发展中国家立足本国国情选择适合自己的现代化道路开辟了崭新思路、贡献了中国智慧。

（二）对马克思主义的创新发展

中国共产党是一个高度重视理论指导、善于进行理论创新的马克思主义政党。在中国革命建设改革时期，以毛泽东、邓小平、江泽民、胡锦涛、习近平为主要代表的中国共产党人，把马克思列宁主义的普遍真理与中国实际相结合，先后创立了毛泽东思想、邓小平理论、"三个代表"重要思想、科学发展观、习近平新时代中国特色社会主义思想，在坚持马克思主义基本原理的前提下不断推进马克思主义理论创新，不断谱写马克思主义历史发展的新篇章，使马克思主义在中国大地上不断放射出真理光芒。习近平新时代中国特色社会主义思想体现了新时代中国共产党人对共产党执政规律、社会主义建设规律、人类社会发展规律的认识达到了一个新的历史高度，对马克思主义作出了原创性、时代性贡献，成为引领中国、影响世界的当代中国马克思主义、二十一世纪马克思主义。

（三）对社会主义制度的坚持完善

中国特色社会主义制度，坚持社会主义的根本性质，集中体现了中国特色社会主义的特点和优势；中国特色社会主义制度，坚持以人民为中心，全心全意为人民服务，以维护和实现最广大人民根本利益为出发点和落脚点；中国特色社会主义制度是中国共产党人带领人民在中国特色社会主义实践中形成的，充分体现了中国社会发展的具体条件和特点，是对人类制度文明成果的丰富和发展；中国特色社会主义制度具有强大的自我完善能力。中国特色社会主义实践充分证明中国特色社会主义制度有利于保持党和国家活力，调动广大人民群众和社会各方面的积极性、主动性、创造性，解放和发展生产力，推动经济社会全面发展，维护和促进社会公平正义，实现全体人民共同富裕，有效应对前进道路上的各种风险挑战，维护民族团结、社会稳定、国家统一。

中国特色社会主义制度就是人民代表大会制度的根本政治制度，中国共产党领导的多党合作和政治协商制度、民族区域自治制度以及基层群众自治制度等基本政治制度，中国特色社会主义法律体系，公有制为主体、多种所有制经济共同发展，按劳分配为主体、多种分配方式并存，社会主义市场经济体制等社会主义基本经济制度，以及建立在这些制度基础上的经济体制、政治体制、文化体制、社会体制等各项具体制度。中国特色社会主义制度是当代中国发展进步的根本制度保障，是具有鲜明中国特色、明显制度优势、强大自我完善能力的先进制度。2020 年中国是全球唯一实现经济正增长的主要经济体，GDP 总量也实现了百万亿元的历史性突破，这也再次证明了社会主义制度的优势所在。在中国特色社会主义制度下，中国人民享受着前所未有的民主、自由和人权，感受着前所未有的获得感、幸福感、安全感。中国制度和治理体系是党和人民历尽千辛万苦、付出巨大代价取得的伟大成就，矗立起人类制度文明和政治文明发展史上的一座丰碑！

我们可以自豪地说："在科学真理和崇高理想的指引下，中国大地发生历史巨变，我们无比坚定，社会主义没有辜负中国！在中国共产党领导人民的顽强奋斗中，信仰的光芒熠熠闪烁，伟大的事业青春盎然，我们无比自豪，中国没有辜负社会主义！"①

五　共产主义是人类的美好未来

对美好社会的追求既是人类的永恒主题，也是推动社会历史发展和人类文明进步的精神动力。马克思主义科学揭示了人类社会的发展规律，指明了实现人的自由全面发展的共产主义社会是人类社会的美好未来。中国共产党人把共产主义远大理想与中国特色社会主义共同理想有机统一起来，在坚持和发展中国特色社会主义过程中推进共产主义社会制度和美好

---

① 宣言：《中国没有辜负社会主义》，《人民日报》2021 年 6 月 8 日。

生活的实现。

（一）共产主义是人类追求的美好社会

共产主义是科学理论、社会制度、实际运动"三位一体"的有机统一体。在马克思主义经典作家关于共产主义的相关论述和话语体系中，共产主义一般有三个方面的含义。

第一，它是一种最科学的理论或者思想体系，即科学共产主义，也称为科学社会主义或者马克思主义；第二，它是由科学社会主义理论揭示的人类最合理最美好的社会制度，即共产主义的社会制度；第三，它是在科学社会主义理论指导下，以建立共产主义制度为最终目的的实际运动，即共产主义的实践。共产主义既是一个逻辑严整的科学理论体系、揭示人的解放和人类社会历史发展规律的思想学说，也是无产阶级革命和实现人的自由全面发展的实践指南。马克思主义的根本旨趣不在于创立一套科学"解释世界"的理论体系，而在于为"改造世界"提供科学的实践指南。但没有一套科学的"解释世界"的理论体系作指导，就不可能有正确的"改造世界"的人类实践。《共产党宣言》的发表标志着共产主义的诞生，共产主义首先作为一种理论体系和思想学说而存在。从此以后，随着共产主义思想的传播，在这种思想理论指引下，国际共产主义运动在世界各国迅猛展开。在同各国工人运动和革命斗争的共产主义实践的结合中，共产主义作为一个科学完整的理论体系也在不断发展完善。基于辩证唯物主义世界观方法论和深入的政治经济学分析，结合共产主义运动的生动实践，马克思深刻洞察人类社会历史发展的一般规律和资本主义社会运行的特殊规律，揭示了资本主义生产方式的内在矛盾，发现了唯物史观和剩余价值学说，构建了一个以实现无产阶级和全人类解放为目标的科学理论体系。这就是理论形态的共产主义。而以这个思想理论体系为指导，轰轰烈烈开展的共产主义运动就是实践形态的共产主义。①

---

① 陈彬：《马克思主义如何理解"共产主义"》，光明网，2022 年 12 月 19 日，https://m. gmw. cn/baijia/2022 – 12/19/36242692. html。

就共产主义作为一种社会制度而言，共产主义社会包括第一阶段（社会主义社会）和高级阶段（未来的共产主义社会）。这是两个既有差别又相互联系的阶段，二者本质上是一致的，只有发展程度上的区别。共产主义的完全实现，需要社会生产力的高度发展，需要社会产品的极大丰富，需要消灭生产资料私有制以实现社会的公平正义，需要人们精神境界的极大提高，需要人与自然、人与社会、人与人以及人的身心之间的高度和谐。这是需要几代人、十几代人甚至几十代人的努力才能完成的宏伟目标。但是，共产主义社会制度的基本特征在社会主义社会中已经初见端倪，并且已经成为社会主义国家努力奋斗的目标。共产主义制度并不是虚无缥缈的空中楼阁，它的胚胎就存在于现实的社会主义国家的制度中，只是共产主义制度的完全实现需要一个具体的历史过程。①

就共产主义作为一种实际运动而言，马克思恩格斯曾经指出："共产主义对我们来说不是应当确立的状况，不是现实应当与之相适应的理想。我们所称为共产主义的是那种消灭现存状况的现实的运动。这个运动的条件是由现有的前提产生的。"② 国际共产主义运动早在马克思恩格斯领导共产主义者同盟和第一国际的时候就已经开启了。列宁领导的十月革命胜利和之后的苏联社会主义建设，第二次世界大战之后亚非拉无产阶级革命和民族解放运动，中国的新民主主义革命、社会主义改造、社会主义建设以及社会主义改革都是国际共产主义运动的继续、展开和深化发展。

实现共产主义社会理想不是靠"救世主"或者"神仙皇帝"，而是靠人民群众自己的实践创造。共产主义绝不是"土豆烧牛肉""楼上楼下电灯电话"那么简单，社会主义现代化和中华民族伟大复兴也绝不是轻轻松松、敲锣打鼓就能实现的，实现共产主义远大理想是一个长期的历史过程，坚持和发展中国特色社会主义是一项长期而艰巨的历史任务，需要一代又一代人的接力奋斗、不懈努力。邓小平指出："我们搞社会主义才几十年，还处在初

---

① 袁银传、潘冬晓：《共产主义是历史必然性、理想崇高性与现实操作性的有机统一》，《红旗文稿》2018 年第 9 期。
② 《马克思恩格斯文集》第 1 卷，人民出版社，2009，第 539 页。

级阶段。巩固和发展社会主义制度，还需要一个很长的历史阶段，需要我们几代人、十几代人，甚至几十代人坚持不懈地努力奋斗，决不能掉以轻心。"① 习近平总书记强调："实现共产主义是我们共产党人的最高理想，而这个最高理想是需要一代又一代人接力奋斗的。如果大家都觉得这是看不见摸不着的东西，没有必要为之奋斗和牺牲，那共产主义就真的永远实现不了了。我们现在坚持和发展中国特色社会主义，就是向着最高理想所进行的实实在在的努力。"②

（二）坚定共产主义理想信念

共产主义是人类进步的必然趋势和最终归宿，中国特色社会主义道路是实现社会主义现代化、创造人民美好生活的必由之路，将共产主义远大理想与中国特色社会主义共同理想统一起来，在坚持和发展中国特色社会主义过程中推动共产主义理想目标的实现，是当代中国共产党人神圣而庄严的历史使命。

1．"两个必然"的历史趋势及其道路的曲折性

"两个必然"是马克思恩格斯在《共产党宣言》中所提出的科学论断："资产阶级的灭亡和无产阶级的胜利是同样不可避免的。"③ "两个必然"既是马克思主义经典作家经过艰辛的理论研究和深入的革命实践得出的科学结论，也已为大量历史事实所反复证明。其中，社会主义是人类为克服资本主义弊端所作的制度调整，不仅运行于中国等社会主义国家，还内生于西方资本主义国家。列宁指出，"资本主义社会必然要转变为社会主义社会这个结论，马克思完全是从现代社会的经济的运动规律得出的"④。马克思主义之前的社会主义先驱们也向往社会主义，但由于种种限制，最终只沦为空想。马克思主义继承并超越了空想社会主义，在唯物史观的科学指导下，从生产力

① 《邓小平文选》第 3 卷，人民出版社，1993，第 379～380 页。
② 《习近平谈治国理政》第 2 卷，外文出版社，2017，第 142～143 页。
③ 《马克思恩格斯文集》第 2 卷，人民出版社，2009，第 43 页。
④ 《列宁全集》第 26 卷，人民出版社，2017，第 74 页。

和生产关系的矛盾运动着眼，论证了这一不以任何人的主观意志为转移的客观规律和必然趋势。当然，社会主义代替资本主义将是一个复杂的历史过程。马克思在论述资本主义向社会主义过渡的方式时，提出两种不同的路径。路径之一是，资本主义内在的基本矛盾最终将导致无产阶级以暴力革命方式推翻资产阶级政权，建立社会主义政权；路径之二是，随着生产力的高度发展，资本主义将"自我扬弃"，自发地变革不适应生产力发展要求的生产关系和上层建筑，最终向社会主义自然过渡。马克思主义建构的理论设想——资本主义将在"自我扬弃"的过程中完成对自身的否定，正与发达资本主义国家演化的现实日趋吻合。进入 20 世纪，特别是二战以后，当代西方发达国家经过一系列发展改革和政策调整，无论是在生产关系方面还是在上层建筑方面都出现了社会主义因素。在经济层面，通过采取国有经济、股份制经济和合作制经济等多种所有制经济形式，对社会生产实行一定的宏观调控，以及允许劳动者和工会介入企业决策，使经济权利在一定程度上从资本家向劳动者让渡。在政治层面，一些具有社会主义色彩的思潮提出很多社会建设的理论和倡议，社会民主党以及其他一些带有社会主义色彩的政党在执政过程中积极推进参与民主、政党民主、经济民主。在社会层面，打破传统的福利政策，在公共教育和医疗、社会保险等民生领域构建了一套比较完善的社会福利保障体系，以促进社会的公平正义。在生态层面，当代西方一部分马克思主义者和社会主义者整合并发扬了马克思恩格斯著作中的生态学观点，针对生态问题作出新的解释，形成了生态社会主义思潮。社会主义因素在西方发达国家的孕育和积累，符合马克思和恩格斯关于社会主义因素能够孕育于资本主义社会内部的判断，是西方发达国家生产力高度发展、资本主义为化解危机和矛盾不断自我调整的结果，是工人阶级和劳动群众为维护自身权益进行斗争、迫使资产阶级让步的结果，是具有社会主义因素的政党采取的一些含有社会主义因素的改良措施的结果，还是资产阶级为维持其统治、学习社会主义国家发展经验的结果。西方世界的社会主义因素对当代资本主义社会产生了深刻影响，在很大程度上确保了资本主义在 20 世纪的生存与发展，维持了西方资本主义社会长达多年的持续性或阶段性经济增长和人民生活水平不断改善的总体趋势，在一定程度上缓和了资产阶级与无产阶级之间不可调和的矛盾，尤其是在部分产业国有化、医疗卫生保险、义务教育普及和养老保险等领域极大缓和了社会矛盾。但是，也要看到，西方世界社会主义因素的存在具有复杂性，其能够促进资本主义市场经济的表面繁荣，却无法从根本上避免经济危机的爆发，更无法掩盖剥削阶级和无产阶级之间不可调和的基本矛盾；其在资本主义社会内部表现出社会主义必将战胜资本主义的历史必然性，却无法抹去资本家追求剩余价值的本性，也未改变当今西方社会的资本主义本质，资本主义不会自发进入社会主义，也不可能从根本上进行社会主义的制度建构。这些局限性既是因为资本主义秩序仍然具有一定的存在合理性，也是因为西方世界内部社会主义运动力量仍然不足。当今世界，国际形势日益复杂。中国在马克思主义指导下，建立社会主义国家，并取得了令人瞩目的成就。社会主义因素在西方世界的孕育，印证了社会主义必然取代资本主义的历史趋势，有助于我们坚定社会主义必然胜利的信心。其复杂性也提醒我们，要认识到取得这一胜利将是一个艰难曲折的漫长过程。① 马克思指出："无论哪一个社会形态，在它所能容纳的全部生产力发挥出来以前，是决不会灭亡的；而新的更高的生产关系，在它的物质存在条件在旧社会的胎胞里成熟以前，是决不会出现的。"② 只有坚持"两个必然"和"两个决不会"的辩证统一，既坚定社会主义、共产主义的理想信念，又脚踏实地地建设、巩固和发展中国特色社会主义，才能把社会主义伟大事业不断推向前进。

2. 坚持远大理想和共同理想的统一

坚持和发展中国特色社会主义，必须把共产主义远大理想和中国特色社会主义共同理想统一起来。中国共产党的最高理想和最终目标是实现共产主义。我们现在的努力以及将来的接力奋斗，都是朝着实现共产主义这个最终目标前进的。中国特色社会主义共同理想是共产主义最高理想在我国社会主

---

① 《学术前沿》2021 年第 4 期编者前言。
② 《马克思恩格斯文集》第 2 卷，人民出版社，2009，第 592 页。

义初级阶段的现实体现，是现阶段代表最广大人民根本利益的奋斗纲领，是实现共产主义最高理想的必经阶段。习近平总书记指出："深刻认识共产主义远大理想和中国特色社会主义共同理想的辩证关系，既不能离开发展中国特色社会主义事业、实现民族复兴的现实工作而空谈远大理想，也不能因为实现共产主义是一个漫长的历史过程就讳言甚至丢掉远大理想。"① 中国共产党的最高理想和最终目标是实现共产主义。我们现在的努力以及将来多少代的持续努力，都是朝着实现共产主义这个最终目标前进的。中国特色社会主义共同理想是共产主义最高理想在我国社会主义初级阶段的现实体现，是实现共产主义最高理想的必经阶段。没有最高理想的指引，就不会有共同理想的确立和坚持。没有共同理想的实现，最高理想就没有实现的基础和条件。任何时候都不能把最高理想和共同理想割裂开来、对立起来。在实现中华民族伟大复兴的征程中，必须始终坚持远大理想与现实奋斗相统一，既要树立共产主义远大理想，坚定信念，以高尚的思想道德要求鞭策自己，又要从社会主义初级阶段的实际出发，脚踏实地地为实现党在现阶段的基本纲领不懈努力。

在全党全国各族人民迈上全面建设社会主义现代化国家新征程、向第二个百年奋斗目标进军的关键时期，就不能离开对社会主义和共产主义理想信念的坚定追求，就必须在全国持续开展关于社会主义和共产主义理想信念的教育。"加强理想信念教育，引导全党牢记党的宗旨，解决好世界观、人生观、价值观这个总开关问题，自觉做共产主义远大理想和中国特色社会主义共同理想的坚定信仰者和忠实实践者。坚持学思用贯通、知信行统一，把新时代中国特色社会主义思想转化为坚定理想、锤炼党性和指导实践、推动工作的强大力量。"② 我们要把共产主义远大理想和中国特色社会主义共同理想统一起来，积极投身新时代中国特色社会主义伟大实践，勠力同心，在共产主义的"接力赛"中取得我们这一棒的优异成绩。我们的每一次奋斗都是为

① 《习近平著作选读》第 2 卷，人民出版社，2023，第 120 页。
② 习近平：《高举中国特色社会主义伟大旗帜 为全面建设社会主义现代化国家而团结奋斗——在中国共产党第二十次全国代表大会上的报告》，人民出版社，2022，第 65 页。

活生生的共产主义而奋斗，每一个阶段都折射出共产主义伟大理想的光芒，每一棒都在向着更为美好的共产主义未来前进，在为共产主义而努力奋斗的历史进程中书写人生华章。广大青年要努力成长为有理想、敢担当、能吃苦、肯奋斗的新时代好青年，用奋斗践行"请党放心、强国有我"的青春誓言，不负时代，不负韶华，不负党和人民的殷切期望！

 理论思考

1. 结合新时代十年的伟大变革和海南自贸港的蓬勃发展，分析中国特色社会主义对于世界社会主义发展的重大贡献。

2. 联系实际，谈谈共产主义远大理想与中国特色社会主义共同理想之间的关系。

 重点阅读文献

1. 于幼军、黎元江：《社会主义五百年》（全三册），广东教育出版社，2011。

2. 庞立生：《大历史观与中国式现代化的三重意蕴》《思想理论教育》2022 年第 12 期。

3. 林建华：《世界社会主义共产主义运动的历史进程与未来走势》，《马克思主义研究》2019 年第 9 期。

图书在版编目（CIP）数据

中国马克思主义与当代专题教程／陈红，张妍主编.

北京：社会科学文献出版社，2024.8. -- ISBN 978 - 7
- 5228 - 3944 - 8

Ⅰ. D61

中国国家版本馆 CIP 数据核字第 20242SF739 号

中国马克思主义与当代专题教程

主　　编／陈　红　张　妍

出 版 人／冀祥德
责任编辑／王小艳
文稿编辑／胡金鑫
责任印制／王京美

出　　版／社会科学文献出版社·马克思主义分社（010）59367126
　　　　　　地址：北京市北三环中路甲 29 号院华龙大厦　邮编：100029
　　　　　　网址：www. ssap. com. cn
发　　行／社会科学文献出版社（010）59367028
印　　装／三河市龙林印务有限公司

规　　格／开 本：787mm × 1092mm　1/16
　　　　　　印 张：17.75　字 数：273 千字
版　　次／2024 年 8 月第 1 版　2024 年 8 月第 1 次印刷
书　　号／ISBN 978 - 7 - 5228 - 3944 - 8
定　　价／98.00 元

读者服务电话：4008918866